本书为国家社科基金重大项目"当代中国图书出版史"的子课题
"当代中国大众图书出版史"阶段性研究成果

畅销书
案例分析　第六辑

张文红　主编

知识产权出版社
全国百佳图书出版单位
——北京——

图书在版编目（CIP）数据

畅销书案例分析 . 第六辑 / 张文红主编 . — 北京：知识产权出版社，2022.1
ISBN 978-7-5130-7762-0

Ⅰ.①畅… Ⅱ.①张… Ⅲ.①畅销书—出版工作—案例 Ⅳ.① G23

中国版本图书馆 CIP 数据核字（2022）第 201872 号

内容提要

本书精选多本虚构类畅销书进行分析，从内容及艺术特色出发，摘选其中部分章节分析这些畅销书广受读者欢迎、畅销不衰的原因，又结合具体案例介绍其多种营销模式，全方位展现书籍的推广策略，揭示畅销书的运营规律。

本书可作为出版相关专业人员参考用书。

责任编辑：郑涵语　　　　　　　　　　责任印制：孙婷婷

畅销书案例分析　第六辑
CHANGXIAOSHU ANLI FENXI　DI-LIU JI

张文红　主编

出版发行：知识产权出版社有限责任公司	网　　址：http://www.ipph.cn
电　话：010-82004826	http://www.laichushu.com
社　址：北京市海淀区气象路 50 号院	邮　编：100081
责编电话：010-82000860 转 8569	责编邮箱：laichushu@cnipr.com
发行电话：010-82000860 转 8101	发行传真：010-82000893/82005070/82000270
印　刷：北京九州迅驰传媒文化有限公司	经　销：各大网上书店、新华书店及相关专业书店
开　本：720mm×1000mm　1/16	印　张：14.5
版　次：2022 年 1 月第 1 版	印　次：2022 年 1 月第 1 次印刷
字　数：216 千字	定　价：68.00 元
ISBN 978-7-5130-7762-0	

出版权专有　侵权必究

如有印装质量问题，本社负责调换。

目录

001	《人生海海》	李泽婧
014	《傲慢与偏见》	唐姝菲
029	《82年生的金智英》	张凤涵
043	《一九八四》	王　敏
056	《巴别塔之犬》	陈怡颖
070	《杀死一只知更鸟》	姜婷婷
081	《斗罗大陆》	刘子涵
096	《一个陌生女人的来信》	杨丽娟
109	《偷影子的人》	薛丹丹
123	《无人生还》	齐倩颖
138	《1Q84》	郭宏浩
153	《你想活出怎样的人生》	高　腾
166	《牧羊少年奇幻之旅》	韩媛媛
178	《无声告白》	潘俊辰
193	《不能承受的生命之轻》	丁　帅
204	《追风筝的人》	黄芹芹
217	《一个人的朝圣》	夏晶晶

《人生海海》

李泽婧

一、图书基本信息

(一)图书介绍

书名:《人生海海》
作者:麦家
开本:32 开
字数:230 千字
定价:55 元
书号:978-7-5302-1921-8
出版社:北京十月文艺出版社
出版时间:2019 年 4 月

(二)作者简介

　　《人生海海》作者麦家,1964 年生于浙江富阳,1981 年考入军校,毕业于解放军工程技术学院无线电系和解放军艺术学院文学创作系,是首位作品被英国"企鹅经典文库"收录的中国作家,《解密》《暗算》《风声》是其代表作品。麦家的小说具有奇异的想象力和独创性,人物内心幽暗神秘,故事传奇曲折,充满悬念,多被改编为影视作品,如电视剧《解密》《暗算》《风语》《刀尖上行走》,电影《风声》《听风者》等,其中,《暗算》和《风声》掀起了中国当代谍战影视的狂潮。小说《暗算》曾获第七

届茅盾文学奖,作品被译成 30 多种语言。《解密》则被翻译成 33 种语言,是世界图书馆收藏量第一的中文作品,被《经济学人》评为"2014 年度全球十大小说"。英文版《解密》被收进英国"企鹅经典"文库,是继鲁迅、钱锺书、张爱玲后唯一入选该文库的中国当代作家。2019 年,麦家新出版长篇小说《人生海海》。

二、畅销盛况

《人生海海》是麦家历经五年打磨的新作,2019 年 3 月 26 日在全网预售,4 月 16 日在全国开售,同时,新书电子版也在阅文集团旗下平台 QQ 阅读同步上线。当当在预售阶段第一时间配合直播,推出麦家新书签名本,该书上市 3 周销量破 10 万册。同时,苏童等盛赞此书,数十位媒体名人倾力推荐,掀起了一轮阅读热潮。上市两月有余的《人生海海》在豆瓣上的想读人数达到了 1.3 万人,其发行量已经突破 60 万册,上市整一年后,《人生海海》印数已经达到 120 多万册,发行量超过了 100 万册,不论是网店还是实体店,都取得了很好的销售成绩。

在微博上,关于《人生海海》的话题流量接近 4000 万,读者中的"主力部队"是年轻人,这证明了纯文学绝对不是曲高和寡。在 2020 年 4 月 12 日,薇娅在直播间分享推荐,几句腰封文案还没读完,3 万册新书已然售罄。

在网络图书排行榜中,《人生海海》在豆瓣最受关注图书榜虚构类图书中连续六周位于 Top1,并占据各大好书榜榜首,如新浪读书 3 月好书榜 Top1、亚洲好书榜第 44 期月榜 Top1、书单 4 月新书推荐榜 No.1 等。同时,《人生海海》被《中国出版传媒商报》评为"2019 年影响力图书""2019 年 6 月畅销书";入选《出版商务周报》"2019 年 7 月荐书"、《晶报·深巷书评》"年度十大好书"年中榜、《光明日报光明阅读周刊》"七月光明书榜"、《经济观察报》"2019 年领读中国探享好书榜"、《中国读书报》"2019 年 4 月阅读好书榜单"等。

《人生海海》一经推出就格外受人关注,最先阅读此书的 22 位读者一致认为这是一部超越之作。王家卫称:"有人说,稀奇古怪的故事和经典文学的直线距离只差三步。但走不完的也正是这三步。麦家的了不起在于他走完了这三步,且步伐坚定,缓慢有力,留下的脚印竟成了一幅精巧诡秘的地图。"诸多文化界人士也对该作品给予了很高的评价,《人生海海》遂成为口碑和销量俱佳的现象级作品。

三、畅销攻略

《人生海海》讲述了一个浑身是谜的"上校"在时代中穿行缠斗的一生,离奇的故事里藏着让人叹息的人生况味,既有日常滋生的残酷,也有时间带来的仁慈。"人生海海"取自闽南方言,意为"人生像大海一样变幻不定、起落浮沉,但总还是要好好地活下去"。麦家对这个词的解读又深了一层:既然每个人都跑不掉,逃不开,那不如去爱上生活。

《人生海海》与以往的作品不同,这次的故事脱离了此前素有的"谍战"题材,背景设置在麦家的故乡。"这一辈子总要写一部跟故乡有关的书,既是对自己童年的一种纪念,也是和故乡的一次和解。"麦家说,"一个作家,他的写作是怎么也逃离不了童年和故乡的。"

(一)借助名人宣传造势

1. 麦家自身名气和个人魅力

麦家1986年开始写作,在2019年《人生海海》出版之前,他已发表了很多作品,2002年出版的第一部长篇小说《解密》,先后斩获中国国家图书奖、第六届茅盾文学奖提名等8项文学奖,麦家一战成名。随后,其作品多次获奖,如《暗算》获第七届茅盾文学奖、《风声》获第六届华语文学传媒大奖、《地下的天空》获金鹰奖最佳电视剧奖等,麦家个人也获得了第十三届上海国际电视节最佳编剧、第三届电视剧风云盛典最佳编剧奖,众多奖项的加持使得麦家名声大噪。同时,根据麦家作品所改编的电视剧的热播,使他走进了大众视野,如2005年电视剧《暗算》播出,广受好评。文学界和大众市场的双重肯定,为麦家积攒了大量的人气。而《人生海海》是麦家时隔8年的首部长篇之作,时隔8年的回归,让读者对这部新作品必然充满期待。

　　同时，麦家也受邀做客《舍得智慧讲堂》，讲述自己不断寻求突破的幕后故事。节目分上下两期播出，从上期"麦家：从谍报台到名利场"探讨麦家在面对名利时的妥协与反抗，到下期"用一辈子和父亲和解"来深入了解作者麦家的内心。"澎湃新闻"也邀请麦家做了专访，解读他新书背后的创作故事，通过媒体等公众平台，将作者展现在读者面前，使得这本书不再是一部纯文学作品，它深深地烙印上麦家的个人色彩。

　　另外，麦家在微博上的活跃度很高，他的微博粉丝有674万，经常发一些随笔感悟并参与读者互动讨论，话题多围绕其作品所体现的深层次的价值，对读者的读后感也积极回应，如在微博上，有位读者顺手拍了张用《人生海海》压泡面杯盖的照片并发博分享，麦家则幽默地回复道："能用来压泡面的都是居家旅行必备之物。"这种与读者近距离的互动交流，拉近了麦家与读者的距离，更易使人了解他的文字、他的作品，也增加了作品的曝光度。

2. 作家名人助力推荐

　　《人生海海》在正式开售前，只有22人看过，这22人一致认为这是一部超越之作。这不禁让人疑惑，《人生海海》到底是怎样的一本书，竟然令这么多名人赞不绝口，借助各位名人的肯定和推荐，可谓吊足了读者的胃口，让人忍不住要一探究竟。

　　在2019年4月21日新书发布会上，媒体许多名人嘉宾，他们自身就有一定的影响力和粉丝群体，其对于作品的解读不仅丰富了作品所蕴含的价值，也壮大了作品的影响力。如董卿"心有雷霆，面若静湖，这是人生的厚度"、杨祐宁"用天真、浪漫的眼光去看待一个相对很残酷的世界"等，从不同角度对作品的点评为作品增添了更多的可读点。

　　此外，陈坤、周迅、李冰冰等艺人也录制了宣传短片推荐该作品。作为麦家师弟的杨洋在2019年4月20日微博分享的读后感，引发了40万的转发和600万的播放。这样声势浩大的推荐阵容，使得这部作品从圈内向外延伸，并迅速扩散开来。时下，跟着偶像读书是粉丝寻求归属感的一种表达，像买代言、买杂志一样，购买偶像同款、同"爱豆"一起学习。明星的助阵，使得那些从未读过麦家作品的人成为潜在读者和消费者。

（二）叙事方式和内容的再突破

1. 拼图式的叙事方式

作品用第一人称，以"我"作为故事的叙述者，通过多视点、零散化、非线性的叙事，让"我"成为上校人生故事的见证者、参与者、转述者。作品中的"我"是一个10岁的孩子，"我"所知道的、了解的事大都是从别人口中听来的。在第一部中，经常可以看到"爷爷讲"的字眼，例如在第一章开篇，关于村子前山和后山的描述也是源自爷爷之口。而这种第一人称的视角，让"我"在探寻上校的故事中不可避免地遇到重重障碍和谜题，借由"我"的疑惑和思考，以及对所获知信息的分析判断，一步步推演、解密。由于没有全知的上帝视角，读者在阅读过程中，如书中的"我"一般，置身重重迷雾之中，又借"我"的视角，窥视上校身上隐藏的秘密。

对于上校的故事，"我"一方面从家中爷爷、父亲的讲述中了解，另一方面通过村里人，如老保长、小瞎子口中获悉。而每一个人所讲述的故事只是上校人生中的某一阶段或某一片段，是不完整的、有空缺的。在第一部里主要通过上校的自我讲述和爷爷与父亲的私下讨论让"我"对上校有了初步的认知：他当过国民党军队的上校，身体的某处好像受过伤，向来不出工、不干活，天天待在家里看报纸、嗑瓜子，像养孩子一样养着一对猫。在第二部中通过老保长的讲述，追述、补述20世纪40年代初上校在上海时期的经历。在第三部中则由林阿姨补全20世纪50年代的故事。故事中的"我"在公共、私人两套话语中，通过爷爷、老保长、父亲、林阿姨及小瞎子等人的讲述和回忆，从自我讲述、他人叙述与日常生活中的听说、问答、对话中将获知的碎片化信息进行整合分析，从而使"上校/太监"这样一个具有争议性的人物逐渐显露出来，上校的故事也一点点被拼凑完整。从一无所知渐渐寻到蛛丝马迹，拼图式的故事和情节透出一种解密未知的神秘感。这种拼图式的叙事方式容易引发读者对谜底的兴趣和对结果一探究竟的欲望，以致很多读者感叹"这是一本拿起就舍不得放下，想一口气读完的书"。

2. 悲剧英雄的主题和人性的剖析

《人生海海》讲述的是英雄归来的故事，在这个故事中，涉及三个要素：英雄、悲剧、人性。关于英雄的故事，最能打动人的不是他的光辉事迹，因为那些事迹与大众之间存在距离，在他们眼中是不真实的、神圣的，而将英雄置于世俗生活中，在生活和命运的磨砺下所遭遇的不幸则能触发读者揪心又痛彻的心境，引起共鸣。作为盖世英雄，上校在前线上阵杀敌，救人无数，以战场上的著名医生"金一刀"为人所知，虽然他舍弃了名利，退居到"双家村"，却还是没有逃脱悲剧的命运。随着1966年那段特殊时期的到来，上校小心翼翼隐藏的秘密也一点点被揪出来，他从神坛跌落，被批斗、被贴上"汉奸"的标签，最后被逼成一个疯子。

透过上校的悲剧命运，我们也见证了人性的复杂和阴暗，小瞎子为报复父亲，捏造上校是"鸡奸犯"，爷爷为了自家人的面子出卖上校、林阿姨因爱生恨给上校扣上"强奸犯"的罪名，而不时造谣与谩骂上校的老保长却是打心底敬畏这位英雄、死守上校的秘密。人物态度的转变、剧情的反转使故事中的人物鲜活立体起来，人性的善与恶表现得淋漓尽致。这种围绕人心和人性的主题，都是跨越时空，可以永久闪烁的，虽然故事的背景是20世纪五六十年代，但因其对人性的准确刻画让人为之震撼、感同身受，从而减轻了这种年代感和读者之间的隔阂。

而正是这样的故事，在不同的人生阶段来阅读，所体会到的、所触动的都是不同的。《人生海海》的编辑黄宁群说："假如你是一个涉世未深的年轻人，你可以很容易地从《人生海海》中受到一种英雄主义式的感染；倘若你的阅历深一些，你可以在这本书里看到人生的起伏不定，这又会带来另一种触动。"正是这样的不同，使得作品面向的读者群从小范围的文学爱好者向外延伸，从而面向整个市场，受到当下读者的喜爱。

3. 封面和内文版式设计紧贴作品主题

《人生海海》的封面整体以黑色为主色调，并以金色、银色两条线交错将页面分为四块，书名"人生海海"四个字各占分开的一部分，颜色为金色，与书中上校用黄金打造的金色手术刀具相呼应。其中，弯曲的线条犹如海面的波浪，在线条周围的白色圆圈似海浪泛起的浪花，呼应封面上的文字"人生海海，潮落之后是潮起。你说那是消磨、笑柄、罪过，但那就是我的英雄主义。"此外，在银色线条上印着一个金色的人的身影，相对应地在金色线条上印着银色的猫的身影，对应上校和他的猫，猫和人的背影不是完整的，缺失的部分做成了圆圈式的泡沫状，像是即将消散而去，又如跌宕起伏的人生，潮起潮落，是海的一部分。

在内文排版方面，采用的是简洁的版式设计，四周恰当的留白，读起来不会有密密麻麻的沉闷感。在每一部开始的页面上，都印有与封面类似的猫和线条，可爱而又不失美感。在书中，猫被上校视作是比自己还重要的存在。为了救猫，他"自投罗网"，甚至在逃离村子时，他挂念的还是他的猫的处境。

（三）营销推广，层层推进

1. 利用微博话题转发推广新书信息

2019年3月22日，《人生海海》官方微博账号从转发作者麦家关于他的写作与故乡的一段内心独白开始，便正式启动了新书发布前的预热活动。麦家说他这么多年来的写作一直在逃离故乡，也谈到"一个作家，他的写作是怎么也逃离不了童年和故乡的"，而《人生海海》就是以麦家的故乡为背景，里面的人物上校也有对应的人物原型，不过麦家对其加以润色，赋予了其传奇的人生。在预售的前一天，设置微博转发抽奖活动，赠送麦家的《解密》作品。随后，多次开展话题转发评论抽奖送书活动，通过这些转发抽奖活动，吸引用户参与，从而扩大了新书宣传影响力，提升了图书知名度。

在官方微博"世界读书日"期间，麦家以一串数字和连接符发微博，官微带话题开展活动转发抽奖，并以作者麦家和杨洋联合签名本及麦家给杨洋粉丝的专属签名作为限量版礼物。同时，"3-14-17/10-23-11/37-9-23/46-1-14，105-16-28/12-18-7/23-14-17/18-11-28"这一串密码互动也引发众多网友参与分析破译，晒图破译码的话题方式，为《人生海海》增长了一波人气。

2. 宣传视频配合直播多形式推广作品信息

《人生海海》拍摄了很多宣传视频来为作品宣传助力，如用董卿等众多名人的推荐或感想剪辑的宣传视频。此外，出版社还拍摄了一组海报为书籍宣传，麦家手握《人生海海》这本书，目光看向镜头，似有千言万语藏在心中，正待诉说。以黑色作为主色调，黑猫与书的合影，正应对着书中的上校所养的猫。在《人生海海》的官方微博和相关活动中，猫的形象经常出现，这一点十分讨巧，猫与书的组合透出一种慵懒闲适之感，营造出安静阅读的氛围，同时猫又与书的内容相关，利用猫的可爱形象获取读者好感的同时又不偏离书中故事，可谓两全其美。

随着新书的发售，麦家一次次被拉到镜头前，关于《人生海海》、关于麦家的故事也不断被挖掘、展现在镜头前、画面里。在新书上市后不久，关于麦家和他的新书《人生海海》的直播活动就举行了好几次，如2019年4月10日，麦家在当当直播"揭秘《人生海海》讲述的故事"，以麦家"这个故事我藏了四十四年"来引起读者的好奇，为作品的上市预热；2019年6月22日，中国网在微博平台的直播夜读分享活动中，选取《人生海海》中的片段进行分享阅读。各种直播分享和互动，让更多的人了解到麦家与他的书，这些人中，不仅包括老读者，还包括那些未曾读过他的文字甚至从未知晓他是谁的人。

除线上直播宣传推广外，新书发售当天，在上海外滩投放了巨屏广告，为新书发售宣传助力，同年7月，还举行了"走出大山看大海"公益夏令营活动。另外，2019年10月24日，"ELLE男神与文学"系列微电影之《遇见》的上线，绅士内敛的演员赵又廷和佳句迭出的作家、麦家因机缘巧合在酒吧相遇，关于书中的一句话——"世上只有一种英雄主义，就是在认清了生活的真相后依然热爱生活"展开了讨论。将书与微电影巧妙地结合起来,借助微电影的表现形式和赵又廷的人气,进一步拉动《人生海海》书籍的热度。

3. 多种话题会谈延长作品热度

新书上市后,除了一轮一轮地宣传推荐外,对作品的交流和深入探讨则有助于维持作品的热度,延长其销售的生命周期。在这一点上,《人生海海》就做得特别好,在不同的时间段,多次组织读书会或邀请知名评论家参与研讨活动。

关于《人生海海》书中故事的交流和分享有两种,一种是关于作品的读后感分享,如 2019 年 4 月 21 日的新书发布会上,董卿等人分享读后感;2019 年 11 月 30 日,评论家谢有顺与麦家在珠海无界书店共聊"人生海海",并安排现场签售活动等。另一种是关于麦家创作的心路历程的分享,如 2019 年 5 月 17 日,新书上市一个月后,在杭州之江饭店举行"人生海海,满月嗨嗨"活动,就"人生海海,我怎么与这个世界和解",麦家分享了自己与世界和解的故事;2019 年 6 月 22 日晚,在樊登读书 App 的"作者光临"里,麦家分享了《人生海海》背后的故事;2019 年 7 月 20 日,在香港书展上,麦家与好友马家辉就《人生海海》共话"人生的虚构与小说的真实";2019 年 7 月 21 日,在深圳书展现场,麦家与作家卢冶在分享会上一起探讨了小说的时代意义,麦家表示自己要另立山头,回到童年,回到故乡,去破译人心和人性的密码;在 2019 年 7 月 23 日,麦家回到家乡,在富春山馆举办了一场别开生面的"童年与故乡"——《人生海海》创作分享会。

各式各样的交流会和分享会,从作品创作的心路历程、书中的故事引发的思考、写作的技法等方面进行深入探讨。关于这本书的话题讨论直到今天还在继续,都表明这是一本值得一读的好作品。

综上所述,我们可以看出《人生海海》的畅销,不仅得益于一个好故事,还得益于出版方在宣传营销方面所做出的努力。好的作品固然重要,但如何将其以适当的时间和方式推到读者面前却不是一件容易的事,众多的名人及明星助力宣传、挖掘作者创作背后的故事、贴合当今读者的互动交流，借助分享会、交流会等形式推动读者和作者的联结，将书与读者产生的共鸣放大，从而让作品抵达更多的读者。

四、精彩阅读

不知是身上痒的缘故，还是月光太亮，照到我眼睛，总之我一下醒来。先是朦胧听到有人在嘀咕，后来听到有人在哽咽，呜呜咽咽的，时有时无。听见这呜咽声，我像着了火，一下坐起身，本能地。我这才发现，床上只有我一人，爷爷已经不知去向。门稀开一条缝，切进来一路月光，仿佛爷爷乘着月光走了；同时那个呜咽声也一同被月光照亮，满当当地挤拥在我心里：恐惧、好奇、刺激、紧张、混乱的感觉，在黑暗和呜咽声中左冲右突，起伏跌宕。

是谁在哭？

一个男的。

一个大人。

但不是我父亲，也不是爷爷，更不像大哥。

是谁？强大的好奇心战胜恐惧，我悄悄下了床，一步一步，猫一样轻巧。门缝够宽，我可以轻松侧身出去，然后如临深渊地循着声音去。声音来自我家退堂，灶屋里，最旮旯的角落，最避人耳目的地方。谁干吗半夜三更躲到那鬼地方去哭？四处没有开灯，我从月光里走过去，什么也看不到，一片乌黑，那呜咽声仿佛也变得乌黑，像鬼在哭。他的声音我似曾相识，又像被黑夜包裹着，使我无法辨识。只有一点很清晰，很奇怪，就是：他好似不会哭又好似不敢哭，不肯哭，哭得乱七八糟的，时而呜呜咽咽，泣不成声，时而哼哼哧哧，怒气冲冲。

他到底是谁？我有种要裂开来的痛快和痛苦。

门关得死死的，我当然不敢闯进去看，但我知道阁几一头有个破洞（其实板壁上有多处缝隙和孔眼）可以看到退堂。借着月光，我蹑手蹑脚走近阁几，找到那个破洞。巧得很，我眼睛刚凑上去，只听里面嚓一声，一支火柴像闪电一样撕破黑幕，又比闪电持续更长时间。在火柴熄灭前，我已完全看清楚：点烟的是爷爷，正对着我，缩手缩脚地坐在炉膛前的小板凳上，一脸肃穆、在行大事的样子；一个高大的人背着我，偻着腰，身子前倾，半个屁股坐在方凳上（母亲经常坐在上面一边守着饭菜一边纳鞋底），双肘撑在灶台上，两只手抱着耷拉的脑袋，肩膀一耸一耸的——就是这个人在呜呜，悲痛得不成样子了，散架了，上半身几乎瘫在灶台上。我也看到了父亲，他盲目地傻傻地站在那人身边，是一副累极的样子，也是丧魂落魄的样子。

那人是谁？

在火柴熄灭前的一刹那，我从衣服上一下认出：他是上校！他穿的是我晚上送去的那件白汗衫，背上印着一个大大的红号码：12。我记得清楚，父亲交给我这件汗衫时，爷爷曾责备他，夜里蚊虫多，应该拿件长袖衬衫才对。父亲解释，这衣裳是上校母亲从普陀山寺院里请来的，或许有法力，可以保佑上校平安。我敢断定这就是我给上校送去的那件衣裳，如果不出意外穿它的人当然是上校。

可是……可是……上校怎么会变成这个样子？他跟我心目中的上校完全不一样，颠倒不像！黑白不像！我心中只有一个上校，腰笔挺，大嗓门，风趣爽朗，胆大勇敢，天塌下来都不怕。即使给我一百个上校，我也想象不到这个样子的上校：这么伤心的样子！这么委屈的样子！这么狼狈的样子！

这真是上校吗？

是的，错不了，衣服是他的，声音是他的，背影也是他的。

到底出了什么事？

我第一想到的是猫，猫出事了，跑了。不，是死了，跑了应该大家去找才对。不，死了猫也不至于这样子，这是天塌下来的样子！再说，死了猫小瞎子也不会放他出来。于是我想到他那个白发苍苍的老母亲，会不会是她死了？老太婆病病歪歪的，还整天不着家，四方八面烧香拜佛，神神道道的，是快死怕死的样子。

想到这里，我心头反而松宽下来，因为这跟我家没关系。我愣着，想着，一红一黑的烟头，像鬼火，一呜一咽的声音，像鬼哭。如果真是那个叨老太婆子死了，村里倒是少了一个多嘴的人——她有些爱多管闲事，平常看见我们调皮捣蛋，不是横加指责就是念阿弥陀佛吓我们。我胡思乱想着，不知道到底发生了什么事，也不知道接下来还会发生什么事，只希望有人出来发话，尽快给出我一个答案。

爷爷像摸到我心思，咳嗽一声，发话，声音里没有一点感伤和迟疑。"不走笃定死路一条。"爷爷讲，是长辈老子的口气，带着见多识广的权威和坚决，"要走得尽快，必须在天亮前走，晚了就走不成了。"

接着是父亲的声音，低落、沉缓、落寞的，仿佛掺着上校的泪水。"是的，走吧，死在这小畜生身上值不得。"父亲想拉上校起身，上校却不配合，不动，赖着，像被灶沿吸住似的。

爷爷立起身，催促道："赶紧走，还要收拾东西，不能耽误了。"一边也过来拉上校起身，"快起来，走了。"

上校似乎刚从梦中醒来，丢了魂似的站不稳，一边机械地呢喃着："走？去哪里？"声音嘶哑、胆怯、茫然、孤苦。这哪像他，平时他总是给别人解决问题，排忧解难，教人这个那个，有时气定神闲，有时神气活现，现在却这般怯懦惶惶，无头苍蝇一样。

爷爷讲："天下那么大，哪里不能走，非要走一条死路。"

父亲讲："你外面朋友那么多，哪里不能去，去哪里都比在这儿等死好。"

爷爷对上校讲："快走，没时光耽误了。"

爷爷对父亲讲："拉他走，天亮就走不成了。"

我从爷爷红旺的烟头中依稀看到上校被父亲拉起身。我知道他们要出来，连忙回到厢房，闪在门后躲着，这样可以正面看到他们出来。不一会儿，他们果然开门出来，从黑暗里走出来，走进月光里。月光又冷又亮，我看到父亲拽着上校手臂，牵着，爷爷在后面押着，赶着，有时推着，不准他停下来。就这样，上校亦步亦趋跟着父亲，耷拉着脑袋，佝着腰，僵手僵脚的，深一脚浅一脚，停停走走，向大门移去，挪去。出门时他双脚甚至连门槛都迈不过，差点被门槛绊倒。他像一下子变成比爷爷还要老迈的老头子，像发生的事情把他迅速报废了。

这是我在村里最后一次见到他，月光下，他面色是那么苍白凄冷，神情是那样惊慌迷离，步履是那么沉重拖沓，腰杆是那么佝偻，耷拉的头垂得似乎要掉下来，整个人像团奄奄一息的炭火，和我印象中的他完全不是同个人——像白天和黑夜的不同，像活人和死鬼的不同，像清泉和污水的不同。

节选自《人生海海》第108~112页

五、参考文献

[1] 林培源."故事——世界"与小说的时空体——论麦家人生海海的叙事及其他[J]中国现代文学研究丛刊.2019（7）：110-122.

[2] 陈佳冀,陈心澈."英雄主义"与时代个体的救赎之路——评麦家新作《人生海海》[J]写作.2019（6）：83-88.

[3] 余夏云.《人生海海》和麦家的"论文字学"[J]小说评论.2019（6）：84-91.

[4] 韩松刚.命运的召唤，或回忆的诱惑——评麦家长篇小说《人生海海》[J]当代文坛.2020（2）：145-150.

[5] 谢有顺,岑攀.英雄归来之后——评麦家的《人生海海》[J]中国当代文学研究.2019（4）50-57.

《傲慢与偏见》

唐姝菲

一、图书基本信息

（一）图书介绍

书名：《傲慢与偏见》（奥斯丁文集·经典插图本）

作者：［英］简·奥斯丁

译者：王科一

插图：［英］休·汤姆森

开本：32 开

字数：234 千字

定价：49 元

书号：978-7-5327-7510-1

出版社：上海译文出版社

出版日期：2017 年 7 月

（二）作者简介

简·奥斯丁（Jane Austen，1775—1817），18 世纪后期英国著名的女作家。她出生于英国乡村的绅士家庭，从小热心阅读和写作。由于居住在乡村小镇，接触到的是中小地主、牧师等人物，简·奥斯丁的作品主要关注乡绅家庭女性的婚姻和生活，以细致入微的观察力和活泼风趣的文字真实地描绘了她周围的小天地，尤其是绅士淑女间的婚姻和爱情风波。她的

六部完整作品：《理智与情感》《傲慢与偏见》《诺桑觉寺》《曼斯菲尔德庄园》《爱玛》《劝导》大都是描写她熟悉的乡间所谓体面人家的生活与交往，看来平凡而琐碎。她的作品没有拜伦式慷慨激昂的抒发，也极少见惊心动魄的现实主义描写，大多格调轻松诙谐，富有喜剧性，深受读者欢迎，其作品在英国小说发展史上具有承前启后的重要意义和非凡价值。

王科一（1925—1968），我国著名的文学翻译家，安徽太平（今黄山）人。1952年毕业于复旦大学英国文学系。先后任上海文艺联合出版社、新文艺出版社、人民文学出版社上海分社编辑。主要翻译作品有：雪莱的《伊斯兰的起义》、朗费罗的《海华沙之歌》、奥斯丁的《傲慢与偏见》、狄更斯的《远大前程》、薄伽丘的《十日谈》（与方平合译）。

二、畅销盛况

《傲慢与偏见》是简·奥斯丁最脍炙人口的代表作，在英国浪漫主义小说史上起着承上启下的作用，是19世纪最有影响的经典文学之一，也是世界文库中不可多得的珍品。《傲慢与偏见》于1813年问世，与《战争与和平》《巴黎圣母院》一起位列世界小说十大名著，毛姆誉《傲慢与偏见》为"所有小说中最令人满意的一部"。

《傲慢与偏见》被译成几十种文字进行出版。2003年4月，英国全国广播公司在全球范围内选出了"世界最受读者喜爱的二百部小说"，其中前40部作品中就有奥斯丁的三部作品，《傲慢与偏见》则排在最前面。并且《傲慢与偏见》先后8次被改编为电影，6次被改编为电视剧。

从1955年中文版初次面世到2019年，光是汉译本就有三十多种，更别提部分经典版本的不断再版和重印了。在国内，《傲慢与偏见》的名字长久地盘踞各大畅销书榜单并名列前茅，还是各大出版机构及文学网站上好书推荐名单的座上宾，更是全国各地新华书店的常备书目。例如当当"世界名著畅销榜"前十名；京东"英文版畅销书排行榜"第四名；豆瓣"畅销书排行榜（60本经典好书推荐）"前十名；亚马逊"英国及爱尔兰经典小说销售排行榜"第三名；2018年亚马逊中国年度阅读盛典榜单及奖项"40年·25部影响力外译作品"，《傲慢与偏见》位居第二。

三、畅销攻略

《傲慢与偏见》一出版便畅销，从时间维度上看，即使在200多年后的今天也依然受读者青睐；从空间维度上来说，小说被翻译成多种语言在许多国家出版。可见其不仅是畅销书，更是经久不衰的传世经典。想要成为经典，不仅要经过读者长时间甚至跨越世纪的认可，还要经得起时代的考验，它往往站在时间的前端，引领时代的进步。两个世纪以来，《傲慢与偏见》始终以温和冷静的步伐缓慢地，但同时也是彻底地走进每个读者的心中，得到了大众读者的宠爱，流行至今。

（一）小说内容的魅力

1. 主题升华——小天地反映大问题

《傲慢与偏见》是一部描写爱情与婚姻的经典小说。作品主要讲述的是伊丽莎白小姐与达西先生克服自身关于阶级、财富与品格的傲慢与偏见，最终缔结姻缘的浪漫故事。以男女主人公达西和伊丽莎白的爱情纠葛为线索，共写了四起姻缘：伊丽莎白与达西、吉英与彬格莱、丽迪雅与韦翰、夏绿蒂与柯林斯。

但如果认为《傲慢与偏见》只是一部单纯的爱情小说，那就大错特错了。借用杨绛先生论此书的一句话："《傲慢与偏见》是以恋爱婚姻的角度，来描写世态人情。"据简·奥斯丁自己说："乡间村庄里的三四户人家"是她"得心应手的好材料"。她把自己的艺术比作在"两寸象牙"上"细细地描画"。小天地可以反映出大问题，虽然是"乡间村庄里的三四户人家"的家务事，但英国社会的阶级状况和经济关系尽在其中。

从《傲慢与偏见》的整体描写来看，作者探索的是资本主义社会，即占有欲泛滥成灾的社会条件下的婚姻关系。书中描写了各种不同的婚姻关系，也描写了人们对婚姻的不同追求与看法。例如夏绿蒂和丽迪雅似乎代表着两种极端，前者只追求"可靠的储藏室，日后可以不致挨冻受饥"；后者却纯粹出于性的冲动，不顾一切。书中形形色色的婚姻关系和婚姻观都被简·奥斯丁放在英国资产阶级社会和经济关系中去考察，使整个故事扎根于现实生活的土壤。

历来英国小说中描写婚姻的不计其数，但像简·奥斯丁在《傲慢与偏见》中这样透彻地从经济关系方面抓住资产阶级婚姻制度的本质，在英国小说中是不可多得的。简·奥斯丁用最精辟的眼光向人们表明，资产阶级婚姻的实质无非是金钱交易和利益的结合。

2. 人物刻画——对话、情节塑造"立体"人物

塑造人物形象是小说写作的中心任务，而小说中的人物语言是作者向读者展示人物形象与个性特征的重要途径。简·奥斯丁素来擅长人物刻画，有的文学人士还认为在这点上她可以与莎士比亚媲美。英国著名作家E.M.福斯特的小说理论名著《小说面面观》在分析"立体"人物（与"扁平"人物相对而言）时便以简·奥斯丁的人物为例。

简·奥斯丁在写作中对于人物的塑造一不靠抽象处理描写，二不靠精细的内心刻画，而是借助生动的对话和有趣的情节，把人物写得栩栩如生。尤其是她的对话描写，语言幽默、讽刺，烘托出不同的人物的形象和性格特征：班内特太太的喋喋不休、口无遮拦、嫁女心切；柯林斯的自私自利、虚情假意、逢迎谄媚。

比如书中第五十六章伊丽莎白与咖苔琳夫人的对话可谓是精彩纷呈。咖苔琳夫人嘲讽伊丽莎白及其姐妹的虚荣心，说道："两天以前，我听到一个极其惊人的消息。我听说不光是你姐姐将要攀上一门高亲，连你，伊丽莎白·班纳特小姐，也快要攀上我的姨侄，我的亲姨侄达西先生。虽然我明知这是无稽的流言，虽然我不会那样看不起他，相信他真会有这种事情，我还是当机立断，决定上这儿来一次，把我的意思说给你听。"伊丽莎白则反击道："说句你别见怪的话，咖苔琳夫人，你这种异想天开的要求真是不近情理，你说的许多话又是浅薄无聊。要是你以为你这些话能够说得我屈服，那你未免太看错人啦。你姨侄会让你把他的事干涉到什么地步，我不知道，可是你无论如何没有权力干涉我的事。因此我请求你不要再为这件事来勉强我了。"这样一段对话将咖苔琳夫人的狂妄自大、咄咄

逼人的性格表现得淋漓尽致，而伊丽莎白则淡定自若，理智又冷静地进行回击，丝毫不畏惧也不在乎咖苔琳夫人的盛气凌人，完美展现了伊丽莎白的聪明、勇敢、自信和自尊。

3. 反讽艺术——叙述的灵魂

反讽是一种十分常见的语言现象，也是文学作品中常用的艺术表现手法之一。反讽是简·奥斯丁小说的显著特色，人们把反讽当作她的小说的基调和风格的标志。简·奥斯丁继承欧洲文学的反讽传统，表现出更为成熟的反讽艺术。通过她的小说，我们不仅可以看到暗讽的语调、嘲弄挖苦的文字，而且在塑造人物、安排情节、表现主题诸方面，都充满了反讽的表现手段。

简·奥斯丁开篇即严肃宣称"有钱的单身汉总要娶位太太，这是一条举世公认的真理"，而书中讲述的却是班内特先生家的五个女儿忙于找有钱的单身汉做丈夫的故事。书中的"智者"伊丽莎白和达西先生等人都受到了现实的嘲讽，而可笑的"愚人"班内特太太、柯林斯先生等最后却被证明是正确解释了这条"举世公认的真理"。简·奥斯丁通过反讽抨击了当时英国社会中怪异的婚姻价值观，这就是她所执行的宏观反讽言语行为，为整个语篇定下了情景反讽的基调。

纵观《傲慢与偏见》，简·奥斯丁对决定婚姻关系，乃至人的一切关系的物质原因揭露得十分深刻，但这种揭露，在这部喜剧性的世态小说中不是凶狠的，不是感伤的，不是义愤的，而是嘲讽的。简·奥斯丁的嘲讽渗透于全书的字里行间，在人物塑造上起了关键作用，也是叙述中的灵魂。这种嘲讽不是文字游戏，也不在抽象品格上兜圈子，而是紧紧围绕对书中人物的现实关系的揭露。

4. 揭示女性意识，追求平等权利

18世纪末期，尽管资本主义制度已经确立，但是封建主义仍旧根深蒂固，世袭贵族和中产阶级并存。男人完全占据社会主流，女人被排斥在社会事务之外，她们没有继承家庭财产的权利，改变她们命运的唯一方式是婚姻。

简·奥斯丁不仅是 18 世纪后期英国著名的女作家，也是当时社会女性文学兴起的代表人物之一。作为当时社会为数不多的女性作家，她的作品彻底打破了以男性文学为主导的局面。简·奥斯丁的作品多与女性婚姻有关系，她以女性视角观察社会女性，以文学角度对女性形象进行描述，《傲慢与偏见》是她女性意识体现的代表作品之一，也是被社会公认的揭示女性意识的作品。简·奥斯丁作品中的女性意识是通过塑造人物、叙述情节而表达的。对于全书中代表智慧和理性的伊丽莎白这样一个小说人物的创造，简·奥斯丁对此颇为得意，在书信中说，伊丽莎白是"在印刷时代出现的第一位令人惊喜的尤物"。

伊丽莎白身上的女性意识体现在很多方面。首先，她的独立思维体现出女性对独立意识的渴望，她追求完美的婚姻，认为任何金钱基础上的婚姻都是失败的。她既不会像夏绿蒂一样为了衣食之忧而所嫁非所爱，也不会像丽迪雅贪念财色，一时冲动而草率结婚。其次，简·奥斯丁坚信女性和男性有着一样发达的智力与理性，伊丽莎白的聪慧、机智、与众不同均显示了她对女性智力的信心。而伊丽莎白对凯瑟琳夫人等的挑战，其实就是当时不屈服于男性统治下的妇女对婚姻制度、门第观念等一系列陈腐的社会现象的抗议，是当时妇女要求人格独立、争取平等权利的呼声。

即使受当时的社会影响，简·奥斯丁在认识女性主义上具有一定局限性，但这并不影响其作品在揭示女性意识方面的价值。简·奥斯丁的伟大之处正在于她率先认识到女性所处的这样一个弱势的困境，并在英国文学史上第一次全面探讨了妇女的处境和地位问题，为整个女性主义文学的发展做出了开拓性贡献。

（二）作者的影响力和地位

在简·奥斯丁逝世两百余年后的今天，"简·奥斯丁"已经成为一个全球品牌和产业，在全球经济文化联系愈加紧密的背景下，她成为一个全球旅行者，她的小说及其改编电影被翻译成几十种语言传播到各个国家，还有着一批庞大和热诚的文学粉丝，他们来自不同国家，但有一个共同的名字——"简迷"。毫无疑问，简·奥斯丁的作品历经两百年流行至今，证明了她的影响力是广泛而深远的。

简·奥斯丁的小说出现在19世纪初叶，不同于当时主流的"感伤小说"和"哥特小说"，她的小说破旧立新，展现的是当时尚未受到资本主义工业革命冲击的英国乡村中产阶级的日常生活和田园风光。她的作品如"两寸牙雕"，从一个小窗口中窥视到整个社会形态和人情世故，对改变当时小说创作中的庸俗风气起到了好的作用。简·奥斯丁的小说继承和发展了英国18世纪优秀的现实主义传统，为19世纪现实主义小说的高潮做了准备，在英国小说的发展史上有承上启下的意义。简·奥斯丁获得了各个时代的文学家和评论家们的热烈称赞，被誉为"地位可以与莎士比亚平起平坐的作家""真正伟大的英国小说家""十八世纪精华荟萃的百花园中最后也是最绚丽的鲜花"。在BBC的"千年作家评选"活动中，简·奥斯丁紧随莎士比亚之后，排名第二。

简·奥斯丁的写作生涯中从不缺乏读者，她的读者有贵族阶层、文学精英们，甚至包括乔治四世都痴迷于她的作品。1869年，英国迎来了第一波"简·奥斯丁热"，契机是那年《简·奥斯丁回忆录》的出版。在随后的两年时间里，简·奥斯丁的小说以简装、精装不同形式再版。她被视作适合维多利亚时代家庭阅读的作者，被当作"偶像小说家"般追捧。新一轮的全球性"奥斯丁狂热"是从1995年开始，触发点是1995年BBC拍摄的6集电视连续剧《傲慢与偏见》，其高水平的编剧、精准的角色选择及详尽的历史细节，英国造成轰动，引发一系列的改编。2013年是《傲慢与偏见》出版200周年，英国皇家邮政专门发行邮票纪念，简·奥斯丁的头像还被印制在新版10英镑纸币上，以此向她致敬。

简·奥斯丁的作品陆续传入中国是在20世纪80年代。我国译者对简·奥斯丁作品的成功翻译，让她的文学观念和文化素养深入读者的内心，即使相隔不同的时间和空间，也依然能引起情感共鸣。同时，互联网技术让基于简·奥斯丁作品改编成的影视剧传到中国，推动其作品传播范围更加广泛，对读者的影响也更加深远。因此，简·奥斯丁的作品也逐渐在中国奠定了外国经典文学名著的地位。

（三）模范译本的口碑保证

《傲慢与偏见》是简·奥斯丁作品中最为广大中国读者所熟知的一部，除了原作本身所具有的魅力之外，译本对其传播的作用功不可没。《傲慢与偏见》这部世界名著已有多种语言版本出版，汉译本目前在国内能见到的有三十多种，比如王科一译本，孙致礼译本，张玲、张扬译本，这三个版本也是最被读者所认可的译本。其中最早的中文版是王科一的译本，由上海文艺联合出版社于1955年2月首次出版（由上海译文出版社1980年重新出版），广受读者好评，被称为模范译本。在京东图书商城，《傲慢与偏见》译文排行榜上排名第一的便是王科一翻译的版本。

在《傲慢与偏见》这部小说译本中，王科一"传神""入化"的功夫，给读者留下了深刻的印象。王科一翻译文学作品有一个指导思想：以传达境界为主，在神似与貌似之间力求矛盾的统一，既不能迁就中文以削足适履，也不能破坏祖国语言的规范化。每逢遇到难译的词语，从不死抠字眼，而是在充分领会原文精神的基础上，尽力摆脱字面意思和表层结构的束缚，以将自己的译笔纳入地地道道的汉语的轨道。所以，这个译本被上海译文出版社列入"世界文学名著丛书"，一再重版。

（四）出版社的实力和品牌效应

图书出版营销成功的最高境界，便是形成出版品牌，品牌战略可以说是出版社生存发展的不二法门。在内容信息繁杂的互联网时代，优秀成功的品牌能够快速击中目标读者需求，助推产品内容的传播。上海译文出版社多年来一直高度重视出版品牌和营销能力建设，将之作为出版社发展的基本战略，致力于铸造图书品牌，领跑中国书业的文化和学术品位。

上海译文出版社是中国最大的综合性专业翻译出版社，成立于1978年1月1日，拥有众多精通世界主要语种的资深编辑，书稿的译作者多为在语言及专业知识方面有造诣的专家学者。经过40余年发展，上海译文出版社凭借雄厚的出版实力与良好的信誉，在学术界和读书界赢得了良好声誉，成为上海的文化品牌之一。在40年的出版实践中，上海译文出版社的出版物屡屡荣获国家级大奖，在中国出版史上创下多个"第一"。如今，上海译文出版社每年出版图书700余种，是中国一流的外国文学出版中心、人文社会科学译著的传播重镇、原创双语工具书编纂基地。

上海译文出版社曾引领了一场世界名著出版热。1978年5月，中宣部批准恢复"外国文学名著丛书"的出版工作，由上海译文出版社和人民文学出版社共同出版，收入共计近150种名著，其中就包括了1980年出版的《傲慢与偏见》。这一系列经典名著译丛选题精彩、译文优美、学术价值高，在国内享有很高声誉。因其简洁雅致的网格状封面设计风格被称为"网格本"，影响了几代读者。如今这些经典名著仍在源源不断地推陈出新，《傲慢与偏见》也一再重版，深受广大读者的喜爱。

（五）经典成功的图书设计

当读者阅读一本理想的装帧书籍时，不仅受感于第一瞬间刺激，而更可以长时间地品味个中意蕴，从书籍结构中引申出更深层的美学意识，便是图书设计理念的成功之处。

《傲慢与偏见》经典插图本整本书的设计都无不充斥着简约大方、古朴典雅的气息，但这种简约并不是简单，而是简洁婉约，独具风致和格调。它的外表删繁就简，去除造作伪饰，大方淡雅，仪态天成，卓尔不群；它的内在却引人入胜、精彩纷呈、韵味无穷，让人意犹未尽、流连忘返。

1. 精致典雅的装帧设计

在《傲慢与偏见》经典插图本的装帧设计上，出版社选择了32开的精装本设计，由全纸面书壳、环衬、书名页、插页与书心组成。精装设计无疑彰显了《傲慢与偏见》作为文学名著的文学价值和收藏价值。白色卡纸作为护封，简约典雅，略显质感。打开护封，映入眼帘的是棕色硬壳内封配上采用西方古老圆脊精装，手中沉甸甸的质感，大大提升了这本书的厚度和美感，增加了书籍的档次。仿佛触摸到了18世纪的欧式古典精装书，像翻开一段尘封的历史，精致而细腻，严谨又满载着古老的记忆。内页采用胶版纸，纸质纯滑而有质感，排版简洁大方，恰到好处的留白为书籍装帧减去了一丝浮华,增添了一抹沉稳和内敛。

2. 简洁婉约的封面设计

《傲慢与偏见》经典插图本的护封以纯白为底色,版本、中英书名、译者信息写于右上,丛书名和出版社信息置于左侧,中间部分则是一幅插图(出现于本书第十八章),内容为达西和伊丽莎白在舞池跳舞时,威廉·卢卡斯爵士过来走近他们,称赞达西跳舞跳得好,舞伴又找得好。护封的书脊除了标注丛书名、中英书名、译者和出版社信息外,也有一幅插图(出现于本书第五十五章),内容为彬格莱先生拜访班内特先生一家时,班内特太太为了给彬格莱先生和大女儿吉英创造独处的机会便有意支开其他姐妹,图为叫走伊丽莎白的场景。

封面简洁到了极致,除了中心部分的一幅插图(同护封书脊)别无他物,书脊上也只简单地标注了作者、书名和出版社信息,无不彰显着低调和含蓄,但又简而不失其华,约而不显其涩,仿佛所有内容和秘密都藏在了书中,等着读者翻开它细细品读。

3. 原版插图生动再现经典场景

《傲慢与偏见》经典插图本采用了19世纪末英国画家休·汤姆森(Hugh Thomson,1860—1920)独具魅力、流传至今的原版插图中的57幅,令读者尽情享受妙文美图双重盛宴。

对喜爱插图本文学名著的读者来说,休·汤姆森不是一个陌生的名字。在不算长的一生中,他为大量作品配了插图,其中不少作品成了爱书人追捧的版本。简·奥斯丁的《傲慢与偏见》是"汤姆森插图本"中的佼佼者。

1894年10月,内有汤姆森绘制的160幅精美插图的《傲慢与偏见》面世。书一经出版就广受大众欢迎,在12个月内就售出了11 605册(不算行销美国的3500册)。到1907年,销量更是至少达到了25 000册。汤姆森"为人物注入表情的能力"在《傲慢与偏见》中充分体现了出来,不管是主要人物还是次要人物,表情都十分传神、自然,经得起一看再看。

（六）影视剧改编的推波助澜

影视与文学是两种截然不同的艺术形式，但同时也存在紧密的关系。文学是电影的创作源泉，文学作品的写作手法、表现技巧等为电影创作提供了丰富的内涵和营养；而从电影到文学作品，又为大众赏析、接受、解读文学经典提供了最直接、最有力的渠道。一部成功的影视剧改编作品能够引发读者的购买热潮，切实带动原著图书在市场中的销售量，对图书的销售起到一定的推动作用。

简·奥斯丁的所有小说都先后被改编成电影或电视剧，发表于1813年的《傲慢与偏见》更是其中翘楚。《傲慢与偏见》先后于1938年、1952年、1958年、1967年、1980年、1995年6次被英国BBC改编成电视连续剧，于1938年、1952年、1958年、1967年、1980年、1995年、2003年、2005年先后8次被改编为电影。美国的好莱坞、印度的宝莱坞也不甘人后，相继加入改编热潮中来，改编后的电影无不成为当年最卖座的电影之一。

美国20世纪福特影片公司于1940年出品的电影《傲慢与偏见》，是第一部简·奥斯丁小说的电影版，获得了1941年奥斯卡最佳艺术指导（黑白片）奖，影片的巨大成功产生了前所未有的轰动。1940年6月为配合影片首映，企鹅丛书出版集团出版了《傲慢与偏见》的平装普及本，从1940年至1948年，这部小说共印了21版。

很明显，电影奖项的加持也对其原著图书的销售带来了显著的带动作用。2005年版的电影《傲慢与偏见》获得第78届奥斯卡金奖并荣获四项最佳提名、欧洲电影节和金球奖三项最佳提名，可谓是风头强劲。这部电影的成功翻拍也再一次在世界上掀起了一阵"奥斯丁热潮"，原著图书销量也随之上涨。亚马逊中国盘点了历年奥斯卡相关作品的原著纸书和Kindle电子书的综合销售情况，发布了年度奥斯卡外文原著图书排行榜，在2014—2017年，《傲慢与偏见》作为经典世界名著历久弥新，连续几年牢牢占据销售量前10位。

即使到了今天，《傲慢与偏见》也仍然受到消费者青睐，依旧畅销。

四、精彩阅读

凡是有财产的单身汉，必定需要娶位太太，这已经成了一条举世公认的真理。

这样的单身汉，每逢新搬到一个地方，四邻八舍虽然完全不了解他的性情如何，见解如何，可是，既然这样的一条真理早已在人们心目中根深蒂固，因此人们总是把他看作自己某一个女儿理所应得的一笔财产。

——节选自《傲慢与偏见》第一章第 1 页

班纳特先生真是个古怪人，他一方面喜欢插科打诨，爱挖苦人，同时又不苟言笑，变幻莫测，真使他那位太太积二十三年之经验，还摸不透他的性格。太太的脑子是很容易加以分析的。她是个智力贫乏、不学无术、喜怒无常的女人，只要碰到不称心的事，她就自以为神经衰弱。她生平的大事就是嫁女儿；她生平的安慰就是访友拜客和打听新闻。

——节选自《傲慢与偏见》第一章第 3~4 页

彬格莱先生仪表堂堂，大有绅士风度，而且和颜悦色，没有拘泥做作的习气。他的姐妹也都是些优美的女性，态度落落大方。他的姐夫赫斯脱只不过像个普通绅士，不大引人注目，但是他的朋友达西却立刻引起了全场的注意，因为他身材魁伟，眉清目秀，举止高贵，于是他进场不到五分钟，大家都纷纷传说他每年有一万镑的收入。男宾们都称赞他的一表人才，女宾们都说他比彬格莱先生漂亮得多。人们差不多有半个晚上都带着爱慕的目光看着他，最后人们才发现他为人骄傲，看不起人，巴结不上他，因此对他起了厌恶的感觉，他那众望所归的极盛一时的场面才黯然失色。他既然摆出那么一副讨人嫌惹人厌的神气，那么，不管他在德比郡有多大的财产，也挽救不了他，况且和他的朋友比起来，他更没有什么大不了。

——节选自《傲慢与偏见》第三章第 9 页

柯林斯先生并不是个通情达理的人，他虽然也受过教育，也踏进了社会，但是先天的缺陷却简直没有得到什么弥补。他大部分日子是在他那守财奴的文盲父亲的教导下度过的。他也算进过大学，实际上不过照例住了几个学期,并没有结交一个有用的朋友。他的父亲管束得他十分严厉,因此他的为人本来很是谦卑,不过他本是个蠢材,现在生活又过得很悠闲,当然不免自高自大,何况年纪轻轻就发了意外之财,其更自视甚高,哪里还谈得上谦卑。当时汉斯福教区有个牧师空缺,他鸿运亨通,得到了咖苔琳·德·包尔夫人的提拔。他看到他的女施主地位颇高,便悉心崇拜,倍加尊敬;另一方面又自命不凡,自以为当上了教士,该有怎样怎样的权力,作为一个教区的主管牧师,又该享受怎样怎样的权力,于是他一身兼有了骄傲自大和谦卑顺从两重性格。

他现在已经有了一幢好房子,一笔可观的收入,想要结婚了。他所以要和浪搏恩这家人家讲和修好,原是想要在他们府上找个太太。要是这家人家的几位小姐果真像大家所传闻的那么美丽可爱,他一定要挑选一个。这就是他所谓补偿的计划,赎罪的计划,为的是将来继承她们父亲的遗产时可以问心无愧。他认为这真是个独出心裁的办法,既极其妥善得体,又来得慷慨豪爽。

——节选自《傲慢与偏见》第十五章第 85 页

"我实在没有办法死捱活撑下去了。这怎么行。我的感情再也压制不住了。请允许我告诉你,我多么敬慕你,多么爱你。"

伊丽莎白真是说不出的惊奇。她瞪着眼,红着脸,满腹狐疑,闭口不言。他一看这情形,便认为她是在怂恿他讲下去,于是立刻把目前和以往对她的种种好感和盘托出。他说得很动听,除了倾诉爱情以外,又把其他种种的感想也原原本本说出来了。他一方面滔滔不绝地表示深情蜜意,但是另一方面却又说了许许多多傲慢无礼的话。他觉得她出身低微,觉得自己是迁就她,而且家庭方面的种种障碍,往往会使得他的见解和他的心愿不能相容并存——他这样热烈地倾诉,虽然显得他这次举动的慎重,却未必能使他的求婚受到欢迎。

尽管她对他的厌恶之心是根深蒂固,她究竟不能对这样一个男人的一番盛情,漠然无动于衷;虽说她的意志不曾有过片刻的动摇,可是她开头倒也体谅到他将会受到痛苦,因此颇感不安,然而他后来的那些话却引起了她的怨恨,她那一片怜惜之心便完全化成了愤怒。不过,她还是竭力镇定下来，以便等他把话说完，耐心地给他一个回答。末了，他跟她说，他对她的爱情是那么强烈，尽管他一再努力克服，结果还是克服不了，他又向她表明自己的希望，说是希望她肯接受他的求婚。她一下子就看出他说这些话的时候，显然自认为她毫无问题会给他满意的回答。他虽然口里说他自己又怕又急，可是表情上却是一副万无一失的样子。这只有惹得她更加激怒……

——节选自《傲慢与偏见》第三十四章第 218 页

伊丽莎白窘得一句话也说不出来。过了片刻工夫，只听得她的朋友又说："你是个爽快人，决不会开我的玩笑。请你老实告诉我，你的心情是否还是和四月里一样。我的心愿和情感依然如旧，只要你说一句话，我便再也不提起这桩事。"

伊丽莎白听他这样表明心迹，越发为他感到不安和焦急，便不得不开口说话。她立刻吞吞吐吐地告诉他说，自从他刚刚提起的那个时期到现在，她的心情已经起了很大的变化，现在她愿意以愉快和感激的心情来接受他这一番盛情美意。这个问答简直使他感到从来没有过得快乐，他正像一个狂恋热爱的人一样，立刻抓住这个机会，无限乖巧、无限热烈地向她倾诉衷曲。要是伊丽莎白能够抬起头来看看他那双眼睛，她就可以看出，他那满脸喜气洋洋的神气，使他变得多么漂亮；她虽然不敢看他的脸色，却敢听他的声音；只听得他把千丝万缕的感情都告诉了她，说她在他心目中是多么重要，使她越听越觉得他情感的宝贵。

——节选自《傲慢与偏见》第五十八章第 409 页

"我的美貌并没有打动你的心；讲到我的态度方面，我对你至少不是怎么有礼貌，我没有哪一次同你说话不是想要叫你难过一下。请你老老实实说一声，你是不是爱我的唐突无理？"

"我爱你的脑子灵活。"

"你还不如说是唐突，十足的唐突。事实上是因为，你对于殷勤多礼的客套，已经感到腻烦。天下有种女人，她们无论是说话、思想、表情，都只是为了博得你称赞一声，你对这种女人已经觉得讨厌。我所以会引起你的注目，打动了你的心，就因为我不像她们。如果你不是一个真正可爱的人，你一定会恨我这种地方；可是，尽管你想尽办法来遮掩你自己，你的情感毕竟是高贵的、正确的，你心目中根本看不起那些拼命向你献媚的人。我这样一说，你就可以不必费神去解释了；我通盘考虑了一下，觉得你的爱完全合情合理。老实说，你完全没有想到我有什么实在的长处；不过，随便什么人，在恋爱的时候，也都不会想到这种事情。"

——节选自《傲慢与偏见》第六十章第 426 页

五、参考文献

[1] 简·奥斯丁. 傲慢与偏见 [M]. 王科一，译. 上海：上海译文出版社，2017.

[2] 台园园. 从简·奥斯丁《傲慢与偏见》看对话对小说人物性格刻画之重要性 [J]. 和田师范专科学校学报，2008（3）：55-56.

[3] 胡齐放. 英语小说对白中的反讽言语行为——《傲慢与偏见》为例 [J]. 浙江理工大学学报，2005（2）：213-217.

[4] 胡舒莉.《傲慢与偏见》：全反讽的艺术 [J]. 湛江师范学院学报，2001（1）：46-51.

[5] 刘晓蕾. 浅论《傲慢与偏见》中的女性观点 [J]. 文学界（理论版），2010（5）：17.

[6] 张霞. 女性意识的萌芽——《傲慢与偏见》中女性意识的体现及其局限性 [J]. 吉林广播电视大学学报，2012（4）：90-91.

[7] 李静. 1980—2010 年简·奥斯丁作品在中国的接受 [D]. 成都：西南交通大学，2015.

[8] 冯晓黎.《傲慢与偏见》王科一译本的成功与不足 [J]. 重庆大学学报（社会科学版），2006（3）：135-140.

[9] 武月明. 简·奥斯丁新解——从最新版《傲慢与偏见》电影谈起 [J]. 外国文学动态，2009（6）：40-42.

[10] 张雪晴. 从文学作品到电影——对《傲慢与偏见》电影改编的比较 [J]. 辽宁广播电视大学学报，2016（1）：96-97.

《82 年生的金智英》

张凤涵

一、图书基本信息

（一）图书介绍

书名：《82 年生的金智英》
作者：[韩] 赵南柱
译者：尹嘉玄
开本：32 开
字数：105 千字
定价：45 元
书号：978-7-2211-6315-9
出版社：贵州人民出版社
出版时间：2019 年 9 月

（二）作者简介

赵南柱，韩国作家，1978 年出生于首尔，毕业于梨花女子大学社会学系，毕业后成为时事节目编剧，后因结婚生子退出职场，成为全职主妇。2011 年以长篇小说《倾听》获得"文学村小说奖"后，开始从事写作；2016 年以长篇小说《为了高马那智》获得"黄山伐青年文学奖"；2017 年以《82 年生的金智英》荣获"今日作家奖"。另著有女性主义主题小说集《给贤南哥哥》、短篇小说集《她的名字是》。

赵南柱作为社会学系出身，从事时事类节目编剧工作多年，对现实生活中存在的社会现象及问题拥有敏锐、透彻的观察力，并擅长运用写实、细腻、客观的写作手法去讲述，作品能够引起读者的情感共鸣，使其受到广泛关注。

二、畅销盛况

《82年生的金智英》是赵南柱创作的女性主义题材小说，由韩国五大出版社之一的民音社于2016年10月14日出版，后被评为2017年韩国社会最重要的事件之一。作者在出版这本书之前，只是一位知名度不高的新人作家，但自出版之日起迅速在韩国掀起热潮，成为社会广泛讨论的焦点。

2017年6月，韩文版销量突破10万册，成为韩国2017年上半年销量最高的小说，被韩国书店联合会评选为2017年最佳小说，作者赵南柱获"年度作家"殊荣。2018年11月27日，韩文版销量突破100万册，刷新了韩国年度电子书的最高销售纪录，成为"亚洲十年来罕见的现象级畅销书"。

2018年5月13日，中国台湾漫游者文化出版社出版了由尹嘉玄翻译的繁体中文版。

2018年12月，日文版由筑摩书房出版上市，上市3天便加印了4次，不少书店出现大面积断货，三个月销量超过13万册，并登上了"最畅销亚洲图书"的榜首。

2019年9月，由磨铁图书旗下大鱼读品引进、贵州人民出版社出版，采用尹嘉玄翻译的简体中文版上市。该书上市仅3天就加印3次，上市一个月时销量超过10万册，截至2019年年底，发行量已超20万册，并获得豆瓣2019年度最受关注图书Top1、当当小说榜No.1、亚马逊Kindle电子书文学总榜Top3，入围2019新京报年度阅读推荐榜、单向街书店文学奖提名等多项荣誉。

2019年10月23日，根据小说改编的电影《82年生的金智英》于韩国上映，观影人数突破100万。电影在中国也引起广泛关注，豆瓣评分达到8.9分，成为2019年豆瓣电影榜单评分第二高的韩国电影，本书也再次引发热议。

目前,《82年生的金智英》的版权已销往中国、日本、英国、美国、西班牙、新加坡、澳大利亚等37个国家和地区。

三、畅销攻略

《82年生的金智英》成为现象级畅销书是在意料之外的,但其引发的热烈且持续的"金智英"效应表明,本书成为现象级畅销书,并产生这么大的影响,绝不是偶然。

(一)图书内容

1. 人物设定——贴近读者,引发广泛共鸣

1982年,韩国处于一个普通且特殊的时期;男女比例达到最严重的失衡状态;在20世纪80年代出生登记最多的女婴名字就是智英;金是韩国最普遍的姓氏。这便是本书的书名组成,在各种最普通的条件设定下,普通的"金智英"产生了。

《82年生的金智英》以金智英人生的时间线为顺序,讲述了出生在1982年的金智英从出生到上学、就业、恋爱、结婚、生育、离职等生活中各个节点因性别而受到的差别化对待,客观陈述式的叙事语言风格结合真实社会背景及大量的统计数据,折射出韩国女性在社会、家庭中所受到的不平等对待和固有偏见。

"金智英"是一个具有普遍性的人物,是一个被情节所"掌控"的人物。作者刻画出一个最普通的女性形象,通过收集大量女性相关报道和统计资料,把韩国女性日常生活中可能遭遇的所有性别不公都糅合、投射到她身上,让她作为一个工具、一个器皿,将这些经历填进情节框架里。因为这个特殊的"代入属性",使"金智英"这个名字成为一个符号、一种象征,承载着女性的不公与抗争,从而引发读者的情感共鸣,最终成为当代女性所面临的困境的代名词。

有位读者说:"这根本不是一本小说,而是我的人生报告书。"作为

一本描写韩国女性境遇的书在东亚地区甚至全世界多个国家获得关注，就在于它所具有的"共情力"，正如这本书宣传语所说："一个女孩要经历多少看不见的坎坷，才能跌跌撞撞地长大成人。"在这本书中，金智英的生活就是女性的真实生活写照，她所面临的困境，都是日常生活中最普通不过的事情，是在社会中真实发生且普遍存在的、被无视的事情，正是因为真实，几乎每位女性都能把金智英的人生故事映射到自己或是身边的人身上，这也是本书成为广大女性情感寄托的重要因素。正因为如此，作者通过"金智英"向社会传递出："如果我们真的去控诉这些问题，即使用的声音不是很大，它们就再也不会只是个人的问题了"。

2. 创作风格具有特殊性——东方女性主义文学的新形式

《82年生的金智英》在某种程度上可以说是女性主义文学作品中前所未有的类型，是女性主义文学的新形式，原因在于这本书的语言文字、风格都不同于常规小说。在接受媒体采访时，作者赵南柱表示："我写作注重的是想要表达的内容，至于它属于哪种类型、哪种题材，我觉得并不重要。写作风格是根据我想表达的内容来进行选择的。"作者以近乎白描的方式对文字进行处理，整本书都处于平静、客观的基调，没有跌宕起伏的情节，没有精彩绝伦的形容，只有克制的情感、平静的叙述、简洁的表达。

《82年生的金智英》可以看作是首次为东方女性"发声"。"在理想的层面上，女性主义的'本土化'，应该意味着对本土女性生存经验特殊性的尊重与挖掘，意味着寻找女性本土言说方式的尝试"。在这本书之前，东亚地区鲜有将女性日常生活中的境遇如此直接地表达出来的作品。这本书将各种社会现象和问题通过描述特定社会背景下的一位女性的普通生活进行映射，可以说不单单是讲述一位女性的成长故事，还是讲述身为女性所受到的不平等对待的情感表述。

《82年生的金智英》的另外一大特点在于结合社会背景和大量引用各类官方统计数据来说明问题，使得内容更像是在描述，而不是控诉，情感表达更加理智，因此得到了"把这个时代韩国女性的生活原样呈现出来的社会学报告书"的评价。作者在接受《南方周末》采访时说："媒体、电影、文学作品及网络中展现的女性形象极具消费导向，感情扭曲，看起来毫无意义。我想，这会不会被记录为 21 世纪初期的女性形象呢？"这本书可以视为女性争取自我权益思想觉醒的一个产物，让更多读者通过这本书开始逐渐关注女性社会地位问题，引发对社会平等关系更深层的探讨。

与此同时，《82 年生的金智英》在文学性方面存在争议。有些读者认为它的人物形象塑造很单薄、缺乏人物性格，也缺少内在的思想矛盾；也有一种观点认为这本书存在"到底是小说创作呈现了社会问题，还是社会问题束缚住了小说创作？"的不足，使作者并没有进一步深化作品的主题。

3. 易读性——降低阅读门槛，扩大读者群体

"畅销书变化的主要原因是读者阅读需求的变化，而读者阅读需求变化也和社会的大环境有着直接的关系。"随着女性社会地位的不断提高，女性主义受到广泛关注，女性主题出版愈加受到重视，聚焦女性的主题书籍需求也在不断增加。但从中国目前的图书市场来说，现有的女性主义题材文学仍不是很多，虽有一些优秀的女性主义书籍，但多为学术类且基本都是西方作者所著，对中国的普通读者来说存在阅读门槛，读者群体很局限，具有普及性的女性主义书籍仍然存在缺失。这本书能够引起如此大的轰动，可以看出大众对此话题的关注，以及此类作品的稀缺性。《82 年生的金智英》的出现在一定程度上填补了这类图书的空白，其简洁明了的语言风格十分适合作为普及的女性主义书籍。

图书的易读性在很大程度上会降低图书的阅读门槛，进而增加读者的数量、提高销量。《82 年生的金智英》通过细腻的情感表达，写出了女性在几十年来所遭遇的不公，为普通女性的失语状态发声。因为短小的篇幅、通俗朴实的语言、浅显的表达方式、明确简单的人物形象等因素，使本书具有很大的易读性。

作者赵南柱说："女性之间的情感是有共同地带的，彼此会有共鸣。我想通过这样的情节去展示女性之间的共鸣意识和共同的情感地带。"正是因为这个原因增加了此书的文本普及程度，降低了阅读门槛，也因此拥有更广泛的读者受众，较之于女性主义学术书籍，能够被更多的读者接

受，影响的群体不再仅仅是小范围的女性精英，而是面向了更大的读者群体，引起更多人对女性主义的思考和认识，产生更大的影响力。

4. 引进图书的产品设计——增加亮点，赋予附加价值

作为一本引进小说，出版社是否能通过本土加工体现、提高图书作为产品的价值，使其能够得到更多读者的青睐，其中翻译质量、装帧、营销等都是非常重要的因素。

中文简体版的装帧设计并未采用韩国原版样式，而是进行了全新的设计，最大限度使封面整体设计达到内容和形式的统一，具有独特风格。首先中文简体版整体色调不同于韩国原版的灰白色系，由暖色调作为主色，封面由一幅半脸人物插画为主，由插画师袁小真根据图书内容所创作的金智英的人物形象，极具代表性和独特性，能够吸引读者眼球，让人眼前一亮。书封则是运用名人推荐、所获奖项、畅销盛况，以及同名电影主演等要素，并将摘取的具有感染力的文本内容放置封底，突出本书的价值，充分引起读者的注意力和购买欲望，从而使读者产生购买行为。

《82年生的金智英》中文简体版的一个亮点是放置在此书开篇的8幅内页水彩插画，由青年艺术家胡鹏飞特别绘制，每一幅插画的场景设定根据书中情节进行构思，象征着每一位平凡女性的典型困境，设计与内容艺术特指相吻合，为图书增加艺术价值和收藏价值。俄罗斯版本的《82年生的金智英》也将采用此版插画。

翻译水平在一定程度上影响着读者对内容的理解，优秀的翻译能够更好地传递出书籍的精神价值。本文所采用的翻译是繁体版的译者尹嘉玄的翻译版本，繁体版的翻译效果在出版后得到了很好的认可，因此中文简体版选择继续采用。译者拥有成长于韩国、深受韩国文化熏陶的背景，对文中的文化和社会背景拥有很深的理解，能很好地传递出文中的社会意涵。同时，身为女性，对于文中的情感也拥有更深的感受，情感方面的传递更容易引起共鸣。

此外，此书还有一个创新点，是中文简体版制作团队在书的最后一页给读者所留下的一封信，信中有编辑部的邮箱和地址，让读者在阅读后可

以分享自己感受和真实经历,编辑部将依托这些信件举办小型展览。制作团队在图书出版之后便收到多封读者来信,这些回信中有很多读者的故事和感受,在这些信件中看到了这本书在中国读者群体中所产生的回响,以及这个过程中的制作团队与读者之间的双向互动。

(二)图书的社会属性

1. 争议性所引起的话题热度和讨论

在当下信息高度发达的互联网时代,争议代表着话题性高、热度高,对于作为文化商品的图书来说,话题性会提高图书的销量是必然的结果,这也是此书能成为畅销书的一大重要影响因素。

《82年生的金智英》的创作源于极具争议性的社会现象——2014年的"妈虫"事件,这个词对中国读者来说可能很陌生。"妈虫"是结合英文"mom"和"虫"的韩文新造单字,用于贬低在公共场合无法管教大声喧闹的幼童的年轻母亲,虽然用于指称部分管教无方的妈妈,但在韩国网络上很多人将这样一个极具贬低性的称呼附加到全职妈妈的身上,由此作者感到社会对女性,特别是身为母亲的女性的苛责,深受触动后写下此书。

《82年生的金智英》自2016年出版后,便迅速成为社会各界关注的焦点,引发了现象级的讨论。这本书作为以小说形式叙述性别不平等现象的女性主义文学,在性别问题严重的韩国,可以说是首次将这些问题放到"台面上"来说,引发韩国社会强烈讨论。很多韩国男性称这本书是"女权主义",认为作者在挑起男女性别之间的对立,并称其在"撕裂"韩国社会。作者赵南柱在此书受到关注后,受到了大量的人身攻击;韩国女团成员因谈及这本书,而遭到各种威胁和抵制;主演同名电影的女主演公布出演决定后仅一天,就在社交网站上收到了数万条负面评论……

事实上,《82年生的金智英》绝不是为了挑起性别对立,而是在找寻性别平等,戴锦华教授曾说:"作为女性,恐怕首先要明白,男性在这个社会当中居统治地位、优势地位,但同时男性也被锁死在父权结构当中。一个简单的事实是,今天一个女性的所谓失败者和一个男性失败者的遭遇恐怕非常不同，因为父权逻辑设定男性必须成功、必须在主流结构中占位置。而女性的失败尽管同样伤痛，却被社会视为'正常'，因为原本就没想让你入围、入局和加入竞赛。这是主流逻辑的悖谬。"《82年生的金智英》正是为了推动改变所谓"正常女性"的社会认知，它的影响力不仅产生于韩国或者东亚地区，而是扩散到更大的范围内。在引起广泛讨论、产生巨大社会影响并获得销量的同时，无数普通女性在书中也找到了自己，这个过程为女性主义觉醒和扩大影响发挥了不可磨灭的积极作用，在一定意义上推动了女性主义的进步、社会平衡发展的进步。

2. 社会价值

《82年生的金智英》的一个特点就在于它所具有的社会属性，此书的社会背景是厌女风气和女性所承受的不公平对待极度严重的韩国。正是源于对现实的批判立意，作者说："有些无法用历史记录的东西是由文学来传承的。小说还有一个职责，就是说出我们平时听不见的声音，让大众看见一些看不见的东西。"此书所蕴含的社会价值和意义，对唤起女性觉醒产生了巨大的推动力，使其具有与社会现实事件紧密相连的特性，持续为女性发声提供了一个依托。

出版活动中最基本的一点就是图书的经济效益必须以社会效益的实现为前提，"扩大社会影响是畅销书运作的重要目标之一，但巨大的社会影响未必就具有良好的社会效益"。这本书出版以来也是韩国女性主义思想快速崛起的两年。当女性社会脱节问题、丧偶式育儿问题、职场偷拍、"METOO"运动、2018年"姐姐来了"游行等社会问题成为热点时，这本书都会重新引起大众的关注和思考。在同属东亚文化下的中国，这本书一经出版，便同样得到了广泛的关注和讨论。女性话题在中国持续升温，不断引发舆论探讨，所以这本书在中国受到欢迎，也是意料之中。经过时间的检验，可以证明《82年生的金智英》所引发的绝不只是一时的喧嚣，它所揭示出来的女性问题的本质，将在未来很长一段时间内持续引发思考。

2017年5月，国会议员卢会灿将这本书作为礼物送给了文在寅总统，并说："愿92年出生的金智英不再重蹈82年的金智英的覆辙。"而文在寅也回复说:"希望92年出生的金智英们能过上不一样的人生。"这也是此书作者的一个美好愿景。

(三)多维营销的推动

1. 传统营销活动为基础

作为传统的图书营销方式,线下活动是最直接有效的,其所产生的影响力也是不可小觑的。中国制作团队为此书策划了两场线下活动,2019年11月16日磨铁图书联合驻华韩国文化院举办作者分享会暨中韩文学交流活动、17日在北京西西弗书店国贸店举办中国读者见面会。这两场活动最大限度地连接了作者和中国读者,使其进行了充分地分享和互动,取得了热烈的反响和成功。此外,作者在中国的4天的时间里,接受了"一条""南方周末""新京报""GQ报道""澎湃新闻"等20余家重要媒体的采访,这些采访也极大地影响了大众对这本书的认识,同时也促进了中韩文化之间的交流。

2019年10月,制作团队联合西西弗书店进行线下合作,在全国的西西弗书店内搭建本书的"特别推荐"展架,购买的读者将会获得定制的行李牌"去看更大的世界"。通过这种形式的线下活动激发了读者的好奇心,增加了读者的购买欲望,吸引了更多的读者注意和参与。

2. 加大新媒体营销力度

随着社会阅读环境、媒体环境、社交环境等的不断变化,新媒体时代日新月异,出版社想要收获更多的效益,在营销上就必须接受新媒体时代的各种变化,把握住时代发展的脉搏,尽可能地吸引读者注意力,赢取市场份额。通过借力新媒体开展图书营销,运用其交互性、及时性、个性化与社群化的特征,利用网站、微博、微信、客户端等不同的平台,发挥出互联网巨大的优势和影响力,获取更多的读者注意力。

《82年生的金智英》的简体中文出版于2019年9月3日,磨铁在各大售书平台进行全网发售,全媒体发售已成为现代图书的一个通用方式,更多的发行渠道,就代表着更多的可能性。

制作团队联合多个媒体形式进行多维度宣传推广。利用微博进行营销推广是这本书展开整体营销活动的一个重要形式。磨铁图书联合樊登读书发起的微博活动——1000本书送1人，为图书宣传增加热度，充分吸引读者参与。此书的目标读者是女性群体，制作团队利用互联网社群化的特性，联合"有书"共同完成了一期专题节目，专题名称为：幸福是拥有自由选择的权利。节目中邀请了四位不同职业的女性，通过采访展现她们的状态和问题，直观地展现中国女性当下所处的一些困境和选择，引起更广泛的关注，获得更多群体的情感共鸣。在"金智英"现象席卷各类热门话题的同时，制作团队磨铁图书·大鱼读品在微博特推出此书在国内发行出版过程的影像视频，向读者们展示并回顾这本畅销书产生的故事及存在的价值。

此书的营销活动中也运用了最火热的直播形式，言几又书店联合磨铁图书开展由此书责编任菲讲解的——解读《82年生的金智英》分享会的直播活动。在2020年妇女节这一天，这本书的责编任菲参与了杭州单向空间所发起的聚焦女性文学出版的线上直播，通过和其他编辑共同分享几部现象级作品背后的故事，以及他们对由此引发的女性社会议题的看法，引发大众对女性文学的更深的认知和思考。

各种权威媒体大号的推荐是这本书在国内得到广泛关注的一大重要原因，新闻媒体、微信公众号、微博"大V"、抖音等各类平台，文学、女性、情感、影视、亲子等多个类别，几乎各个形式的媒体都对这本书进行了宣传推广，相关文章报道获得了百万阅读量，这是十分可观的数据影响，对这本书的销售起到了巨大的推动作用。

（四）影视作品联动

影视化成为当下社会中最具有影响力的媒体传播形式，在一定程度上能延长图书的销售周期，增加图书影响力，并可能掀起一轮新的购书热潮，从而带动图书销售。2018年9月，根据小说改编的电影《82年生的金智英》正式开拍，由韩国知名演员孔刘、郑裕美主演，这两位演员在韩国和中国人气都很高，拥有强大粉丝基础。电影自2019年10月23日上映以来，便受到广泛关注，引发韩国国民大讨论，重新引发大众对于这本书的关注。

此书同名电影上映的时间节点正是中文简体版上市一个月后，这对于图书推广宣传而言是一个十分重要的契机，磨铁官方媒体账号在电影上映后，也借势电影进行各种宣传推广。这部电影在韩国上映首日即成为票房冠军，电影上映4天，观影人数突破100万。因为电影中的两位主演在中国的高人气，随着电影的推出，图书和电影都获得了较高的关注。这部电影在国内也大受好评，引发国内各大影视公众号争相推送，豆瓣评分达到8.9分，成为2019年豆瓣电影榜单评分第二高的韩国电影，这些因素都为此书在中国的畅销提供了持续推动力。

四、精彩阅读

由衷期盼世上每一个女儿，都可以怀抱更远大、更无限的梦想。

——扉页

公交车快要抵达家门口的车站时，金智英急迫地望向车窗外头，却不见父亲的身影。那名男同学就站在她身后。车门终于开启，虽然她当时非常害怕下车，但夜那么深了，她也无法刻意坐过站绕去其他陌生的社区。她在心里默念、祈祷着："拜托不要跟来，不要跟来，不要跟来……"她下了车，站在四下空无一人的站牌前，男同学也紧跟其后下了车。下车的人只有他们俩，偏僻的公交车站旁就连一名路人都找不着，甚至路灯还出了故障，周围一片漆黑。男学生紧贴在吓到全身僵硬的金智英身后，低声说：

"你每次都坐我前面啊，还会笑着传讲义给我，每天都会在教室走廊面带微笑地对我说，'我先走了！'怎么今天却把我当成色狼呢？"

金智英吓傻了。她根本不知道坐在后座的人是谁，传讲义时自己又是用什么表情面对别人，也不记得对挡在走廊上的人说了哪些话，还请对方借过。就在这时，原本驶离的公交车突然停了下来，刚才那名上班族女子跳下车喊道："同学！同学！你忘了这个！"

女子将原本自己围着的围巾拿在手上，一边挥着一边朝金智英跑去，那围巾一看就不像高中生金智英围的。男同学见状骂了一句："两个臭娘子。"快步离开现场。女子跑到站牌下，金智英也瞬间跌坐在地，放声大哭。这时，父亲才从巷子里气喘吁吁地跑了出来。金智英对女子和父亲简单解释，说那名男生是补习班的同学，但自己对他毫无印象，感觉他是自作多情误以为金智英对他有好感。他们三人并排坐在车站前的长椅上，等待下一趟车到来。父亲对女子表示，自己因为临时跑出门，身上没带一分钱，本应该帮她拦辆出租车才对，实在不好意思，希望日后能有机会好好答谢。女子挥了挥手，说：

"出租车更可怕呢。这位同学好像吓得不轻，您多安慰安慰她吧。"

但是金智英那天回到家以后，反而被父亲严厉地斥责了一顿，为什么偏要去那么远的补习班补习，为什么要跟陌生人说话，为什么裙子那么短……金智英就是在这样的教育下长大的——女孩子凡事要小心，穿着要保守，行为要检点，危险的时间、危险的人要自己懂得避开，否则问题出在不懂得避开的人身上。

——节选自《82年生的金智英》第56~57页

这个社会看似改变了很多，可是仔细窥探内部细则和约定俗成，便会发现其实还是固守着旧习，所以就结果而论，应该说这个社会根本没有改变。金智英反复咀嚼郑代贤说的那句"心态会不一样"，并思索着究竟是法律和制度改变人的价值观，还是人的价值观会牵引着法律和制度改变。

——节选自《82年生的金智英》第120页

"以前我们可是得拿着木棍敲打衣服清洗呢，还要烧柴火煮衣服消毒，蹲在地上扫啊拖啊，样样都来。现在洗衣服有洗衣机，还有吸尘器不是吗？现在的女人到底有什么好辛苦的？"

金智英心想，那些脏衣服不会自己走进洗衣机，也不会自己沾水淋洗衣液，洗完以后更不会自己走到衣架上把自己晾起来；吸尘器也是，不会带着吸头到处吸、到处拖。这医生真的有用过洗衣机和吸尘器吗？

老医生看着屏幕上显示的病历，为她开了一些喂母乳也可以吃的药，点击着鼠标。金智英不禁想，以前还要一份一份翻找患者病历、手写记录和开处方，现在的医生到底有什么好辛苦的？以前还要拿着纸本报告书去找主管签字，现在的上班族到底有什么好辛苦的？以前还要用手插秧，用镰刀收割水稻，现在的农夫到底有什么好辛苦的……却没有人会这样说。不论哪个领域，技术都日新月异，尽量减少使用劳力，而唯有"家务"始终得不到大家认同。自从成为全职主妇，金智英最深刻的体悟是：人们对"持家"的双重定义。有时持家会被看作"整天在家里闲着没事做"，充满贬义和歧视；有时则被看作"养活一家老小的事"，把你捧得高高在上，却又不会用金钱来换算这件事情，因为一旦有了定价，势必得有人支付。

——节选自《82年生的金智英》第135~136页

公园对面一栋大楼的一楼新开了一家咖啡厅，正在进行开业促销，金智英于是点了一杯美式咖啡，带到公园，在长椅上坐下来慢慢享用。

芝媛睡得香甜，嘴角流出一大摊口水。难得在外悠闲地喝杯咖啡，美味程度自然更胜以往。一旁的长椅上坐着几名三十岁出头的男性上班族，同样也在喝那家咖啡店的咖啡。金智英明知道他们的工作有多么辛苦烦闷，却还是难掩心中的羡慕，观望他们许久。就在那时，其中的一名男子发现金智英在看他们，便与同行的友人窃窃私语。虽然金智英听得不是很清楚，但隐约听见他们在说："我也好想用老公赚来的钱买咖啡喝，整天到处闲晃……妈虫还真好命……我一点也不想和韩国女人结婚……"

金智英快步离开了公园。她已经顾不得热腾腾的咖啡洒在手上。中途孩子惊醒哭泣她也没发现，只想径自冲回家躲起来。那个下午，她茫然失措，不小心把一碗忘记加热的冷汤喂给孩子喝，也忘记帮孩子穿尿不湿，结果尿了她一身，还彻底忘记自己洗了衣服这件事，直到芝媛睡着后她才发现，急忙去晾已经皱巴巴的衣服。郑代贤在深夜十二点钟才结束同事聚餐，回到家中。他买了一包鲷鱼烧给金智英，当他把鲷鱼烧放在餐桌上时，金智英才意识到自己一整天什么也没吃。她告诉郑代贤自己没吃午饭也没吃晚餐，他问她发生了什么事。

"他们说我是妈虫。"

郑代贤长长地叹了口气。

"那些留言都是小屁孩写的，那种话只会在网络上出现，现实生活中不会有人这么说的，没有人会说你是妈虫。"

"不,我下午亲耳听到的,在对面那座公园。他们看起来应该有三十岁,西装笔挺,人模人样的,但那几个男人真的是这么说我的。"

金智英把白天发生的事情一五一十地讲给郑代贤听。当时她只觉得不知如何是好,也感到丢脸,所以一心只想着逃离现场,但事后回想,她不禁气到脸颊涨红,甚至手都会发抖。

"那杯咖啡只要一千五百元,那些人也喝着同样的咖啡,所以应该很清楚价格。老公,我难道连喝一杯一千五百元的咖啡的资格都没有吗?不,就算今天这杯咖啡是一千五百万元好了,我用我老公赚的钱买什么东西到底关他们什么事?我又不是偷老公的钱来用,我赌上自己的性命把孩子生下来,甚至放弃了自己所有的生活、工作、梦想,只为了带孩子,我却成了他们口中的一只虫,你说我接下来该怎么办?"

郑代贤不发一语,紧紧地将金智英搂进怀里,他也实在不知道该说什么,只好不断地轻拍着金智英的背给予安抚,并适时地反复说:"别这样想……"

金智英偶尔还是会变成另一个人,有时是还在世的人,有时是已过世的人,但她们都有个共通点——都是她周围的女人,而且怎么看都不像是在开玩笑或者捉弄人。她真的是完美且惟妙惟肖地,彻底变成了那个人。

——节选自《82年生的金智英》第149~152页

五、参考文献

[1] 赵南柱. 82年生的金智英[M]. 尹嘉玄,译. 贵阳:贵州人民出版社. 2019, 9.

[2] 孙鲁燕. 浅谈畅销书的策划与营销[J]. 中国出版, 2006(1):28-30.

[3] 一条. 一本现象级爆款,写出亚洲女性的真实现状,作者被痛骂3年[J/OL]. https://www.douban.com/note/743164078/?from=author.2019-11-25/ 2020-4-25.

[4] 董丽敏. 女性主义:本土化及其维度[J]. 南开学报, 2005(2):7-12.

《一九八四》

王 敏

一、图书基本信息

（一）图书介绍

书名：《一九八四》
作者：[英]乔治·奥威尔
译者：董乐山
开本：32 开
字数：183 千字
定价：25 元
书号：978-7-5327-7803-4
出版社：上海译文出版社
出版时间：2018 年 6 月

（二）作者简介

乔治·奥威尔（本名为埃里克·亚瑟·布莱尔），英国小说家、散文家和文学评论家。1903 年出生于印度，1911 年至 1916 年就读于圣塞普里安学校，1917 年至 1921 年就读于伊顿公学，1922 年至 1928 年在缅甸担任见习警官，1928 年辞去警察职务并前往法国巴黎开始了将近两年的流浪生活。1933 年 1 月，其以乔治·奥威尔为笔名出版了第一本书《巴黎伦敦落魄记》。1936 年 7 月，西班牙内战爆发，同年 12 月底乔治·奥威尔前

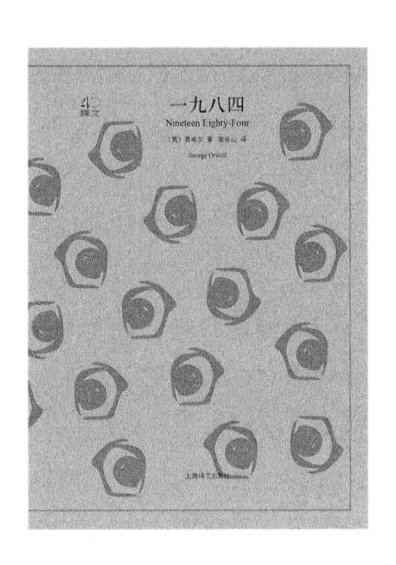

往巴塞罗那并加入马统工党的民兵组织,后因其所属的马统工党被认定为托洛茨基派而遭到苏联警察的追捕,乔治·奥威尔经过一番躲藏后辗转返回英国。1941年,乔治·奥威尔在英国广播公司(BBC)从事战时宣传工作。1949年6月,《一九八四》出版并引起了激烈的政治争论。1950年,乔治·奥威尔因肺病去世,年仅47岁。虽然乔治·奥威尔的一生十分短暂,但其所留下的思想遗产至今仍对世界具有重要影响,被V.S.普里切特称为"一代人的冷峻良知"。

董乐山,翻译家、作家、美国文化研究学者。1924年生于浙江省宁波市。1946年冬毕业于上海圣约翰大学英国文学系,毕业后从事新闻工作。其译作有《第三帝国的兴亡》(合译)《一九八四》《西方人文主义的传统》《红星照耀中国》(《西行漫记》)等,编有《英汉美国翻译社会知识辞典》,著有《董乐山文集》(四卷本)。1994年与杨宪益、沙博理、赵萝蕤、李文俊同获"中美文学交流奖"。1999年于北京去世。

二、畅销盛况

《一九八四》是一部具有讽刺性的政治文学作品,着力于揭示极权主义思想的危险性,此书与赫胥黎的《美丽新世界》、扎米亚金的《我们》并称为"反乌托邦三部曲",具有极其深远的影响力,曾被著名美国作家欧文·豪誉为"过去几十年英语文学中最伟大的道德力量"。

1949年6月8日,塞克和沃伯格出版社出版了《一九八四》,此书出版后引起了激烈的政治争论,一些评论家称赞了乔治·奥威尔的想象力和通过个人体验表现复杂政治事件的能力,认为乔治·奥威尔向欧美那些赞同苏联制度的知识分子揭示了真相,小说家劳伦斯·达雷尔和波兰诗人切斯瓦夫·米沃什都称赞了乔治·奥威尔对极权主义压迫行为的描写。另一些评论家则猛烈抨击了此书,称《一九八四》显示了乔治·奥威尔"对人们的蔑视和诋毁性目的",塞缪尔·西仑在美国的《大众和主流》上发表书评,贬斥它是"愤世嫉俗的胡扯八道……是对人类的诽谤"。虽然当时评论界对此书的评价褒贬不一,但20世纪后半叶苏联经济的衰败、超级大国之间的持续战争、核扩散等问题都验证了乔治·奥威尔惊人的预见性,《一九八四》也因此成为一本长盛不衰的畅销书。1984 年,英国的企鹅版《一九八四》年销量达 75 万册,其同名电影《1984》也于 1984 年上映,以致敬此书。

《一九八四》在中国的第一个译本是由董乐山翻译的。董乐山的译文以"1984 年"为书名在《国外作品选译》第 4 期至第 6 期连续刊载(1979 年 4-7 月),印数仅为 5000 册,且发行方式为内部发行。1985 年 12 月,董乐山翻译的《1984》作为"反乌托邦三部曲"之一由广州花城出版社出版,但仍是内部发行,印数为 15 900 册。直到 1988 年,花城出版社出版了该书第二版,题名变为"一九八四",印数增加到 25 480 册,并取消了"内部发行"字样,《一九八四》的公开出版和发行标志着乔治·奥威尔在中国大陆已全面解禁,此后乔治·奥威尔的作品逐渐被中国所接受。自 1988 年至今,《一九八四》在广州、上海、辽宁等地经不同出版社不同译者,已出版数十个中文版本。

至今,《一九八四》已被翻译成 62 种语言,全球销量超 5000 万册,入选英、美、德、法多国中学生必读书目,被美国时代杂志评为"1923 年至今最好的 100 本英文小说之一"。

三、畅销攻略

(一)反乌托邦小说的兴起及作品本身巧妙的设定

乌托邦小说是指作者通过描绘未来的理想化社会让读者暂时忘却现实生活中的不满以获得幸福感,许多年来乌托邦中的理想社会一直是人们追求的目标,乌托邦小说也因此备受读者喜爱。反乌托邦小说则与传统的乌托邦小说有所不同,它所描绘的并不是未来世界的美好图景,而是倾向于表现一个荒诞扭曲的未来世界,借未来以讽刺社会现实。侯维瑞曾在《现代英国小说史》中对反乌托邦小说做出界定,他认为,"当一部作品对未来世界的可怕幻想替代了美好理想时,这部作品就成为'反乌托邦'或'伪乌托邦'讽刺作品"。反乌托邦小说往往能够给人一种喜剧与悲剧相叠加的艺术效果,其喜剧感在于作品中描绘的荒诞世界常令人感到可笑,而悲剧感则在于它是对于现实社会的延伸与夸张,具有成为现实的可能性。

进入20世纪后,由于资本主义的飞速发展、科技的快速进步、两次世界大战的爆发、法西斯主义与极权主义的肆虐,整个世界变得动荡不安,人们对未来美好生活的期待受到了挫折,作家们似乎不再热衷于创作对未来社会充满美好期待的乌托邦小说,而是转向立足于残酷现实的反乌托邦小说,这使得20世纪上半叶反乌托邦小说在西方世界盛行一时,产生了"反乌托邦小说三部曲",即奥威尔的《一九八四》、扎米亚金的《我们》及赫胥黎的《美丽新世界》,而《一九八四》则被称为是"一部结束西方传统的乌托邦小说的反乌托邦小说"。

在《一九八四》中,作者基于极权主义统治世界的前提创造了一个扭曲恐怖的未来世界,从表面上看书中所描绘的是虚构的未来世界,但实际上在这个未来世界中处处充满现实世界的有机投射,作者通过隐喻的方式将虚构的未来世界与现实社会紧密相连。例如在情节上,作者创造了一个历史可以被随意篡改、人们的思想受到严酷钳制、战争连年不断的未来世界,这些设定实际上暗示了20世纪相继爆发的热战、冷战及极权主义统治所带来的灾难性破坏,巧妙地切合了时代特征与人们恐惧战争的心理。在空间维度上,作者虽然虚构了现实中不存在的大洋国、欧亚国、东亚国,但其地域领土却在读者相当熟悉的范围之内,书中主人公生活的地方是英国的首都伦敦。在时间维度上,作者没有将时间设定为遥远的未来,而是设定为《一九八四》出版不久后的1984年。这种时空维度上的拉近,缩小了小说中的未来世界与读者之间的距离感,使作者所描写的荒诞世界更加真实而震撼,从而给读者带来一种强烈的压迫感。《一九八四》中这些巧妙的情节与背景设定,进一步强化了反乌托邦小说的荒诞色彩,使其成为一部经典的反乌托邦作品。

(二)作者天才般的预见性及其影响深远的政治思想

《一九八四》能够产生巨大影响的一个原因在于乔治·奥威尔惊人准确的预言。2013年6月,前美国中情局职员爱德华·斯诺登曝光了美国国家安全局的"棱镜"秘密项目,该项目要求电信巨头威瑞森公司必须每天上交数百万用户的通话记录,《华盛顿邮报》也披露在过去6年间,美国国家安全局和联邦调查局通过进入微软、谷歌等网络巨头的服务器,监控美国公民的邮件、视频、照片等个人隐私。在这一丑闻曝光后,《一九八四》销量突然暴涨7000%,其原因主要在于该事件让人想起了乔治·奥威尔在《一九八四》中所描写的无处不在的"电幕"。在大洋国中,人们看似可以通过"电幕"随时随地传递与接收信息,提高信息运转的效率,但实际上"电幕"也成为统治者监视与控制人的意识形态工具。在这一段描写中奥威尔极具预见性地指出了未来世界中发达的技术所带来的便捷,但也指出了高度发达的技术文明对现代人生存空间的挤压,即人人有可能生活在"老大哥"的监视之下,即使是精神世界也难逃被监视的命运。

(三)反讽的写作手法

在《一九八四》中,乔治·奥威尔通过运用反讽的写作手法,描绘了一个是非颠倒、滑稽可笑,但又令人感到恐怖的未来世界,书中对于人物形象的刻画、象征事物的设置、语言艺术的应用均展现出强烈的讽刺性,使这部作品成为一部经典的政治讽刺小说。

在人物形象的刻画方面,作者主要通过描写代表统治集团的"老大哥"与代表反抗者的温斯顿来讽刺极权主义下的独裁统治。在大洋国中,"老大哥"是至高无上的统治者,所有人都无法逃脱"老大哥"与思想警察的注视,人们的思想与自由受到严密的监控,任何与"老大哥"作对的异己分子都将"化为乌有",主人公温斯顿由于反抗"老大哥"的专制统治而遭受了残酷的刑罚,在经过一番折磨后温斯顿被成功地被改造为"老大哥"的忠实信徒,并迎来了结束其生命的子弹。乔治·奥威尔在书中所塑造的"老大哥"形象,实际上就是极权的象征,而其对于温斯顿从反抗到顺从"老大哥"这一过程的详细描写,则有力地讽刺了极权主义统治对于人性的扼杀以及思想自由的剥夺。

在象征事物的设置方面,作者主要借助"新话""纪录司"以及无处不在的"电幕"等具有讽刺意味的象征事物,诠释了极权主义统治力量的恐怖之处。"新话"是指大洋国中的官方语言，其设计是为了满足统治者的意识形态需要。"新话"的设计原则是取缔异端词汇同时减少词汇量从而缩小思想的范围，最终消除所有与英社原则相违背的异端思想。"记录司"则是主人公温斯顿的工作部门，主要负责修改历史。为了保证党的所有发言都是真实正确的，"纪录司"需要篡改历史及销毁所有与党的发言不符的新闻或者意见，就像书中所言"全部历史都像一张不断重新刮干净重写的羊皮纸"。此外，书中还反复出现了一个重要的象征事物"电幕"。统治阶级将"电幕"安置于公共场所、办公室、人们家中等各个地方，"电幕"无处不在且人们的一举一动都处于"电幕"的监控范围之内。乔治·奥威尔通过设置以上三样象征事物，有力地讽刺了独裁者为了巩固统治地位而任意操纵思想、篡改历史、监视人民的行为，揭露了极权主义统治力量的恐怖之处。

在语言艺术的运用方面，作者通过使用许多表面矛盾但别有深意的语言来呈现极权主义统治下的荒诞世界。例如小说开篇第一句话"四月间，天气寒冷晴朗，钟敲了十三下"，通过一座敲响十三下的钟暗示读者，温斯顿所在的大洋国是一个时间扭曲的世界。在这个国度中，统治集团通过真理部、和平部、仁爱部与富裕部四个部门来实现对人、事、物的统治，具有讽刺意味的是真理部负责篡改历史、和平部负责制造战乱、仁爱部负责拷打与杀戮、富裕部负责制造饥饿与贫穷，这种语言所代表的含义与客观事实之间的强烈对比进一步加重了小说的荒诞色彩，而书中反复提到的"战争即和平、自由即奴役、无知即力量""谁控制过去就控制未来，谁控制现在就控制过去"实际上也是在以表面矛盾的语言来表现政治口号的荒谬。乔治·奥威尔通过运用这种具有矛盾性的语言，呈现出极权主义统治下的荒诞世界。

（四）动荡的时代背景与作者坎坷的人生经历共同成就了《一九八四》

虽然在《一九八四》中有许多关于极权主义国家的详细描写，但是乔治·奥威尔其实并未生活在极权主义国家之中，他之所以能够写出这部经典的反极权主义作品，除了他对政治的高度敏感外，一个更重要的原因则在于奥威尔所生活的时代背景与坎坷的人生经历。

（五）"奥威尔研究热"持续扩大作品的影响力

《一九八四》既是乔治·奥威尔的成名作也是他的最后一部作品，在这部轰动文坛的作品出版不久后，乔治·奥威尔便由于肺病去世。在这部作品中，乔治·奥威尔凭借敏锐的政治洞察力与高超的艺术想象力写出了许多超越时代的政治预言，并详细刻画了极权主义统治下的社会黑暗，其在《一九八四》中创造的"老大哥""双重思想""新话"等都被收入了权威的英语词典，如今已成为重要的政治词汇，而这部作品也在后来成为研究极权主义的重要文本。

自 1984 年起，西方兴起了一股影响深远的"奥威尔研究热"，大量关于乔治·奥威尔及其作品的研究专著问世，欧美许多地方都举办了奥威尔国际研讨会，许多关于奥威尔的传记和专著也相继出版，这场自 20 世纪开始并延续至今的"奥威尔研究热"也使得《一九八四》的影响力持续扩大。

（六）译本比较

由于市面上《一九八四》的译本有很多，因此仅对流传较广的董乐山、刘绍铭、孙仲旭三个译本进行比较。原文为英文版第一部第一章前两段，此后罗列三个版本的译文，同时附上简评。

原文参考的是上海译文出版社于 2010 年出版的《一九八四》（中英双语珍藏本），第一章前两段内容如下：

It was a bright cold day in April, and the clocks were striking thirteen. Winston Smith, his chin nuzzled into his breast in an effort to escape the vile wind, slipped quickly through the glass doors of Victory Mansions, though not quickly enough to prevent a swirl of gritty dust from entering along with him.

The hallway smelt of boiled cabbage and old rag mats. At one end of it a coloured poster, too large for indoor display, had been tacked to the wall. It depicted simply an enormous face, more than a metre wide: the face of a man of about forty-five, with a heavy black moustache and ruggedly handsome features. Winston made for the stairs. It was no use trying the lift. Even at the best of times it was seldom working, and at present the electric current was cut off during daylight hours. It was part of the economy drive in preparation for Hate Week. The flat was seven flights up, and Winston, who was thirty-nine and had a varicose ulcer above his right ankle, went slowly, resting several times on the way. On each landing, opposite the lift-shaft, the poster with the enormous face gazed from the wall. It was one of those pictures which are so contrived that the eyes follow you about when you move. BIG BROTHER IS WATCHING YOU, the caption beneath it ran.

1.《一九八四》（译文40书系）董乐山译，上海译文出版社，2018年

译文如下：

四月间，天气寒冷晴朗，钟敲了十三下。温斯顿·史密斯为了要躲寒风，紧缩着脖子，很快地溜进了胜利大厦的玻璃门，不过动作不够迅速，没有能够防止一阵沙土跟着他刮进了门。

门厅里有一股煮白菜和旧地席的气味。门厅的一头，有一张彩色的招贴画钉在墙上，在室内悬挂略微嫌大了一些。画的是一张很大的面孔，有一米多宽：这是一个大约四十五岁的男人的脸，留着浓密的黑胡子，面部线条粗犷英俊。温斯顿朝楼梯走去。用不着试电梯。即使最顺利的时候，电梯也是很少开的，现在又是白天停电。这是为了筹备举行仇恨周而实行节约。温斯顿的住所在七层楼上，他三十九岁，右脚脖子上患静脉曲张，因此爬得很慢，一路上休息了好几次。每上一层楼，正对着电梯门的墙上就有那幅画着很大脸庞的招贴画凝视着。这是属于这样的一类画，你不论走到哪里，画中的眼光总是跟着你。下面的文字说明是：老大哥在看着你。

简评：董乐山的版本是国内最早的译文版本，也被认为是最具影响力的译本。他的译文特点是个人主观色彩较少，更加忠实于原文本，但是缺点在于缺乏文学气息且部分译文读起来让人感觉生硬晦涩。例如在"不过

动作不够迅速,没有能够防止一阵沙土跟着他刮进了门"这一句话中,译者将 prevent 翻译为防止,很明显是对原文的直译,导致读起来拗口。

2.《1984》(新经典文库·桂冠文丛)刘绍铭译,北京十月文艺出版社,2010年

四月中明朗清冷的一天。钟楼报时十三响。风势猛烈,温斯顿·史密斯低着头,下巴贴到胸前,不想冷风扑面。他以最快的速度闪进胜利大楼的玻璃门,可是狂风卷起的尘沙还是跟着他进来了。

一进门厅就闻到煮卷心菜和霉旧地席的气味。门厅一边尽头的墙上贴上一张大得本来不应在室内张贴的彩色图片。图片上是一张超过一米长的汉子的脸,看来四十五岁模样,留着浓浓的小胡子,轮廓还算粗犷中带细。温斯顿拾级走上楼梯。即使在最顺利的日子,这电梯也少见运作正常,何况现在白天里连电源都关掉。"仇恨周"快到,一切都得节省。温斯顿住八楼,虽然才三十九岁,但右足踝生了静脉曲张,只好慢慢地走,中途还停下来休息好几次。每上一层楼,就看到悬在电梯对面那张大彩照凝视着你。这彩照设计特别,无论你走哪一个方向,那双眼睛总跟着你。图片下面有一个说明:老大哥在看管着你。

简评:刘绍铭对于英语与汉语的驾驭能力都很强,因此他的译本更加通俗易懂,基本不会让人感觉到翻译的痕迹。例如"每上一层楼,就看到悬在电梯对面那张大彩照凝视着你"这句话与董乐山翻译的"每上一层楼,正对着电梯门的墙上就有那幅画着很大脸庞的招贴画凝视着"相比就更加简洁通顺。但是通读原文便会发现,刘绍铭个人发挥的成分过多,例如他将 the Ministry of Plenty 翻译为"裕民部",谐音"愚民部"。这种一语双关的翻译方式虽然很巧妙,但是明显偏离作者原意,破坏了原文的完整性。

3.《一九八四》(纪念版)孙仲旭译,译林出版社,2016年

这是四月里的一天,天气晴朗却又寒冷,时钟敲了十三下。温斯顿·史密斯快步溜进胜利大厦的玻璃门。他低垂着头,想躲过阴冷的风,

但动作还是不够快,没能把一股卷着沙土的旋风关在门外。

门厅里有股煮卷心菜和旧床垫的气味。门厅那头钉着一张彩色宣传画,大得不适合钉在室内,上面只有一张巨大的面孔,宽度超过一米。那是个四十五岁左右的男人,蓄着浓密的黑色八字胡,面相粗犷而英俊。温斯顿朝楼梯走去。想坐电梯是没希望的,即使在情形最好时,电梯也很少开。目前白天停电,这是为迎接仇恨周的一项节约举措。温斯顿所住的公寓在七楼,他现年三十九岁,右脚踝上方还有一处因静脉曲张形成的溃疡,所以只能缓慢地走楼梯上去,中途还歇了几次。每层楼梯正对电梯门的墙上那张印有巨大面孔的宣传画从那里凝视着,是那种设计成眼神能跟着你到处移动的肖像画。"老大哥在看着你",下方印着这样的标题。

简评:孙仲旭在翻译时对原文的语句顺序进行了调整,更符合中文的行文习惯。总体来看,孙仲旭的译文版本与董乐山的版本相比更加通俗易懂,但是与刘绍铭的版本相比则缺少了一丝文学性。

四、精彩阅读

几年以前——多少年了?大概有七年了——他曾经做过一个梦,梦见自己在一间漆黑的屋子中走过。他走过的时候,一个坐在旁边的人说:"我们将在没有黑暗的地方相见。"这话是静静地说的,几乎是随便说的——是说明,不是命令。他继续往前走,没有停步。奇怪的是,在当时,在梦中,这话对他没有留下很深的印象。只有到了后来这话才逐渐有了意义。他现在已经记不得他第一次见到奥勃良是在做梦之前还是做梦之后;他也记不得他什么时候忽然认出这说话的声音是奥勃良的声音。不过反正他认出来了,在黑暗中同他说话的是奥勃良。

温斯顿一直没有办法确定——即使今天上午两人目光一闪之后也仍没有办法确定——奥勃良究竟是友是敌。其实这也无关紧要。他们两人之间的相互了解比友情或战谊更加重要。反正他说过,"我们将在没有黑暗的地方相见。"温斯顿不明白这是什么意思,他只知道不管怎么样,这一定会实现。

——节选自《一九八四》第一部第二章第21~22页

  党说大洋国从来没有同欧亚国结过盟。他，温斯顿·史密斯知道大洋国近在四年之前还曾经同欧亚国结过盟。但是这种知识存在于什么地方呢？只存在于他自己的意识之中，而他的意识反正很快就要被消灭的。如果别人都相信党说的谎话——如果所有记录都这么说——那么这个谎言就载入历史而成为真理。党的一句口号说，"谁控制过去就控制未来；谁控制现在就控制过去。"虽然从其性质来说，过去是可以改变的，但是却从来没有改变过。凡是现在是正确的东西，永远也是正确的。这很简单。所需要的只是一而再再而三，无休无止地克服你自己的记忆。他们把这叫作"现实控制"；用新话来说是"双重思想"。"稍息！"女教练喊道，口气稍为温和了一些。

  温斯顿放下胳膊，慢慢地吸了一口气。他的思想滑到了双重思想的迷宫世界里去了。知与不知，知道全部真实情况而却扯一些滴水不漏的谎话，同时持两种互相抵消的观点，明知它们互相矛盾而仍都相信，用逻辑来反逻辑，一边表示拥护道德一边又否定道德，一边相信民主是办不到的一边又相信党是民主的捍卫者，忘掉一切必须忘掉的东西而又在需要的时候想起它来，然后又马上忘掉它，而尤其是，把这样的做法应用到做法本身上面——这可谓绝妙透顶了：有意识地进入无意识，而后又并不意识到你刚才完成的催眠。即使要了解"双重思想"的含义你也得使用双重思想。

——节选自《一九八四》第一部第三章第29~30页

  这是十五点这个寂寞的时间。温斯顿如今已记不得他怎么会在这样一个时候到咖啡馆去的。那地方几乎阒无一人。电幕上在轻轻地播放着音乐。那三个人几乎动也不动地坐在他们的角落里，一句话也不说。服务员自动地送上来杜松子酒。他们旁边桌上有个棋盘。棋子都放好了，但没有人下棋。这时——大约一共半分钟——电幕上忽然发生了变化，正在放的音乐换了调子，突如其来，很难形容。这是一种特别的、粗哑的、嘶叫的、嘲弄的调子；温斯顿心中所要听的黄色的调子，接着电幕上有人唱道：

    在遮阴的栗树下，

     我出卖了你，

     你出卖了我；

> 他们躺在那里，我们躺在这里，
>
> 在遮阴的栗树下。

　　这三个人听了纹丝不动。但是温斯顿再看鲁瑟福的疲惫的脸时，发现他的眼眶里满盈泪水。他第一次注意到，阿朗逊和鲁瑟福的鼻子都给打瘪了，他心中不禁打了一阵寒颤，但是却不知道为什么打寒颤。

——节选自《一九八四》第一部第七章第62~63页

　　面罩挨到了他的脸上。铁丝碰在他的面颊上。接着——咦，不，这并不能免除，这只是希望，小小的一线希望。太迟了，也许太迟了。但是他突然明白，在整个世界上，他只有一个人可以把惩罚转嫁上去——只有一个人的身体他可以把她插在他和老鼠之间。他一遍又一遍地拼命大叫：

　　"咬裘莉亚！咬裘莉亚！别咬我！裘莉亚！你们怎样咬她都行。把她的脸咬下来，啃她的骨头。别咬我！裘莉亚！别咬我！"

　　他往后倒了下去，掉到了深渊里，离开了老鼠。他的身体仍绑在椅子上，但是他连人带椅掉下了地板，掉过了大楼的墙壁，掉过了地球，掉过了海洋，掉过了大气层，掉进了太空，掉进了星际——远远地，远远地，远远地离开了老鼠。他已在光年的距离之外，但是奥勃良仍站在他旁边。他的脸上仍冷冰冰地贴着一根铁丝。但是从四周的一片漆黑中，他听到咔嚓一声，他知道笼门已经关上，没有打开。

——节选自《一九八四》第三部第五章第239页

五、参考文献

[1] 杰弗里·迈耶斯. 奥威尔传：冷峻的良心 [M]. 孙仲旭，译. 北京：新星出版社，2016.

[2] 赵世瑾. 反乌托邦小说《一九八四》的文本结构和语言阐释 [J]. 科教文汇（上旬刊），2011（2）：74-76.

[3] 韩颖琦，卢恩来. "构想未来"说现实——乔治·奥威尔《一九八四》创作手法解读 [J]. 广西大学学报（哲学社会科学版），2018，40（3）：119-124.

[4] 綦连胜.《一九八四》的语言特色和反讽手法 [J]. 太原城市职业技术学

院报，2014（4）：181-182.

[5] 张中载.十年后再读《1984》——评乔治·奥威尔的《1984》[J].外国文学，1996（1）：66-71.

[6] 鲍成莲.乔治·奥威尔小说的叙事话语——以《一九八四》的叙事分析为例[J].云南大学学报（社会科学版），2015，14（5）：93-97+112.

[7] 陈勇.乔治·奥威尔在中国大陆的传播与接受[J].中国比较文学，2017（3）：101-119.

[8] 陈勇.跨文化语境下的乔治·奥威尔研究[M].北京：中国社会科学出版社，2018.

[9] 罗良清.人类的囚笼：乔治·奥威尔的寓言式小说[J].当代文坛，2011（3）：131-134.

《巴别塔之犬》

陈怡颖

一、图书基本信息

（一）图书介绍

书名：《巴别塔之犬》
原作名：The Dogs of Babel
作者：［美］卡罗琳·帕克丝特
译者：何致和
开本：32 开
字数：140 千字
定价：49 元
装帧：精装
丛书：新经典文库·青鸟文丛
书号：978-7-5442-9225-2
出版社：南海出版公司
出版时间：2018 年 5 月

（二）作者简介

卡罗琳·帕克丝特（Carolyn Parkhurst），美国著名畅销书作家。1971 年出生在美国马萨诸塞州，后进入卫斯理大学主修英语。大学毕业后，她曾在一家书店工作了三年，然后考入美国大学学习文学，获得艺术创作

硕士学位（MFA），此后正式开始写作之路。她最开始的作品多为评论，散见于《北美评论》《明尼苏达评论》《夏威夷评论》《新月评论》等报刊。《巴别塔之犬》是她正式出版的第一部小说，书一出版即引起热烈回响，有书评家说她具有强烈的阿言德风格：雾气浓重的鬼魅深夜、古老的民间传说、给予人如梦般的阅读历程；更有书评家赞许她是美国新生代作家之中最耀眼的一位。她还著有《伊甸园的鹦鹉》《空唱片》《星星上的人》等作品。

何致和，1967年生于台北。"中国文化大学"英文系，东华大学创作与英语文学研究所毕业。短篇小说曾获联合报文学奖、宝岛小说奖、台湾地区教育部门文艺创作奖。著有小说集《失去夜的那一夜》、长篇小说《白色城市的忧郁》等，另有《酸臭之屋》《恶梦工厂》《时间线》《人骨拼图》《战争魔术师》等十余部译作。

二、畅销盛况

《巴别塔之犬》一面市，便力压当年的畅销书《达·芬奇密码》《追风筝的人》，迅速登上"亚马逊"、《纽约时报》等各大畅销书排行榜榜首，创造了新人新作的奇迹。作品迅速以40多种语言在世界各地出版，引起全球读者热烈好评，登上英国、法国、德国等20国小说畅销榜第一名。《纽约时报》曾这样评价它："这部小说有不可臆测的魔力，它能将读者带往未知而惊奇的境地！你必定会为它动容，然后甘心接受它给予的一切逻辑，并且无从抵抗地被这个故事摆弄，随它欢喜、伤悲、起伏。"

从2007年到2018年，《巴别塔之犬》中文版历经三次再版，每一次都能在当年的大批新书中脱颖而出，获得不俗的销量表现。

2007年，《巴别塔之犬》的中文简体版首次由南海出版社引进出版，当年热销近20万册；

2010年，新经典文化联合南海出版社再出平装版《巴别塔之犬》，再度掀起销售热潮；

2013年，《巴别塔之犬》首部中文精装珍藏版面世；

2016年7月，《巴别塔之犬》中文版版权代理人、新经典文化公司副

总裁猿渡静子在一次演讲中提到,《巴别塔之犬》中文版销量已累计超过130万册;

2018年,《巴别塔之犬》知名设计师设计精装典藏版出版,短时间内加印多次,热度依旧不减当年。

三、畅销攻略

(一)聚焦情感,与大众文化热点相契合

情感类作品一直是畅销书排行榜的常见"嘉宾",无论作品主题是关于爱情、亲情或是友情,但凡与情感相关,都会因其贴地气、接近大众心理而激发读者的购买欲望。

《巴别塔之犬》的主题便是两性情感。从大体情节上看,《巴别塔之犬》是一本神秘离奇的悬疑小说,但在悬疑背后,探讨的还是关于爱情和隔膜的永恒追问。它是一个关于记忆、关于语言、关于悲伤和赎罪的故事。

一个叫露西的女人从苹果树上坠地身亡,是意外还是自杀?无人知晓,唯一的目击者,就是她的爱犬罗丽。丈夫保罗是一位语言学家,因为思念妻子却无从得知她真正的死因,竟异想天开地打算教罗丽说话,让它道出事情的真相……就在教罗丽说话的期间,保罗逐渐从他们相爱相守的回忆中,拼凑出露西不为人知的一面,也揭开了美满婚姻下的伤痕累累。他们因为彼此相爱而走入婚姻,却又因为无法靠近而分崩离析。

保罗和露西的爱情开始于去迪士尼乐园的路上,可爱、前卫的露西像一束光照进了保罗原本枯燥无味的生活,一个从来没有与别人好好交流的语言学教授,这一次终于有了迫切了解一个人的欲望,露西走进了他的生命里,成为他生活的一部分,但是他的了解却也仅限于那个戴着"面具"的露西。因为缺乏心灵间坦诚的沟通,当两个人的交往日渐深入,矛盾与嫌隙也在悄然滋生。

"是这样,但又如何?"我说,"这件事和别的事有什么关系吗?没错,我不是无时无刻在想我有一天会死,但这是因为我希望忘掉它。如果不试

着遗忘，日子是过不下去的。不过，我对你的感觉却不是这样。"

"一样的，这就是你感知的方式，是吧？这种感觉是间歇性的。"她再度把脸转过去。

我举起双手盖在脸上，用力搓揉了几下，努力整理混乱的思绪。过去我们从来没像现在这样争辩过，此刻的感觉很像泅游在一池又稠又黏的糖浆里。"够了，露西，你何必这样呢？我对你的爱是一直存在的，我们两个会永远在一起。可是你到底想要我怎么说？就算爱情再浓烈，你也不可能在这一生中的分分秒秒都维持这种强度。"

她突然平静下来。"我能，我可以的。如果不知道自己爱着你，我便无法呼吸，一口气都不能。"

——节选自《巴别塔之犬》第72~73页

保罗作为语言学家，终日研究语言的奥义，却不具备用语言和妻子沟通的能力，当妻子离开之后，他竟然还要依靠梦境、心理咨询来了解妻子的过去。但是从那些过往的只言片语和混沌不明的梦境又能领悟到什么呢？他甚至又异想天开地想通过教狗开口说话来了解妻子临终前的情况，语言缺失令其陷入了不同于妻子露西的另一种疯狂与偏执。一个研究人类沟通方式的专家，自己同床共枕的妻子是自杀？还是意外？他不知道死因，甚至不知道自己的妻子死前已经怀孕，语言在这里变成了体察对方的障碍，每一次词不达意，都用力将爱的人推向更远。这无疑是一种嘲讽，也表明了人与人沟通的艰难。

保罗是理性的，理性到得知妻子的死讯后，还能镇定地动员自身去有计划地行事——教会自家的狗说话。而妻子露西却是极度感性的，少女时期的痛苦经历让她的情绪极其不稳定，表面坚强独立的她一直深陷低落与抑郁，常常因为别人眼里微不足道的事而大发雷霆，但最令她绝望的还是丈夫的不理解。在发现自己怀孕的深夜，她只能拨打占卜电话来缓解痛苦。露西的人生就像她那怪异的梦境："我们每个人不是都有两个心脏吗？秘密的那颗心脏就蜷伏在那颗众所周知、我们日常使用的心脏背后，干瘪而瑟缩地活着。"保罗始终没有走进过露西复杂的内心世界，理性的他一直在忽略露西感性行为背后的心理诱因，两个人始终缺乏一场深入内心的畅快交流。这是他们婚姻的最大问题之所在,也是千千万对情侣夫妻产生隔阂的症结所在。

《巴别塔之犬》用一个离奇的悬疑故事讲述了两性沟通的难点与痛点,人与人之间的交流总是面临着重重阻碍,越是亲密的关系,越有着无法言说的交流困境。两性话题、爱情问题同时也是大众文化领域的讨论热点,越来越多的人希冀从书中探求感情的慰藉。因此,在话题的热度与吸引度上,《巴别塔之犬》已经牢牢占据了先机。

(二)内容为王,优质文本是畅销关键

1. 篇章开头设置悬念,引人入胜

马尔克斯在创作《百年孤独》前,构思了15年,却一直不知如何写第一句话。他称"有时这第一句话比写全书还要费时间""因为第一句话有可能成为全书的基础,在某种意义上决定着全书的风格和结构,甚至它的长短"。可以说这就是开头第一句话的意义。的确如此,小说第一句话和第一段的确立,往往决定了小说的成败。

《巴别塔之犬》就是一部胜在开篇精彩的畅销书。小说第一段,男主人公保罗用第一人称的口吻平静地叙述了妻子离奇的死亡经历,妻子露西莫名地从苹果树上坠地而亡,这是意外还是自杀呢?无人知晓,现场的目击者只有跟在她身边的狗狗"罗丽"。短短数语,就营造了一个神秘离奇的氛围,牢牢抓住了读者的眼球。

许多读者在后期评论时也坦言:"刚翻开书,就得到一个概括了小说80%的故事梗概。"因妻子的"意外死亡",丈夫在悲痛之余发现一些蹊跷,而想探究妻子之死的真正原因,于是面对唯一一只目睹了全过程的妻子养的狗,他决定教会狗说话,从而得知真相。这个悬疑又科幻的开篇,立马就能把读者吸引住,对于早已厌倦了常规的情节发展的读者,持果探因不失为一种令人兴奋的情节安排。

"目前为止,我知道的事就只有这些——十月二十四日的那个下午,我的妻子露西·兰塞姆从后院的苹果树上坠落而死,当时现场除了我们养的狗罗丽之外，没有任何目击者。那天不是周末，邻居们都不在家，没人把窗户打开坐在厨房里，因此当我的妻子从高处坠下时，没人知道她是否惊声尖叫，是否哀吟，或者根本没发出一点声音。那天不是假日，邻居们没人利用晚秋的好天气在院子里整理花园，因此当她下落时，没人看见半空中的她是缩成一团，是展开身体，还是张开双臂迎向辽阔的天空。"

——节选自《巴别塔之犬》第1页

2. 双重主线交织进行，构思精巧

作者无论在情节设置还是细节安排上都颇费心思。小说按照两条线索来进行，一条是保罗寻找妻子死因的过程，保罗决定教罗丽说话，他搜集各种资料证据，靠着自己的专业知识，对罗丽进行各种实验和教学，以指望这条狗，可以通过人语告诉他当日的情况。可是当实验越深入，搜集的实验材料越多，他发现，哪怕狗能通过模仿形成发音，发出的词汇，也不存在任何意义。就像鹦鹉学舌，说得再惟妙惟肖，事实却是它们并不知道自己说了什么。

另一条是从保罗与露西认识开始顺序进行，保罗开始认真回忆自己和爱妻的过往，他在看到快乐点滴时，却也发现了妻子企图自杀的蛛丝马迹。原来露西的内在一直非常愤怒，然而为了维持一个美好的妻子形象，她一直压抑着。她曾经给保罗和自己做了两副面具，她通过面具向他咆哮，表达的，却是内在真实的自己。可是对这一切，保罗却视而不见。真相，一直就在眼前。

驯犬说话和回溯记忆两条叙事线交织进行，两类情节交相辉映，并行不悖。我们与主人公共享视角，看他踏上解密爱人的旅途。这样设置情节能消除读者的不耐烦心理，不断予人新奇的感觉，且两者联系很紧密，不会让读者产生割裂感。

保罗寻找答案的过程有点像侦探小说的情节，而重述两人交往过程的篇章则是一段哀伤的爱情故事。两个人的职业都充满了暗示，保罗是语言学家，却忽略了与妻子的语言交流；露西作为一个制作面具的人，她的内心世界似乎总是隐藏在假面的背后。终于我们发现忠犬罗丽绝无开口说话

的可能。她不能正确分辨主人的指令，吠叫意义不清，到最后甚至连声音都被夺去了，但这并不影响她发现女主人想要自杀的意图。在心灵相通的主人与爱犬之间，无声已经足够。

书中还有许多作者在两条故事线交叠的地方设置的精巧悬念，不乏侦探小说的曲折离奇，又充满着爱情故事的哀婉动人。方形鸡蛋、持续一周的约会、面具婚礼、穿蓝裙的美丽鬼魂、各种梦境、塔罗占卜、神话传说等怪异的情节，如同一场奇幻之旅，但混入再平常不过的生活，让日常也变得奇妙无比。卡罗琳·帕克丝特以女性特有的细腻和婉约，将这部小说编织得极具可读性，非全知的视角让读者陷入"让犬说话"的癫狂之中，和主人公一起咬住被抛出的一个又一个的饵，在摇摆中希冀着匪夷所思能够成为现实，给读者带来不同寻常的阅读体验。因此《纽约时报》才这样评论："这是一部有着不可臆测的魔力的作品，它能将读者带往未知而惊奇的境地！"

3. 多次使用象征符号，立意深刻

在《巴别塔之犬》中，作者卡罗琳运用了大量的象征符号：巴别塔、罗德西亚背犬、心灵咨询师、塔罗牌、面具、童话、孩子……而这些都共同指向一个方向：人与人无法即时进行真正的交流。

文章的序言部分引用了《圣经·创世纪》中的一则传说，很久以前，人类只有一种语言，他们想要建造一座直达天庭的高塔，上帝看到了很震惊，于是就变乱了人类的语言，由于无法沟通，建造通天塔的努力最终失败了。通天塔倒塌了，人们在广袤的大地上流离四散，讲着彼此不通的话语，仰仗顺畅沟通而凝聚起的共识永远失去了，人类就此匍匐在地面，再无挑战上帝权威的可能。由于巴别有"变乱"的意思，因此在西方通天塔又被称为"巴别塔"。

"巴别塔"虽象征着语言的分野，但该书已经将"巴别塔"上升为思想精神语言的分野。语言不同，双方便无法交流；思想语言不通，双方同样无法交流。这正是导致人类无法拥有交流的快乐的重要原因。造成这种"巴别塔"的原因有许多，可其中有种原因是我们最不敢置信的，这种原因就是——爱。

爱，作为书中的重要一环贯穿全书。书中的爱是让人感到哀伤和心痛的爱，是灰色的爱。从最开始保罗和他前妻的爱，到保罗和露西的爱，到珍妮弗父母对珍妮弗的爱，基调都是喑哑的。唯一带些亮色的也许就是保罗与露西对罗丽的爱了。这些喑哑的爱统统裹着自以为是的色彩，筑起了一座座令人痛苦的巴别塔。自以为是让他们以为自己比谁都更了解自己所爱的人，可事实是身体的距离越近，心灵的距离就越远，两人之间根本毫无了解可言。在婚姻中，两个人变得越来越亲密，很多事情也开始理所当然，失去了激情，也失去了说不完的话题。"人人都以为和自己最亲近的人共有一座巴别塔，以为自己最了解那个亲近的人。然而，这座巴别塔真的存在吗？"

作者没有把关于沟通、情感等话题用直接的语言表达出来，但却将这些思想内涵全部融进了一个又一个的象征符号，没有强行煽情，没有刻意说教，这在同类型的爱情小说里显得立意十分高远，也是《巴别塔之犬》具有长销不衰的竞争力的所在。

（三）装帧设计不断优化、历久弥新

自 2007 年中文简体版《巴别塔之犬》正式出版，十年间，三度再版，尽管内容上无较多修订，但每一版的装帧设计却在不断优化，越来越精美。《巴别塔之犬》的中文版权代理人猿渡静子曾公开说明这样做的原因："我们基本上每一本书，特别是畅销书，每隔 3 年一定要有一个新的版本出来。3 年的时间会有新的一批读者成长起来，新的版本是为了新一批的读者。"

从最初的平装版到精装版再到设计师精装典藏版，《巴别塔之犬》的每一次出版与再版都经过了独到的处理，结合当下热点，对图书装帧进行优化设计，历久弥新。

以 2018 年最新设计的精装典藏版为例，护封上的一幅画将夫妻与狗两组意象巧妙地组合在一起，互为图底，设计巧妙，也契合了作品的内容。封底则放上了最吸引人的梗概："一个女人从树上坠地身亡，死因无人知晓，唯一的目击者是她心爱的狗。女人的丈夫是一位语言学家，哀伤又困惑的他，思念妻子却无从得知她的死因。他决定以自己毕生的研究教这只狗开口说话，让它说出事情的真相。"

该版本还配备了腰封，腰封上最显眼的是书里升华主题的一句话"记住她原本的样子，就是送给我们彼此的最佳礼物"，腰封的后半部分还有《出版家周刊》对此书的简评。腰封本身作为一种重要的宣传符号，其上印有的推介性文字一定程度上会对读者的选择与购买行为产生影响，这种影响在畅销书上会更加明显。对于此版本的《巴别塔之犬》而言，腰封正面的文字与封面图案相呼应，右下角的男人，左上角的女人，"我记得我的妻子穿白纱的样子"一段真诚的独白揭示出此书的情感题材。腰封背面的文字则借用《出版家周刊》的评论将全书最为精彩的故事开场展示出来，"一个女人从树上坠地而死，死因不明，唯一的目击者竟是她的狗。如此引人入胜的开场，带出了这个动人心魄的故事。学说话的狗，精彩的转折，如泣如诉的真相，都让读者的心灵久久无法平息。"

有学者曾对腰封高频词汇进行统计研究，发现畅销书腰封文字的表意模式主要由四种符号单一出现或两两及以上组合构成：品牌符号、权威符号、影响力符号和内容相关符号，四类文字符号互相结合。搭配使用，形成明晰的意图定点，即"该书值得购买"。《巴别塔之犬》腰封与封底的这段文字综合运用权威符号与内容相关符号，通过展示权威机构《出版家周刊》的高度概括性赞赏，利用这种评价与诱导性的文字直接给读者呈现对内容的想象，更容易吸引到目标受众购买。

内文的版式设计则十分简练，除了正文部分，只有页码，但也正是这样，与作者细密干净的文字风格形成高度统一，不给读者的阅读体验造成额外干扰。

（四）"润物细无声"的宣传策略

《巴别塔之犬》中文版上市以来，出版方一直没有进行大规模的宣传活动，这与它的出品方新经典文化公司一直以来奉行的"出版之道"密切相关。没有密集的营销推广，没有排山倒海的宣传攻势，新经典在喧闹的市场潮流中显得格外安静，埋头做事是他们的一贯风格。新经典文化的副总裁猿渡静子曾这样解释新经典的出版理念：让一部作品的生命更长。在短期利润大的书和好书之间，选择好书。"我是做前端选题的。一个准确的选书定位就是考虑这样一个问题：五年以后它还会不会续签合同。我们不做短命书，只卖一年就被人遗忘。"

猿渡静子当初遇到《巴别塔之犬》原稿的时候，只看到了故事梗概，就站在一个读者的角度对它做出了判断，"作为一个读者我强烈地想知道，那个狗后来有没有说话。就是这样的一个故事，让你强烈地想知道结尾是什么样子的。"换句话说，猿渡静子在刚把原版书引进国内的同时，就已经预料到，《巴别塔之犬》不仅会成为一本畅销书，还会是一本可以长销的好书。

2010年是中国图书营销方式的一个分水岭，在此之前，中国的图书营销都或多或少存在华而不实的通病。这个通病在2007年版的《巴别塔之犬》上也有体现，当时的腰封上赫然印着"感动全球22国读者，百万美国人为之落泪；美国一出版即力压《追风筝的人》，荣登各大畅销书榜第一名！"这种气势宏大的词语看上去很有震慑力，但事实上，可能会带来负面效果。因此，在此之后，新经典对图书的营销就相对比较保守，对于图书的宣传文字通常选择比较朴素的语言，仅要求准确而完整地概括一本书的信息，实实在在地对书进行诠释。

诚然，对于像《巴别塔之犬》这样已经经过数百万读者审阅的好书，大张旗鼓地宣传营销已经不太适合，相较于把它"吹爆""榨干"，更要对它进行"保护"，用"润物细无声"的宣传策略保持它的后续价值。

四、精彩阅读

我还在思考那块露西煎给罗丽的牛排。我可以想见当时的情景——露西站在炉子前，被肉香味吸引而来的罗丽一直在她的旁边徘徊。露西把牛排放在地上。罗丽还来不及舔干净地板上的肉汁和油脂，也许才几分钟过去，露西的身体便一动不动地躺在泥地上了。泥土上的血，厨房地板上的血，能把这两样东西串在一起的是什么？而它又代表什么意义？

有部分原因是为了暂时逃避这磨人的思绪，我决定爬到树上去。我只是想知道从树顶上观看的世界是什么样子，我想知道露西究竟在那里看到了什么。

我把罗丽关在厨房，走进后院。今天是个热天，但我已换上了长裤和长袖衬衫。上一次爬树对我而言已是年代久远的事，我这个中年男人可禁不起膝盖和手肘的擦伤。

我试了好几次才找到抓握的要领，开始向上攀爬。当我站在一根矮树枝上，纳闷这种树枝怎么能支撑我的体重时，我听见厨房那里传来了一阵怪异的抓扒声。那是罗丽弄出的声音，它正在想办法到后院来。厨房通往后院的门上有一个狗门，但罗丽从来没用过。那是前任屋主设置的，他养的狗肯定体型不大，因为那道狗门对罗丽来说实在太小了，它必须硬挤强塞才可能钻出来。然而，当我转头看去时，我发现那道门已经被推开了，罗丽的鼻子从那里露了出来。它发出微弱的、气喘似的哀鸣，硬把自己往那道小门挤。我很担心它会被卡在那里。

"罗丽！"我对它叫喊，"进去，我没事！"

但它还是拼命扭动挣扎，直到身体的中段挤过了那扇小门，便狂奔而出。它睁大充满警惕的眼睛，不停地发出可能代表吠叫的声音。它急冲到树下，抬头用紧张的眼神看着我，然后又围着树干转圈，着急地狂蹦乱跳，同时用几乎听不见的声音吠叫。

一个影子跃进我的脑海，那是塔罗牌上的那只狗，阿拉贝拉夫人曾描述过的，那只朝愚人狂吠，想阻止他往悬崖走的狗。这个意象在这一瞬间突然浮现。罗丽阻止过露西——这个想法像一记直拳击中了我。我有如突然摔了一跤，差点喘不过气。这就是露西煎牛排给罗丽吃的原因！她想引开它的注意，让它安静不要狂吠。露西到后院爬上这棵树，心里完全是牺牲自己的想法，一心想让一切结束，但罗丽不肯让她轻易这么做。面对这如此狂野激动、来自动物的爱意，她怎能完成任务？怎么按照自己的计划进行呢？她办不到，根本不可能。于是，她回到屋里，准备她一生中给罗丽的最后一次犒赏。她用平底锅煎了牛排，放在地上摆在罗丽的脚边。许多宠物主人在给喂东西之前常会逗逗它们，通常都以"要不要吃东西啊"

作为开场白，但露西把这些话全省下了。至于罗丽，它猛摇尾巴，欣然接受了犒赏。

从罗丽的观点来看，一块香喷喷的牛排突然摆在面前，这分明是一个礼物，是自己刚才发出警戒的犒赏。它刚才做的事是对的，这块牛排就是最好的证明。我可以想象它那时心中一定充满感激，充满欣慰。但露西呢？当她看着眼前这只动物展现出的饥饿与满足，看着这种狼吞虎咽大饱口腹之欲所展现出的生命活力时，她是否暂时停下思索自己正要做的是什么事？她稍有犹豫吗？她重新思考过吗？罗丽有没有让她闪过这个念头？或是，她太专注在自己的目标上了，而没时间（她能利用的仅有一只饥肠辘辘的动物吞掉一块肉的时间）停下来思考？罗丽一时出了神，沉迷于弥漫在厨房里的香肉味，沉迷于用牙齿把牛排撕开的动作，但那仅是一点点时间而已。当它把地板上的肉汁舔干净，当它再度抬起头时，露西已经不见了。

她永远不见了。

背叛罗丽的是它的肚子，背叛它的是对味道的敏锐感知——它的鼻子以不断抽搐的方式背叛了它，它的嘴巴以淌满口水的方式背叛了它。它不留神的时间才那么一点点，有如转身接电话而忘了孩子就待在窗边的母亲，有如置身异国他乡忘了交通规则而看右不看左的旅游者……就这么倏忽的一瞬，一切就都失去了。露西躺在地上，悄无声息，哀伤至极的罗丽，就这么失去了至亲。

这一切，都发生在一瞬间。

树底下，罗丽仍在那儿不停跳跃喘息，发了疯似的拼命转圈。

"我没事，妹妹，"我对它说，"我马上就下来。"

我估算了一下从这里到地面的距离，知道自己并没爬多高，便直接跳下。虽然有点踌躇，但双脚还是安全着地。才一落地，罗丽就向我扑来，差点把我给撞倒。它拼命舔我的手、我的臂膀，狂舔任何它舔得到的地方。我蹲下来，紧紧抱住它。

"我没事，妹妹，"我说，"我就在这里，哪里都不会去的。"

一会儿，我让罗丽坐进车里，开车去超级市场。它很喜欢搭车兜风，而这阵子只要我办得到，我会让它做任何能让它快乐的事。我替它留了一点车窗缝隙，让它待在车上，对任何胆敢从这辆车旁边走过的人咆哮狂吠，然后便走进了超市。我直接到肉品区，挑了两块全超市最上等的牛排，一块给我，另一块给罗丽。回到家里，趁着烤肉盘还在加热的空当，我拿起电话打给马修·瑞斯。

"马修，"我说，"我想回去工作了。"

就这样，露西死后第一年的日子就这么过了，我和罗丽的生活渐渐恢复了平静。我们经常外出散步，秋天的落叶被我们的六只脚踩得沙沙作响。我回学校继续教书，重新和同事聊天来往，随着日子一天天过去，他们对我的戒心似乎越来越薄弱了。我又开始能享受生活，享受食物、阅读以及扔球让我的狗狗衔回的愉悦。上周戈丽丝从动物收容所打电话给我，问我有没有空和她一起喝杯咖啡。我答应了，只稍稍犹豫了一下而已。

不久前，我做了一个梦，就像先前我讲过的那个笑话，我梦见我和罗丽一起走进酒吧。

"狗不能进来。"侍者说。对白和那个笑话一模一样。

"但你有所不知，"我说，也跟着那个我熟得不能再熟的剧本走，"这是一只很特别的狗，它能开口说话。"

"那好，"侍者说，"让它讲几句话来听吧。"

我把罗丽抱起放在高脚凳上。它张开嘴巴，侍者和我都等着听它要说什么。但是，它一个字也没说，只把头偏过来凑近我，先舔了几下我的脸，又感觉脚有点痒，便低头咬起自己的前爪。

"看到了吗？"我对侍者说。

"你说得对，"他说，不带任何讽刺表情。"果然是一条好狗。"

但我醒来时，发现自己脸上竟带着微笑。

我记得我的妻子身穿白纱的样子。

我记得她在婚礼上走向我，双手抱着一束鲜红色的花。

我记得她生气不理我的时候，身体僵硬得有如一块石头。

我记得她睡觉时的呼吸声。

我记得双手抱住她的感觉。

我记得，我永远记得，她为我的生命带来了慰藉，带来了悲伤。

我记得两人共享的每一个阴暗时刻，至于那些光明的日子，我几乎无法直接正面凝视。

我努力记住她原本的样子，而不是那个为了安抚我的悲伤而被我建构出来的形象。

我发现，随着日子一天天过去，当宽恕的慰藉渐渐冲刷掉我心上的裂痕和焦躁后，我越来越有这样的体会——记住她原本的样子，就是我能送给我们彼此的最佳礼物。

——节选自《巴别塔之犬》第278~283页

五、参考文献

[1]《巴别塔之犬》赶超《追风筝的人》风行世界[EB/OL].（2007-07-17）[2020-5-20]. http://book.sina.com.cn/news/b/2007-07-17/1039217861.shtml.

[2] 畅销世界的爱情悬疑小说：《巴别塔之犬》[EB/OL].（2013-02-23）[2020-5-20]. http://haoshu100.com/archives/793.

[3] 张欣, 吴明红. 副文本：畅销书腰封文字表意分析[J]. 中国出版, 2019（10）: 36-40.

[4] 每年读120本书，翻译写作12万字｜猿渡静子的出版生涯[EB/OL].（2019-07-01）[2020.5.22]. http://www.360doc.com/content/19/0701/13/45262611_846040198.shtml.

[5] 新经典十年传奇："做书就是做口碑"[N/OL].（2013-02-27）[2020-5-22]. http://epaper.gmw.cn/zhdsb/html/2013-02-27/nw.D110000zhdsb_20130227_2-06.htm.

《杀死一只知更鸟》

姜婷婷

一、图书基本信息

（一）图书介绍

书名：《杀死一只知更鸟》

作者：[美]哈珀·李

译者：李育超

开本：32开

定价：48元

书号：978-7-5447-6650-0

出版社：译林出版社

出版时间：2017年2月

（二）作者简介

哈珀·李（Harper Lee），1962年出生于美国亚拉巴马州的一个小镇，父亲是一位律师。哈珀·李童年就读于当地一所公立学校，后在亚拉巴马州大学攻读法律，并在英国牛津大学交换学习一年。哈珀·李以自己的童年生活片段为基础创作该小说，并于1960年出版了第一部长篇小说《杀死一只知更鸟》。图书出版后，哈珀·李获得了极大的声誉，此书也成为其代表作。2015年，哈珀·李的第二部长篇小说《守望之心》成功出版，该书稿失而复得，更被称为是《杀死一只知更鸟》的续篇之作。《守望之心》一经出版,迅速成为出版界话题,其日销售量达10万册,创造了销售奇迹。

哈珀·李曾获得包括"普利策小说奖"在内的多个文学奖项,且在2007年和2010年分别被美国总统小布什授予自由勋章、被奥巴马总统授予国家艺术奖章以表彰其在文学领域上的杰出贡献。多年来,哈珀·李一直隐居在老家,拒绝媒体采访与各种社会活动,终身未婚。她曾给《奥普拉》杂志写了一封信,信中这样写道:"在一个盛产手提电脑、iPad和思想就像空荡荡的房子一样的繁华社会里,我依然与我的书本迈着缓慢的脚步前行。"

2016年2月19日,哈珀·李在亚拉巴马州的门罗维尔逝世,享年89岁。

二、畅销盛况

1960年,哈珀·李创作的长篇小说《杀死一只知更鸟》成功出版并广受赞誉;1961年,哈珀·李的《杀死一只知更鸟》获得"普利策奖文学奖";1962年,由《杀死一只知更鸟》小说改编的同名电影在美国上映;1963年,该片导演罗伯特·马利根荣获第16届戛纳电影节"加里·库伯奖",该片演员格利高里·派克凭借该电影获得第35届奥斯卡奖最佳男主角、第20届美国金球奖剧情类最佳男主角奖等奖项。

自1960年出版以来,《杀死一只知更鸟》已被翻译成40多种语言,在全球销量超过4000万册,被美国图书馆员评选为20世纪最佳小说之一,根据其改编的电影作品广受欢迎,由其改编而成的戏剧作品更是成为百老汇戏剧的基础。与此同时,《杀死一只知更鸟》入选《时代》周刊1923—2005年百佳小说,入选美国国会图书馆评选的88部"塑造美国的图书",入选美国中学必读书目,成为现代文学经典作品。

此外,《杀死一只知更鸟》一书更是得到贝克汉姆、奥普拉等人的鼎力推荐。奥巴马总统曾评价《杀死一只知更鸟》是"一个关于勇气与信念,以及不惜一切代价做正义之事的故事……这是一部经典,也是我们家最爱读的书"。奥巴马本人更是在《杀死一只知更鸟》五十周年庆典上致辞。此外，对于曾拒绝其采访的哈珀·李，美国脱口秀女王奥普拉·温弗瑞评价《杀死一只知更鸟》为美国的"国书"，可见《杀死一只知更鸟》具有的巨大价值与影响力。《杀死一只知更鸟》的中文译本最早由逸群图书于1982年出版，此后，译林出版社分别于2009年、2012年和2017年推出了该书的中文译本版本。鉴于《杀死一只知更鸟》（2017版）曾入选豆瓣2017年高分图书榜榜单第四，且该版图书目前在当当、京东上销量较高，因此，本节选择2017版中文译本做进一步分析。

三、畅销攻略

（一）文本内容

1. 幽默的语言风格

作者借助阿迪克斯的女儿斯库特的视角来叙述，从第一部到第二部共计三十一章，以儿童的视角和出发点来观察所经历的一切。即使面临诸如性别歧视、种族偏见等严肃性的话题，其文本叙述风格之中仍不乏童真的表现，给人一种较为幽默、轻松的阅读体验。同时，这种轻松、幽默的文风也和后期涉及汤姆·鲁滨孙时的严肃、压抑氛围形成一种鲜明的对比与反差。正是由于这种幽默语言风格的存在，使得第一部分的故事中斯库特、迪尔、杰姆有关拉德利"探险"的无拘无束、自由欢快的短暂时光显得更为珍贵。最终因裁决不公逃跑，汤姆·鲁滨孙被杀。在他死后小镇生活重归往日平静的结尾，强化了汤姆·鲁滨孙结局的悲惨性。

2. 生动的人物形象

在《杀死一只知更鸟》中，作者运用丰富的心理描写及细节描写等方式来塑造、丰富人物形象。一方面，因为此书的主人公是斯库特，作者以其孩童的视角向读者介绍这个小镇，继而展开一系列故事，丰富的心理活动能够体现出小孩子活泼的性格特征，相关的细节描述也能刻画出孩童的心理变化。另一方面，这些心理描写与细节描写的内容也从侧面帮助读者更好地理解人物性格、描摹人物画像，对于作者所塑造的人物角色进一步予以丰富与完善，使最终呈现出的人物形象足够生动。以斯库特的父亲阿迪克斯为例，阿迪克斯面对杜博斯太太，杜博斯太太在日常生活中总是指责没有礼貌的斯库特和杰姆，总是潇洒地摘下帽子，有骑士风度地对着杜博斯太太挥一挥手、向其打招呼并亲切问候。此外，杰姆和斯库特因为杜博斯太太言语恼怒，阿迪克斯总是用言语宽慰他们，让他们保持绅士的礼仪与自信。

3. 多元化的主题核心

《杀死一只知更鸟》涉及不同的主体对象，其言语风格特色、故事发展变化、孩童成长经历等各具特色的不同因素使得此书存在多元的主题，因此，对于此书的读者而言，能从中收获多样化的感悟与心得。

杰出的教育意义。关于《杀死一只知更鸟》，作家苗炜曾经说："据说，每一个当爸爸的人，都应该读读这本小说，思考一下怎么当个好爸爸。"《杀死一只知更鸟》更是被认为是"一部关于勇气与正义的成长教科书"，可见此书所具有的杰出教育意义，而阿迪克斯在对于斯库特与杰姆的教育过程之中，表现出了极大的耐心与细致，其谦和、温润的人物形象一定程度上为其子女树立了一个学习榜样，并且提出了一系列即使是在今天仍具有极大参考价值意义的教育"金句"。譬如当亚历山德拉姑姑用脏话骂斯库特时，斯库特因为不懂脏话词语的具体意思而去询问杰克叔叔，杰克并未准确地予以回答，而当事后杰克与阿迪克斯谈及此事时，阿迪克斯则明确提出："当一个孩子问你问题的时候，你要正儿八经地回答，不要东拉西扯，顾左右而言他。虽说孩子毕竟只是孩子，但他们会比成人更敏锐地察觉到你在回避问题，回避只会让他们糊里糊涂。"面对同样的问题，杰克与阿迪克斯所表现出的不同态度展现了两人不同的教育理念，结合之前斯库特在听闻杰克叔叔的解释时认为其所说的内容与自己提出的问题关系不大，一定程度上能够证明阿迪克斯教育观念的正确性。毫无疑问，阿迪克斯对于斯库特与杰姆的教育方式与教育理念能够为阅读此书的家长们提供一定的参考意义，至少能够帮助其反思自己的教育方式。

4. 丰富的象征意义

作者在《杀死一只知更鸟》的写作中，运用了象征的写作手法，以"知更鸟"这一形象映射在那一段时期内，社会上存在着的种族歧视与阶级歧视矛盾，向读者展示这一段时期美国社会的真实面貌。书中第一次提及"知更鸟"一词是在阿迪克斯与杰姆的对话中："我宁愿让你们在后院射易拉罐，不过我知道，你们肯定会去打鸟。你们射多少冠蓝鸦都没关系，只要你们能打得着，但要记住一点，杀死一只知更鸟便是犯罪。"从阿迪克斯的这一段话语中不难看出，"知更鸟"代表着善良与美好，在这一部小说中，作者用赋予意义的"知更鸟"形象来象征书中的那些人物。

善良温柔的阿瑟·拉德利。阿瑟·拉德利虽然被他父亲囚禁于家中长达15年，不与外人接触，但他始终保留着一颗善良、温柔的心。阿瑟·拉德利会在斯库特玩游戏撞到自家前院的台阶时偷偷地发出笑声，他也会偷偷地在家门口的树洞中放上给斯库特和杰姆的礼物：从最开始的两块口香糖、两枚擦得晶亮的硬币，到后面灰色的麻线、雕刻着杰姆和斯库特兄妹两人画像的肥皂、拼写大赛的奖牌……可以说树洞成为阿瑟·拉德利与兄妹两人的交流平台，兄妹俩后期对于这位未曾谋面的"树洞先生"写信表达感谢之情。或许正是因为这样的一封信，加深了阿瑟·拉德利先生与杰姆与斯库特兄妹俩的感情。也正是因为这些前期的小故事片段、因为阿瑟·拉德利的善良之心，他才会在兄妹俩遭遇危险之时，从鲍勃·尤厄尔手中救出他们。而这一切关于阿瑟·拉德利的真实故事与人们口中对于阿瑟·拉德利的胡乱猜想完全不同，当我们不知道事情真相却在胡乱猜测、甚至胡编乱造时，对于像阿瑟·拉德利这样的人所造成的伤害就如同人们杀死一只无辜的知更鸟的行为一样。

（二）装帧设计

译林出版社2017年出版的《杀死一只知更鸟》的中文译本图书在封面、封底、书脊部分采用纯灰色作为背景色，在灰色的背景色基础上，封面、封底部分增加了橙色与黑色相结合的花朵图案并进一步延伸至内侧，且封面及书脊上的书名、作者名、译者名等均采用白色的印刷字体，使得其在灰色的背景色衬托下更加突出。同时，为了与"杀死一只知更鸟"的书名相呼应，图书的封面上印有一只仿佛因为被击杀而掉落的知更鸟图案形象。在图书的封底部分，除了前面提及的花朵图案和灰色背景色外，更有从书的内容中节选的两部分内容置于此处进行展示，以帮助读者更好地了解图书的主题及其蕴含的价值内涵。

此外，本书采用了腰封的设计。与灰色的背景色形成鲜明对比，腰封的背景色以白色为主，同时增添了图书封面、封底中出现的橙色花朵图案。腰封上以橙色字体突出此书的巨大影响力、图书定位、名人推荐内容；以黑色字体概述此书所获得的奖项与价值所在。与此同时，位于封底部分的腰封上主要写着奥巴马、奥普拉和作家苗炜对于此书的评价，这既与位于封面腰封上的名人推荐相呼应，更是考虑到腰封对读者购书选择的参考意义，借助名人效应吸引读者购买本书。

（三）作品价值

1. 积极的社会影响

在《杀死一只知更鸟》中，莫迪小姐在评价阿迪克斯为汤姆·鲁宾孙辩护这一案件时曾说道，"在我们这个镇上，还是有那么几个人，主张平等原则不仅仅适用于白人；还是有那么几个人，认为公平审判应该适用于每一个人，而不只是我们自己；还是有那么几个人心怀谦卑，在看到黑人的时候，会想到没有上帝的慈悲就没有他们自己。"从莫迪小姐的这一段话中可以看出，即使这是一件在最开始就被设定结局的案件，但依旧有人愿意为其发声、努力还原事实真相、为弱势群体辩护，正是因为阿迪克斯的辩护，人们才能够更清楚地看见汤姆·鲁宾孙在此案件中的无辜及社会所存在的严重的种族歧视现象，帮助人们清晰地看出当前社会共识中仍需完善的一面。因此，通过《杀死一只知更鸟》一书，作者借助汤姆·鲁宾孙案件批判现有的种族歧视现状、法律体系不足等问题，对于维护民主权利客观上起到一定的促进、推动作用，产生了积极的社会影响，具有极大的社会价值。

2. 人性光辉的闪耀

在故事的第二部分，汤姆·鲁宾孙的遭遇让人为之惋惜、为之哀伤，但在压抑的故事氛围之下，作者对于尽职尽责的阿迪克斯、最终丧命的鲍勃·尤厄尔的描绘则给这一沉痛的故事结局增添了一抹人性的光辉，也为这一压抑的故事片段增添了一丝温暖。

（1）尽职尽责的阿迪克斯。尽管阿迪克斯是被指派给汤姆·鲁宾孙做其辩护律师的，但自他接受这一身份起，他始终尽心尽力，而非简单敷衍、搪塞了事。即使明知案件胜诉的机会很小，却依旧尽职尽责，"总不能因为过去这一百年我们一败涂地，就放弃争取胜利吧"。从言语到行为，阿迪克斯始终尽力做到问心无愧、尽心尽责。当汤姆·鲁宾孙存在生命威胁时，阿迪克斯更是带着一盏台灯、一份报纸在监狱门口为其坚守，守护其生命安全。

（2）最终丧命的鲍勃·尤厄尔。鲍勃·尤厄尔虽然造谣控诉汤姆·鲁滨孙使其得到了不公的法律裁决，但在鲍勃·尤厄尔内心，他仍然不满于以阿迪克斯为代表的众人对汤姆·鲁滨孙的帮助行为，因此，鲍勃·尤厄尔闯入泰勒法官的家中、在汤姆的遗孀海伦上工的路上围堵她……他甚至跟踪杰姆和斯科特兄妹俩，试图伤害他们，但由于阿瑟·拉德利的及时出现与制止，杰姆与斯库特兄妹俩成功得救，鲍勃·尤厄尔的阴谋没有得逞且最终丧命。鲍勃·尤厄尔跟踪并试图伤害杰姆、斯科特兄妹俩的行为可谓是丧心病狂，最终这样一个坏人也得到了惩罚，付出了生命的代价。

（四）电影改编

《杀死一只知更鸟》一书于1960年出版后，随即引发巨大的轰动。1962年12月25日，根据哈珀·李小说改编的同名电影上映，该电影由罗伯特·马利根执导，格里高里·派克、玛丽·巴德哈姆、罗伯特·杜瓦尔等人主演。1963年，《杀死一只知更鸟》电影收获了三个奥斯卡奖，其中，格里高里·派克凭借该电影获得了第35届奥斯卡最佳男主角。由《杀死一只知更鸟》小说改编而成的同名电影的成功，为小说积累了不错的声誉与知名度，一定程度上推动了《杀死一只知更鸟》图书的销售。

四、精彩阅读

"这样一来，又回到陪审团的问题上了。我们应该废除陪审团。"杰姆的口气很坚决。

阿迪克斯极力克制着自己，可还是忍不住笑了。"你对我们太苛刻了，儿子。在我看来，也许有更好的办法。修改法律，改为只有法官有权判处死刑。"

"那就去蒙哥马利修改法律吧。"

"你不知道这有多么艰难。我有生之年是看不到法律被修改的那一天了，如果你能活到那时候，恐怕也是个老头了。"

这一席话显然不能让杰姆感到满意。"这样不行，先生。他们应该废除陪审团。汤姆根本没有犯罪，他们硬要给他加上罪名。"

"儿子，如果你是那个陪审团的一员，而且另外十一位成员也是跟你一样的男孩子，汤姆现在就已经是个自由人了。"阿迪克斯说，"到目前为止，你的生活中还没有什么会干扰你的推理过程。汤姆的陪审团成员，是十二个通情达理的普通人，可是你却能看到在他们和理性之间隔着一层东西。那天夜里，在监狱大门前，你也看见了同样的情形。那帮人最后之所以离开，也并不是因为理性占了上风，而是因为我们守在那里。在我们生活的这个世界上，总有什么东西让人丧失理智——即使他们努力想做到公平，结果还是事与愿违。在我们的法庭上，当对立双方是一个白人和一个黑人的时候，白人总是胜诉。这些事情很丑恶，可现实生活就是如此。"

"那还是不公平。"杰姆执拗地说，他用拳头轻轻捶打着膝盖，"绝对不能在只有那种证据的情况下给一个人定罪——绝对不行。"

"按理说是不能，可他们就那么做了。随着年龄的增长，你还会看到更多这类情况。法庭本应是人们得到公平对待的地方，不论这个人是什么肤色，但陪审团包厢里一贯有人把个人恩怨夹带进去。等你再长大一些，你会发现每天都有白人欺骗黑人的事情发生，不过我要告诉你一句话，你一定要牢牢记住——一个白人只要对黑人做了这种伤天害理的事情，不管他是什么人，不管他多么富有，也不管他出身多么高贵，这个白人就是人渣。"

阿迪克斯的语调很平静，所以他说到最后，那个词让我们的耳膜猛地一震。我抬起头，发现他脸上带着激愤的表情。"这个世界上最让我厌恶的事情，莫过于下等白人利用黑人的单纯无知欺骗他们。休要自欺欺人——这些行为一天一天积累起来，我们早晚要为此付出代价。我希望不是你们这一代去偿还。"

杰姆挠了挠头。他的眼睛突然睁大了。"阿迪克斯，"他说，"为什么不让我们和莫迪小姐这样的人坐在陪审席上？我们从来没见过梅科姆镇上的人充当陪审员——都是住在林子里的那些人包揽。"

阿迪克斯向后一仰，靠在摇椅里。不知为什么，他听了杰姆的问话，似乎有点儿喜形于色。"我还一直在想，你什么时候会意识到这一点呢。"他说，"原因有很多。其中一个是，莫迪小姐不能担任陪审员，因为她是女人……"

"你是说，在亚拉巴马州，女人不能……"我腾地一下愤怒起来。

"是这样。我猜，这大概是为了保护脆弱的女同胞们，免得她们接触到肮脏下流的案件，比方说汤姆这个案子。另外呢，"阿迪克斯咧嘴一笑，"如果让女士们来担任陪审员，我怀疑案子永远都结不了——她们会没完没了地打断别人，提出各种问题。"

我和杰姆哈哈大笑起来。要是莫迪小姐坐在陪审席上，肯定会给人留下深刻印象。我想象着老杜博斯太太坐在轮椅里参加庭审的情景——"约翰·泰勒，别再敲了。我想问这个人几个问题。"也许我们的先辈这样规定是明智之举。

阿迪克斯说："对于我们这样的人而言——这是我们应负的一份责任。总的来说，我们就配得到这样的陪审团。首先，梅科姆的公民顽固得很，对担任陪审员不感兴趣；其次，他们也是有所畏惧。还有就是，他们……"

"畏惧？为什么呢？"杰姆问。

"怎么说呢，如果——咱们来打个比方，假设雷切尔小姐开车撞了莫迪小姐，由林克·迪斯先生来决定赔偿的金额。作为一个店主，林克先生不想失去任何一位主顾，对不对？于是他就对泰勒法官说，他不能担任陪审员，因为他不在店里的时候没有人帮他照应生意。这样一来，泰勒法官只好答应他的请求。有时候他是带着愤怒应允的。"

"他为什么觉得其中一个人不会再到他的店里买东西呢？"我问。

杰姆说："雷切尔小姐会，莫迪小姐不会。不过，陪审团的投票表决是保密的啊，阿迪克斯。"

我们的父亲嘿嘿一笑。"你还有很长的路要走啊，儿子。按理说，陪审团的投票表决应该是保密的。可是，一个人在履行陪审员义务的时候，就得对某个案子拿定主意，并且表明自己的看法。人们不喜欢这么做。有时候搞得很不愉快。"

"汤姆的陪审团应该快些做出裁决。"杰姆咕哝着说。

阿迪克斯的手伸向装着怀表的衣袋。"是啊，他们拖了很长时间，"他说这话更像是在自言自语，"这是引起我思考的一件事儿，怎么说呢，这可能是一个隐隐约约的开端。陪审团足足花了好几个小时。如果裁决的结果是确定无疑的，他们通常只用几分钟就够了。可这次……"他突然停下来看着我们，"你们可能想知道，他们中间有个人费了好大力气拖延了这个裁决——一开始他还极力主张当庭无罪释放呢。"

"是谁？"杰姆大为诧异。

阿迪克斯挤了挤眼睛。"这个我本来不该透露，不过还是告诉你们吧。他住在老塞勒姆，是你们的一个朋友……"

"一个坎宁安家的人？"杰姆叫了起来，"一个……我没认出来里面有……你在开玩笑吧。"他从眼角斜睨着阿迪克斯。

"是他们家的一个亲戚。当时，我没有把他从陪审团名单上划掉，完全是出于一种直觉。我本来可以划掉他的名字，但我没有。"

"天哪！"杰姆无比虔敬地惊呼道，"他们一会儿想把他置于死地，一会儿又想让他无罪释放……我永远也搞不懂这些人的心思。"

阿迪克斯说，你必须深入了解他们才行。他说，坎宁安家的人自从迁移到新大陆，从来没有白白拿过别人的任何东西。他们还有一个特点，那就是，一旦你赢得了他们的尊重，他们为你赴汤蹈火也在所不惜。阿迪克斯还说，当时，他有一种感觉，仅仅是一个猜想——那天晚上，他们离开监狱的时候，对芬奇家的人产生了深深的敬意。这个突如其来的大转折，再加上另一个坎宁安家的人极力劝说，促使他们中间的一个人改变了主意。"如果有两个这样的人，陪审团就会陷入僵局。"

杰姆吐字非常缓慢："你是说，你把前天晚上想害你的人放进了陪审团？阿迪克斯，你怎么能冒这么大的风险？你怎么能这样？"

"你分析一下，就知道这不是冒险。一个想给被告定罪的人和另一个想给被告定罪的人，他们之间没有什么区别，对不对？但是，一个想给被告定罪的人和一个内心有些不安的人，他们之间就有了微妙的差别，对不对？他是陪审团名单上唯一一个有不确定性的人。"

——节选自《杀死一只知更鸟》第 343~348 页

五、参考文献

[1] Fortune Media. The Bittersweet Story Behind Harper Lee's Success [EB/OL]. [2020-04-17]. https://fortune.com/2016/02/19/harper-lee-to-kill-a-mockingbird/.

[2] Harper Collins Publishers.Harper Lee's To Kill A Mockingbird Wins PBS's The GreatAmericanRead[EB/OL]. [2020-04-17]. https://www.harpercollins.com/corporate/press-releases/harper-lees-to-kill-a-mockingbird-wins-pbss-the-great-american-read/.

[3] 苏文娟.《杀死一只知更鸟》中知更鸟的象征意义解读[J].兰州教育学院学报，2018, 34（3）：48-49.

[4] 闫堃.冲突论视角下的《杀死一只知更鸟》[J].名作欣赏，2016（24）：5-7.

《斗罗大陆》

刘子涵

一、图书基本信息

（一）图书介绍

书名：《斗罗大陆》
作者：唐家三少
开本：16 开
字数：206 千字
定价：34.80 元
书号：978-7-5562-0508-0
出版社：湖南少年儿童出版社
出版时间：2014 年 11 月

（二）作者简介

　　唐家三少，本名张威，1981 年 1 月 10 日生于北京，中国内地网络小说作家，炫世唐门文化传媒有限公司董事长。现任中国作家协会主席团委员，北京市作家协会副主席。

　　2004 年，在读写网开始创作处女作《光之子》。2005 年，成为起点中文网签约作家之一。2006 年 2 月，180 余万字的《惟我独仙》收笔，同月，开始创作《空速星痕》。6 月，《善良的死神》系列开始出版。7 月，开始创作《冰火魔厨》。9 月，180 万字的《空速星痕》系列开始出版。

2008年，开始创作《斗罗大陆》。2012年，问鼎中国网络作家富豪榜榜首。2014年11月，开始创作《斗罗大陆Ⅱ绝世唐门》，同月，以3300万版税收入问鼎第七届中国网络作家富豪榜榜首。

2015年5月，入选2015福布斯中国名人榜；10月，其小说《绝世唐门》入选国家新闻出版广电总局"2015年优秀网络文学原创作品推介名单"。2017年4月，以1.2亿元版税收入五度蝉联网络作家富豪榜榜首。2018年12月，《斗罗大陆Ⅳ终极斗罗》于起点中文网首发。

二、畅销盛况

《斗罗大陆》2014年8月由湖南少年儿童出版社首发。目前《斗罗大陆》的实体书销量据统计在千万册。在开卷（Openbook）数据中，不管是周榜还是月榜，《斗罗大陆》一直稳定在前五名。

三、畅销攻略

2004年，作家张威选择"唐家三少"这个网名开始创作。当时，网文领域还属于一片未曾开垦的荒原，读者的数量非常少，远没有现在这般庞大。十几年后，已身为北京市作家协会副主席的唐家三少，他最出名的一本书《斗罗大陆》也已成为在网文界玄幻类中最出名的一本书。《斗罗大陆》讲述的是穿越到斗罗大陆的唐三如何一步步修炼武魂，由人修炼为神，最终铲除了斗罗大陆上的邪恶力量，报了杀母之仇，成为斗罗大陆最强者的故事。《斗罗大陆》这本书完结于2009年12月13日，获得起点中文网2009年度月票榜单冠军，成绩非常亮眼。那个时候正是玄幻小说领域开始火爆的时期。

截止到2020年，笔者阅读网文整整十年，在众多作家中，认为"唐家三少"对于中国文学的发展有着突出贡献，唐家三少就好像一扇门，很多人都是通过阅读他的小说步入网文世界的。正如其曾在自己的书中写道："在网络文学的领域中，我做的就是先知先觉的事情，第一个开始不断更新连载，这是那个时候作者们无法做到的事情。"先知先觉者创造，后知后觉者跟随。正因为抓住了时代的机遇，加之用心的写作，才成就了他如今的辉煌。后来人几乎只能模仿，很难突破，纵然不乏成功的网络小说作家，可我觉得相较于唐家三少而言光芒还是黯淡了些许。抓住机遇的人，才可能站在该领域的巅峰。

（一）题材新颖

1. 玄幻类题材的优越性

《斗罗大陆》是一本玄幻小说，笔者认为，可以从人们较为熟知的武侠来引出玄幻的主题，武侠小说很早就出现在了中国，这也与中国人的"侠"情怀有关，《水浒传》也可以说是一本武侠小说。外在表现的是英雄，内在更是一种侠义。读武侠小说就是圆自己的英雄梦。看英雄仗义扶危，自然激起一片豪迈气概；读英雄决战千里，胸中陡然雄起万丈英风。英雄是谁？英雄就是我们自己。武侠，就是大多数碌碌无为的人心底里的熔炉之火。这种"侠"是外国文化中不存在的，外国人也很难理解。在武侠的基础上，作者们加入了更多想象力，更加天马行空，进而产生了更多的门类，比如仙侠和玄幻。

《斗罗大陆》写于2008年，在当时传统网文界的主流是言情、都市及武侠的年代，玄幻的出现迅速引爆了网文市场。当时玄幻的读者绝大部分是青少年，玄幻小说的故事主人公大部分是一个落魄的人或不幸的人，讲述他如何通过机遇、努力，一步一步往上爬，战胜命运最终成为人上人的故事。在2020年的今天回看当时，大家可能认为玄幻小说套路固定，换汤不换药，经常阅读玄幻小说的人，看一部新的小说，基本上看了开头，就能知道结尾。所以当前网文的玄幻受众已经有所减少，流向融合类型，包括都市异能、悬疑、历史游戏等。但在2010年左右，这种新出现正在流行的玄幻，对于学生来说，是对于未知世界的一种幻想，类似于《哈利·波特》，因为没有真实存在，就更加向往，一部玄幻小说就是一个世界。在阅读小说的过程中，一个小人物从底层爬到顶峰，主人公就是自己，主人公的辉煌就仿佛自己的辉煌，着实令人陶醉。

玄幻小说简单来说有三个特点：①玄幻小说是一个独立的系统，不属于科幻也不是魔幻系列。②因为写实主义逻辑较为清晰明确，可能在故事中穿插着人性、心理、政治和理性的逻辑，玄幻小说打破了传统框架，写实的四大逻辑一个都不符合，因为是玄幻，它可以摆脱时间和空间的限制，必须挣脱这四大逻辑才"玄"得起来，"幻"得起来。③玄幻小说看起来很好看，但同时也很难诠释玄幻是把简单的东西做复杂了，还是把复杂的东西做简单了，没有固定的标准。

2. 优秀的作品主题

在"唐家三少"的《斗罗大陆》中，主人公唐三在六岁的时候觉醒了自己蓝银草武魂和昊天锤武魂，踏上了魂师的修炼道路，在诺丁学院结识了以后一起战斗的伙伴们。主人公从一个少年逐步成长为一个肩负重任的团队领袖的过程中，"侠义"始终是他坚守的原则。他像敬重亲生父亲一样敬重老师，为了伙伴他可以舍弃自己的生命，为了森林中魂兽的生命而放弃让自己强大的机会，无处不体现着他的重情重义、坦荡胸怀。少年时期的他就担负起了一位侠者应该担当的责任，他不仅是团队的领袖，更是维护大陆和平安宁的后继者。唐三一直努力着，就是为了能够让自己更加强大，能够守护亲人，守护一方和平。他的侠义精神不仅仅体现在对待正义的态度上，还表现在他对待敌人的态度上，在闯出堕落之城的过程中，唐三选择了公平对决，没有趁机杀掉与自己同样有天赋的强大对手胡列娜。他郑重承诺，言出必行，不会让任何一个跟随他的人失望，逐渐成长为一个负责任有担当的大侠。

《斗罗大陆》中以斗罗大陆为时空版图，以天斗帝国和星罗帝国两大帝国为势力分布，其中有武魂殿、各个宗门和海神岛作为基本的武学门派，而且武学修炼的关键也不再是传统的武功秘籍。在这个"奇异江湖"中没有魔法，没有斗气，没有武术，却有神奇的武魂。这里的每个人在自己六岁的时候，都会在武魂殿中令武魂觉醒，武魂包罗万象，既可以是动物和植物，也可以是器物和身体部位，武魂可以辅助人们的日常生活，而其中一部分特别的武魂则可以用来修炼并进行战斗，我们称之为魂师，而武魂的特殊性也就决定了魂师修炼成长的潜力。魂师的修炼便是将体内魂力积累到一定程度后为武魂增加魂环，每增加一个魂环便可以获得实力的提升和相应的魂技，每人最多可增加九个魂环，获得魂环的途径便是猎杀魂兽，争夺魂兽死后出现的魂环，而魂兽的种类和年龄则决定了魂技的高低。组队冒险、猎杀魂兽、争夺魂环、擂台比武、宗门征战等武林故事便在这"奇异江湖"中上演，魂师这个职业也由此成为斗罗大陆上最为强大也是最荣耀的职业。

3. 独特的武魂体系

在武侠小说中，人物的能力没有明确划分。在玄幻中，则可以随心所欲创造世界观，在《斗罗大陆》中，作者创造了独特的武魂体系，武魂体系的核心思想是通过武魂形象，将自身所修炼得到的力量，也就是魂力，直观地反映出来：武魂形象可以反映武魂的稀有度、自身能力的上限，并且还可以通过武魂来判断自己拥有哪一种能力，属于哪一方势力，在武魂上可以附加魂环，魂环的颜色代表了培养武魂的水平，武魂的数量可以反映角色能力的大小。从以上描述来看，这些设定和网游类似，但阅读《斗罗大陆》后可以发现，各种各样的武魂、魂兽、魂技和其他书中的设定，又突破了网络游戏中趋同的限制。

《斗罗大陆》中将职业等级分为十级：魂士、魂师、大魂师、魂尊、魂宗、魂王、魂帝、魂圣、魂斗罗、封号斗罗，采用了完整的有明确层次标准的等级体系，并以此构建小说人物的成长经历和作品故事的整体框架。

作品也对每一个层次、每一个境界的衡量标准予以明确，从而使得功法等级体系更为严密完整。例如，《斗罗大陆》中等级衡量标准便是拥有"魂环"的数量，魂士拥有一个魂环，魂师拥有两个魂环，大魂师拥有三个……

当作品武学等级体系建立后，作者便可以很容易地将各种历险故事和传奇经历按照一定顺序填充在这等级框架中，从而将作品主人公的成长历程展现得更为清晰和富有条理，主人公的行侠故事也就变得更为明确条理，富有逻辑性。而且在修炼过程中，随着自身实力的增强，其修炼速度也会随之变慢,每个等级都会成为成长发展的阶梯,而每个等级都会有一个或者几个修炼的"瓶颈",也就是所谓的修炼的关键点,只有突破上一等级的"瓶颈",才有可能进入下一个等级的修炼,才能开启下一个阶段的侠义故事。而这些"瓶颈"并不能靠勤学苦练来突破,需要有一定的"体悟""珍宝""机缘"等"辅助物"才可以,而这些"辅助物"的获得便成为作品故事描绘的重点,其中涉及的生杀予夺也便成为展现主人公侠义精神的精彩看点。例如,在《斗罗大陆》中,修炼的关键是获得"魂环","魂环"是由临死的魂兽产生,只能存在很短时间,修炼者为了提升等级只能杀死魂兽来获得"魂环",集齐九个"魂环"才能称为"封号斗罗",因此这片时空被称为"斗罗大陆"。

(二)突出的人物个性

《斗罗大陆》的艺术成就,主要体现在人物形象塑造方面,极为突出人物个性。与传统文学相比,《斗罗大陆》有着自己的特点,具体如下。

(1)对人物的刻画忽略人物外貌的特点,更加倾向于突出个性。没有硬性规范人物的形象,模糊主人公的外观。我们知道在语言文学当中,模糊性与简洁性的描写往往能带给读者更大的想象空间。比如仅仅给出年龄、性格特点等简单信息,以及对生活环境的简单描写,会让我们用自己的想象力,结合自己的经验创造一个属于自己的独特主角,也就是一千个人心中有一千个哈姆雷特,这样会调动读者的阅读兴趣与积极性。

(2)人物的出场各具特色。每个人的出场情节都是各有特点,有别于一般传统小说人物出场时先对人物的衣着、神情、语言等进行一一描写,《斗罗大陆》文中人物出现时,都会事先对于当时的场景进行细腻的描写,以情节的发展渲染气氛而推出重要人物,这是文中人物出场的表现方式。虽然,许多文章会在介绍人物之前对周边环境进行叙述,但侧重点依然是人物的外貌介绍。文中喜欢使用欲扬先抑的写作手法,例如,文中唐三的出场,前世因违背了门规被追杀而死后穿越成为异世的一员,开始新的闯荡的一生。这就是对于唐三的出场,一种从生到死,由死而生的轮回之感。这就是新生活的开始,新生活的继续。而他前世出身唐门赋予了他得天独厚的能力，也为后文中他留下强大的力量从而左右另一个世界埋下了伏笔。而另一位柳二龙的出场则是运用了传统的先声夺人的写法，与《红楼梦》中的王熙凤有几分相似之感。王熙凤人未到笑声先到给我们留下了深刻的印象，柳二龙与她相似又不同，在出场前，她悲婉凄清的歌声和伤情之词就给人留下了深深的哀伤之感，但她在后文中表现出来的个性又给人截然相反的感觉，使其人物形象更丰满。作者经常利用对比的方法反转人物出场时的第一印象，使人物给人一种新鲜感。不拘泥于传统式出场后的定位，一般会令表现出的人物性格形成强烈反差，给读者不同的阅读体验。

（3）用战斗突出人物的性格，用战斗中的心理描写体现人物的多面性，对故事的情节进行侧重描写，把战斗过程作为描写的侧重点。在《斗罗大陆》中有很多战斗的场面，虽然有些打斗情节存在一定的重复，但不可否认每场战斗都具有自己的特色，文中的战斗就如同婴孩的成长历程，可以分成几个阶段：从初出茅庐到年少骄傲，从千手修罗到温婉公子，从国仇家恨到最终的完结，战斗陪伴他们成长。在前往斗罗帝国的路上，按大师要求参加比赛，与凶神战队的比赛中，第一次杀人，使他们认识到世界的黑暗面，这是他们的第一次成长。书中对赛后他们每个人的反应进行细致的刻画，以此呈现每个人不同的性格特点。大陆精英赛是史莱克七怪的拼搏之路，他们与不同的敌人战斗，在压力下不断成长。在星罗皇家帝国时，经历皇室兄弟间的厮杀，使他们认识到权力之争的残酷，了解了权力的重要性，还明白有足够的实力才能掌握自己的命运，一场皇权之争使他们开始接触政治。这两次的战斗经历在文中起着关键作用，对后文的情节发展起推动作用。《斗罗大陆》中的战斗与其他网络小说不同，场面并非宏大或血腥，但给读者留下了深刻印象，并向读者表达着主人公在每场战斗中的成长，所以文章虽然频繁描写战斗场景，但是充分体现了网络文学之美。以战斗为文章主线，将小说中的人物自然分成两大阵营，塑造不同的场景，如代表正义势力的唐三家族与代表反派力量的武魂殿势力，在文中形成对比；文中还对美与丑进行对比，如对比比东的描写，作者极尽所能进行丑化，这一点从描述他使用武魂能很明显地看出，"身体一晃，比比东上身向下匍匐，身上的紫黑色甲壳瞬间蔓延，整个人已经化身为一只体型巨大的蜘蛛，八根蛛腿上的绿毛同时变成了紫色。全身上下都散发着一层紫蒙蒙的光彩"，通过战前对比比东准备的描写，可以看出比比东是被丑化了的角色，是文中的反派，因爱生恨，使他的一生发生了改变，这就是文学艺术中美学形象的体现。对人物形象进行丑化，如比比东在文中的存在就是美学中丑化的具体体现，无论任何原因都不能改变他的丑角形象，他是自我矛盾的对比，与文中的美形成鲜明对比，是文中典型的对比艺术形象，是区别于美的另一种形式，这也是一种美。在文中唐三是智者的代表，在文章开始就表现得淋漓尽致，如去史莱克学院参加入学考试时，尽管同实力相差悬殊的老师进行对战输了，但也展现了他的聪慧。战前，对每个人进行分析，战斗中知道自己的身体已经到达极限后依然计算着如何应对老师，这份智慧，使他在一个个危险关头生存下来，这也是他性格中的重要标签之一。另外在史莱克七怪中，奥斯卡的坚持也让人感慨颇深，他是文中最弱的人，但内心的坚持最强，对于荣荣的情，从最初的朦朦胧胧到付出一切后的有情人终成眷属使他走出了属于自己的一条路，也是他坚持的最好体现。他的坚持让他在生死中间不断徘徊，不断突破自己，最终如愿以偿。同时，文中深情的小舞、冷情的清竹、柔情的荣荣，等等，都有独特个性，在文中无论发生什么，角色本质都从未改变。也是在这个基础上他们性格各异，却完美融合成为一体。这是此书的一个重要特色，没有具体的人物描写，只以人物的个性为特点突出人物形象，形成独特的写作特点。这种特点也赋予了此书有别于其他文章中仅仅写主角的特点，对于配角的形象过于空洞，让人缺少代入感。

（三）受众定位精确

唐家三少在一次采访中曾说过，自己书的目标群体是初中生。他也曾经请出版社做过调查，从结果来看，定位非常准确，他的读者年龄基本都是十四五岁的初中生。处于青春期的他们，思维相对活跃，都喜欢新鲜有趣的东西，斗罗大陆里面充满了想象，充满了新鲜。正是由于《斗罗大陆》的想象天马行空，符合了初中生对想象的需求，满足了他们思维活跃的部分。

（四）《斗罗大陆》的 IP 开发与经营

1.《斗罗大陆》的漫画 IP 开发

相较于其他的网络文学作家，唐家三少对于市场有着敏锐的嗅觉，从很早开始，他就开始着手 IP 的改编，通过网络文学进行 IP 开发，现在已经衍生出漫画、手游、电视剧等多种 IP 开发。

《斗罗大陆》于 2011 年进行漫画的改编，漫画的改编最初连载于杂志《知音漫客》，和同样火爆的《偷星九月天》组成《知音漫客》的两张王牌，《知音漫客》巅峰销量一度超过 700 万册。通过查阅数据可知，网文的圈子即使是在今天，平均订阅也不过 10 万，而通过纸质订阅，可以达到 700 万，是一个难以想象的数字。况且我们知道，购买漫画的读者与小说的读者基本吻合，大部分为初中生。因此，漫画销售 700 万册不代表受众只有 700 万，一本漫画在全班轮流传阅的情况比比皆是，《斗罗大陆》漫画的繁荣，带动甚至影响了国内的漫画市场格局。

2.《斗罗大陆》游戏 IP 的开发与经营

目前市场上的《斗罗大陆》游戏共有四款。

第一款游戏为斗罗大陆 H5 网页游戏，游戏类型是角色扮演，这是一款斗罗题材的网页游戏，在手机上是竖屏版，一根手指头就能操作，实际登录之后的是多年前的页游风格，不管是玩法还是画质，比较老套。

第二款为《斗罗大陆 3——龙王传说》，公测时间是 2017 年 9 月，游戏类型为卡牌 RPG，同样是卡牌类型的游戏，《斗罗大陆 3——龙王传说》是目前斗罗系列里面评分最高的游戏。但作为一款几年前的游戏，在画面和动作特效上已经很难满足目前玩家对于游戏的要求。

第三款游戏为《新斗罗大陆》，公测时间为 2018 年 11 月，游戏类型为角色扮演，是《斗罗大陆》整个 IP 产业链中最成功的作品。《新斗罗大陆》手游是唐家三少和动画双授权的产物，游戏代言人是"小鲜花"宋轶，游戏不论是广告还是登录界面处处都体现着斗罗动画中的元素，但是登录之后，就跟动画没什么关系了，玩家的心理落差较大。

第四款游戏为《斗罗十年——龙王传说》，公测时间为2019年9月24日，游戏类型为卡牌RPG，这款手游用了小说第三部《龙王传说》的名字作为游戏的主线剧情，当然也就是以唐舞麟的视角跟着龙王传说的剧情走，剧情方面有唐家三少把关，可以说还原度极高。游戏里面包含了斗罗几乎所有的元素，武魂、魂环、唐门绝学、锻造、史莱克七怪、海神阁等。

从市场调查与游戏评分来看，《斗罗大陆》相关游戏IP的开发与经营不算很成功，但从IP开发与经营的角度来看，也算敢于尝试，对于《斗罗大陆》自身IP的宣传也产生了一定的积极影响。

3.《斗罗大陆》动漫IP的开发与经营

《斗罗大陆》改编版的动画，是国内唯一一部开播到现在每周播放量破亿的动画，截至2019年9月，动画播放量已经破百亿。打破国漫市场各种纪录，能取得这样的成绩既在意料之外，也在情理之中。为什么说在意料之外呢，经常阅读网络文学的读者都知道，网络小说是有生命周期的，更新换代很快，最先火爆的往往是有创新点的，但这个创新点很快就会被大家抄去，进而同质化。《斗罗大陆》处于这样的网文乱流中，却仍然火爆，一部2009年完结，10多年前的作品，点击量直到现在仍然名列前茅，并且由于IP经营，斗罗这个系列的生命周期一直在延续。

我们知道，网络文学改编动画要想成功是非常困难的，同样是网络文学改编动画，一些作品改编后，却很难让大家满意。《斗罗大陆》之所以能获得成功，主要归功于三个方面：唐家三少的粉丝、网络文学《斗罗大陆》的粉丝，以及改编成漫画的玄机粉丝，而玄机科技就是其中之一。玄机科技是一家动漫制作公司，尤其擅长3D制作，唐家三少亲自把关，选择最合适的动漫制作公司，他全程参与动漫的改编，及时把粉丝提出的意见与制作公司沟通。

《斗罗大陆》动漫在IP开发与受众选择方面也下了很大功夫。《斗罗大陆》的四类受众中，最难以满足的受众就是网络文学的原著党和没有读过原著直接接触动漫的观众，原著党一般是戴着有色眼镜来看待改编动漫，会非常挑剔，有《斗破苍穹》的前车之鉴，动漫改编不好，会损失大批观众。其次是初次接触动漫的受众，改编动漫令人满意的也非常少，其中一个原因是违和的建模或画风，甚至一些动漫看上去的感觉还不如《喜羊羊与灰太狼》。

对于原著党来说，《斗罗大陆》的内容就非常适合影视化改编，不同于一般动漫主要受众是女性，这部作品成功地改编吸引了大批男性观众，男女受众大约各占一半，比例均衡。好的动漫效果对于初次接触《斗罗大陆》的观众也是一种吸引，能够快速圈粉，可以说《斗罗大陆》的动漫化改编非常成功。

四、精彩阅读

唐三在登山的时候，计划就是遁入海神殿之中，在那里，波赛西必定会束手束脚，凭借着自己的各项能力与其周旋，机会就要大得多。显然，波赛西也明白这一点，这才落在海神殿前，释放出了自身的武魂，就是为了不给唐三这个机会。

既然你不让我进，那我就攻击好了。想到这里，唐三一边在瀚海护身罩中飞快后退，一边凝聚起自己的魂力，右臂抬起，浓郁的蓝银皇能量飞速凝聚起来。

第五魂环闪亮，蓝金色的光彩混合着那红色光环扩张产生的能量波动，唐三的右臂蒙上了一层血色。

第五魂技蓝银霸王枪已经进化，进化到十万年级别之后，蓝银霸王枪的名字也出现了改变，变成了蓝银霸皇枪，单体攻击，十万年魂技。而且是凝聚于一点的攻击，目前来看，这虽然只是唐三的第五魂技，但因为其十万年的级别和攻击方式，却是唐三所有魂技之中，攻击力最强的一个。

只有在释放混迹的时候，瀚海护身罩的效果才会消失，凝聚能量时却并不会，眼看着自己即将退到山脚下。唐三不再躲避，不退反进，蓝银领域瞬间释放。与此同时，立刻吃下了一颗坚挺金苍蝇。

武魂真身状态下释放蓝银领域，直接进入到森罗万象境界。在海神斗罗波赛西的压迫之下，唐三的潜力无疑已经爆发到了极致。领域释放，吃下坚挺金苍蝇，抬起右臂，蓝银霸皇枪爆发。整个过程衔接得妙到毫巅，没有半分的停顿。要知道，他现在可是在同时施展领域与十万年魂技。对魂力的消耗，以及精神力的使用上，都是极大的负荷，尤其是在他已经受到精神创伤的情况下还能完成，绝对是超水平发挥了。

蓝银霸皇枪与以往的蓝银霸王枪有所区别，不再是通体灿金，而是通体血红，在血红之中，夹杂着一道道金色的魔纹，看上去极其炫丽。枪体周围，所有的能量都是凝固的，根本不会外溢。当那赤红色的光芒从唐三手中爆发而出时，直接朝着斜上方的天空而去。速度之快，就算是唐三和波赛西这样的精神力也绝对来不及捕捉。

与此同时，唐三的蓝银领域瞬间爆发到极限，他的大脑之中，精神冲撞已经平静下来，此时更是完全附加在蓝银领域之中。同时，唐三双拳猛击自己胸口，哇的一声，喷出一口热血，直接喷洒在自己的领域之上。

——节选自《斗罗大陆》第二百五十章 10 册 285~287 页

无限接近与神的实力

很多年以后，当身为史莱克七怪老大的邪眸白虎戴沐白已经功成名就的时候，被人问及，在史莱克七怪之中，究竟谁最可怕呢？戴沐白毫不犹豫地回答，是柔骨斗罗小舞，原因很简单。因为她是千手斗罗唐三的逆鳞。直接招惹唐三或许并不要紧，但如果招惹了小舞而引起了唐三的怒火。那么，恐怖的事情就会出现，唐三就不再是千手斗罗，而是千手修罗。

此草名曰相思断肠红。乃是仙品药草中的神品至宝。它还有一个传说中的故事，在很久以前，有一少年，生性恬淡，最喜扶花植木，满园青莲荷藕，万紫千红。平时对花吟哦，举杯邀月，一遇花落残红，就无限哀伤，必把花片扫集，挖地埋葬，再三垂泪。常言道情动天地，他这种爱花良品，感动了天上花仙，私下凡尘与他结为夫妻，鱼水之欢自不在话下。谁知好景不长，天神得悉其事，大为震怒，以仙凡不得相配，敕令把花仙调回神界，那少年自从失了爱侣，终日长吁短叹，郁郁寡欢，废弃花事，于是墙倒篱塌，花木阑珊，园中一片凄凉。某日来了一位白发老人，告诉他花园中他心爱的那株白牡丹花，就是他爱妻的化身，只需把花毁去，花仙就会失去仙体，谪降凡尘与他重结夫妇，但千万不可毁弃花事。言毕化作一阵清风而去，少年顿然醒悟，深悔自己薄待群花，又细心照料花草，他虽然心爱其妻，却不忍把牡丹花焚毁，自是更加爱护，日夜对花饮泣，泪干心碎，相思断肠而卒，他临终之时，沥血在花瓣上，那殷红血渍，就是那少年的心血。

"傻丫头，这是妈妈用紫檀木所制作的，既然你已经做出了选择，那么，妈妈就将这把梳子送给你。将来，如果你真的能够找到一个自己心爱的男人，那么，就让他帮你用这把梳子梳头吧。女人的头发，一生之中，只有一个男人才能为她梳起，妈妈祝福你。希望有一天，你能找到那个可以寄托长发的男人。""找到了。"带着泪水的娇颜流露出一丝淡淡的微笑，顺着背后男人对长发的梳拢，她的目光落向明月，那皎洁的月光，似乎就是母亲的笑容。

——节选自《斗罗大陆》第二百五十一章 11 册 7~10 页
绝世仙品配七怪

"人又如何？神又如何？难道你不知道，在这个世界上有些事情是不能改变的吗？有一句话你可能没听过，我现在教给你。

"是什么？"千仞雪的脸色已经开始变得难看了。

唐三斩钉截铁，一字一顿地说道："宁——为——玉——碎——，不——为——瓦——全——。"

"你——"千仞雪脸色大变，微笑荡然无存，一股无法形容的威严从她身上绽放开来，扑面而至的压力令唐三竟然有些脚步虚浮的感觉，要不是有海神三叉戟帮助，恐怕他就要后退了。

一层金蒙蒙的光华如同雾气一般从她身体表面浮现出来，刹那间，她整个人就像是成为天地之间的核心一般，那种与天地元气融为一体的感觉令唐三觉得眼前的千仞雪已经不再真实，她的身体就像是充斥在空间中的每一处，而并不是真实地在自己面前。

这就是神的力量么？感受着那天地间庞大元气的压力，唐三自内心生出一股无力感，单是气息就产生了这样巨大的压迫力，可想而知，神的力量将会达到怎样的程度。

眼前的千仞雪全身上下无处不发光，似乎举手投足之间，都可以掌握周围的一切，唐三手中的海神三叉戟传来一股灼热的温度，似乎它在兴奋地渴望着与面前这天使之神的碰撞。但唐三心中却也因此而泛起一丝苦涩，海神三叉戟是真正的神器，它当然不会惧怕任何对手。可是，握住它的自己，却还没有达到神的层次。

"唐三，难道你认为，今日在我面前还能够幸免吗？"千仞雪盯视着唐三的双眼，冰冷而充满压迫力的目光仿佛要射入他的灵魂似的。

唐三摇了摇头，"难道你没有听懂我的话吗？宁为玉碎，不为瓦全。我没想过能够幸免，但就算是死，我也不会卑躬屈膝地成为一个投降者。我的父亲曾经教导过我，一个男人，不论何时，都要挺直自己的腰杆。"

一边说着，唐三重重地顿了一下手中的海神三叉戟。轰鸣声中，以他身体为中心，方圆十米内的地面同时龟裂。强盛的气势混合着滔天战意，硬是抵挡住了千仞雪那无处不在的威压。

唐三那带着霸道的坚定令千仞雪略微失神，下意识地说道："谁让你卑躬屈膝了。难道你没听明白我的话吗？我只是希望你我联手，并不是让你向我臣服。"

唐三冷笑一声。"放弃自己的信仰。与臣服又有什么区别？换了是你，你会放弃自己的亲人、朋友、国家和所有的一切去臣服么？生，亦我所欲也。义，亦我所欲也。二者不可得兼。舍生而取义者也。"

——节选自《斗罗大陆》第二百九十五章 12 册 240~243 页

神级天使第一战

五、参考文献

[1] 唐家三少.《斗罗大陆》[M].长沙：湖南少年儿童出版社，2014.

[2] 斗罗大陆的 IP 价值. [EB/OL].（2019-02-28）[2020-05-20]. https://www.douban.com/group/topic/134557243/.

[3] OpenBook 开卷. [EB/OL].（2019-03-1）[2020-05-20]. http://www.openbook.com.cn/CategoryDetails / 2100.html.

[4] 李桂雪，刘丽.从《斗罗大陆》看玄幻类网络小说的艺术特色 [J].语文

学刊，2016（24）：78-79.

[5] 斗罗大陆[EB/OL].（2019-03-28）[2020-05-20]. https://baike.baidu.com/item/%E6%96%97%E7%BD%97%E5%A4%A7%E9%99%86/5313?fr=aladdin.

[6] 从玄幻网文霸主到稳坐国漫百亿播放量，《斗罗大陆》这个IP是如何成长起的？[EB/OL].（2020-03-19）[2020-05-20]. https://xw.qq.com/cmsid/20200319A0KIKJ00.

[7] 康师傅携手《斗罗大陆》，释放国漫IP价值，营销新打法夯实竞争力.[EB/OL].（2019-07-16）[2020-05-20]https://www.sohu.com/a/325224188_587311?scm=1002.46005d.16b016c016f.PC_ARTICLE_REC_OPT.

《一个陌生女人的来信》

杨丽娟

一、图书基本信息

（一）图书介绍

书名：《一个陌生女人的来信》
作者：[奥]斯蒂芬·茨威格
译者：高中甫、韩耀成
开本：32开
字数：158千字
定价：22元
书号：978-7-5387-5487-2
出版社：时代文艺出版社
出版时间：2017年9月

（二）作者简介

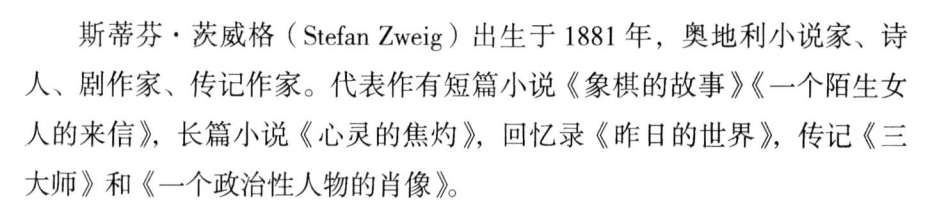

斯蒂芬·茨威格（Stefan Zweig）出生于1881年，奥地利小说家、诗人、剧作家、传记作家。代表作有短篇小说《象棋的故事》《一个陌生女人的来信》，长篇小说《心灵的焦灼》，回忆录《昨日的世界》，传记《三大师》和《一个政治性人物的肖像》。

斯蒂芬·茨威格出身于富裕的犹太家庭，年轻的时候就对哲学和文学产生了极大兴趣，并曾在维也纳和柏林攻读这两门学科，日后周游世界，

结交罗曼·罗兰和弗洛伊德等人并深受影响。他创作诗、小说、戏剧、文论、传记，以传记和小说成就最为著称。第二次世界大战时期希特勒上台，斯蒂芬·茨威格因反战被纳粹驱逐，流亡至英国、巴西。精神世界的变故使他更关注于人类的内心世界，他在作品中极度擅长对人物进行心理刻画，《一个陌生女人的来信》便是茨威格心理描写的至高境界。

《一个陌生女人的来信》也是他思想转折期的代表作。这个文本是斯蒂芬·茨威格所处的变革时代的精神危机的文学表达，同时也是他在浪漫主义退潮后对其以自我为核心价值的怀疑和反思。斯蒂芬·茨威格在生活中也收到过两封"陌生女人"的来信，正是这两封来信让他有了灵感。因此，这本书也可以被看成斯蒂芬·茨威格的"自传"。

二、畅销盛况

《一个陌生女人的来信》这部小说自1922年出版以来，就引起了世界的广泛关注，曾先后被翻译成至少50种语言，从亚美尼亚语、孟加拉语、英语、法语到印地语、土耳其语、乌兹别克语等，在世界各地出版。同名电影、话剧更是盛演不衰，文学评论层出不穷。

1933年，该作品第一次被引进中国，在其后几十年的时间里，伴随着中国社会的不断发展变化，这部作品在中国也经历了跌宕起伏的命运。

在中国，最早翻译《一个陌生女人的来信》的是章衣萍，其译文由上海华通书局于1933年出版，当时译名为《一个妇人的情书》。这本译著也是斯蒂芬·茨威格作品在中国出版的"第一部单行本"。翌年，寒冰翻译的《一个陌生女子的来信》连载于《世界文学》1卷第1-3期。1935年8月，上海商务印书馆推出该译本的单行本，并将其纳入"世界文学名著"丛书，进一步证明了这部小说的影响力。

1978年，改革开放的中国重新打开了通向外部世界的大门，学习外国文学和外国文化成为当时的重要思想观念。在学习国外一切优秀文化的强烈愿望推动下，中国再次出现了西方著作译介的高潮。在这个高潮中，《一个陌生女人的来信》作为西方经典也再次进入中国译介者的视野，又重新在国内掀起一片热潮。

1979年，《钟山》文艺丛刊第 3 期率先刊登了王守仁翻译的斯蒂芬·茨威格的《一个陌生女人的来信》，这是该小说 1949 年后在中国的首次译介，它拉开了这部小说在中国新历程的序幕。同年 8 月，人民文学出版社也出版了张玉书所译的《斯蒂芬·茨威格小说四篇》，《一个陌生女人的来信》被纳入其中，并被称为斯蒂芬·茨威格的四篇"比较为人们称赞"的小说之一。

2005 年，同名电影在中国上映。人们对这部电影众说纷纭、褒贬不一，但这部电影拍摄并上映的事实已经说明《一个陌生女人的来信》在中国的接受进入了一个新的阶段。它已经从一部外国小说，经改头换面，成为一部反映当代中国人欲望与追求的影视作品，并以这种形式，获得了它新的生命。

历来经典要经受时间的考验，这部小说历经这么多年，依然是人们耳熟能详的读物，在文学经典作品中始终占据一席之地，这足以证明它经久不衰的生命力。如今，它依然是各个出版社争相出版的对象，市场上的版本更是层出不穷。时代文艺出版社作为一个以出版文学经典为品牌特色的出版社，也将目标瞄准了这部经典畅销小说，精心打造出一个具有自己品牌特色的版本，2017 年一经推出就深获读者的喜爱，成为现如今众多版本中比较畅销的版本。此版本从发行到现在，在不到三年时间里，销量迅速超越了其他版本，在当当销量排行榜中位居此书所有版本中的第一名。

由此可见，这部作品不仅是风靡 20 世纪的畅销小说，也将是被永续开发的经典之作。在时间的洪流中，它将不断改头换面，跟随每一个时代的脚步重新演绎出新的生命力。

三、畅销攻略

一本畅销书的横空出世，不应该如昙花一现般很快销声匿迹，真正的畅销书能经受住时间的考验、时代的洗礼，有着持久的影响力，彰显出其真正长远的社会价值。《一个陌生女人的来信》自面世以来就产生了非凡的影响，曾一度受到文学界和读者的热烈追捧，经典地位经久不衰，各个时期都拥有广泛的读者群，在社会上有着很强的影响力。然而，一本畅销书的成功除了书籍本身的精彩内容之外，也离不开其外部的原因。时代文艺出版社打造的全新版本瞄准社会需求和读者的心理诉求，配上精美的装帧设计，赢得了大众的喜爱，使其成为目前市面上较为受欢迎的版本。本文将从书籍内部本身的魅力和外部的推动力量两个层面来分析此书经典畅销的原因。

（一）内部原因

1. 爱情主题迎合读者趣味

《一个陌生女人的来信》这部小说中所表现出的爱情主题是人们普遍的人性中重要的一环。古往今来，人们对于爱情的话题总是趋之向往的，关于爱情的至美赞誉也层出不穷。中国读者认为，斯蒂芬·茨威格小说中所表现的"爱"这一主题，"不像那些轻浮的作家所做近乎'风流秘史'式的爱情小说，却带着一种使人感动的深厚的思想"。在《一个陌生女人的来信》中，"陌生女人"一生痴爱着作家，从少女时期的情感悸动到生命快要结束时的等待哀愁，她把作家当成她生命的全部希望，但可悲的是作家对她的一生却从来毫无所知。她默默地爱着作家，直到她生命的最后一刻，才写信向作家诉说她一生的爱恋。这部小说的爱情主题打破了中国传统爱情小说的甜蜜团圆式结局，斯蒂芬·茨威格对女主人公精准的心理活动描绘以及最后女主人公悄然离世的悲剧元素，重构了中国读者对文学作品一贯的阅读经验，在给读者带来一部深刻凄美的爱情故事的同时，也满足了他们的好奇心理，这也是这篇小说受欢迎的一个重要原因。小说的主题是否能够满足读者的趣味，并给读者带来全新的阅读视角，也是一部作品在文本层面能否畅销的重要因素。

2. 作者自身形成品牌效应

作者自身的品牌效应在一定程度上也能带动图书的热度，斯蒂芬·茨威格自身的影响力使这本书一经面世就受到广泛的关注。斯蒂芬·茨威格作为奥地利杰出作家、维也纳大师之一，在中国也拥有广大读者群，有人称他是世界十大中短篇小说家之一,也有人称他是意识流小说的出色代表。近年来,由于文学界对他的作品介绍得越来越多,读者对他的了解也越来越深刻和全面,他的个人魅力持续不断地吸引着广大读者,在社会上也占据一定的热度。

早在20世纪三四十年代,斯蒂芬·茨威格蜚声欧洲文坛时,他的小说名篇便已被译成中文并广泛传播。进入21世纪之后,几家出版社同时推出斯蒂芬·茨威格的小说作品,他作品的另一重要支柱——人物传记和作家传记也相继出版,在中国社会上刮起了一阵新的茨威格热,并逐渐形成一批茨威格迷群体。作者自身的热度也使得他的作品持续不断地活跃在大众视野,吸引着一代又一代的读者。

3. 独特的语言风格和艺术手法

(1)叙述方法。《一个陌生女人的来信》采用与众不同的叙述方法,借用一封信贯穿全文的始终,这封信实则是陌生女人追爱过程的内心自白。它真实地表现出女人在追爱过程中的期望、等待、失落等一系列的心理变化过程。小说创作中借用书信叙述手法的不多。斯蒂芬·茨威格以"陌生女人"的一封信作为全书的线索,结合作家内心世界的心理描写,以感人至深的语言、灵活巧妙的结构,塑造了一个有着高尚人格的"陌生女人"形象,女人将自己从少女时期爱上作家开始到最后生命快要结束的整个爱情过程娓娓道来。她对爱情的忠贞不渝、奋不顾身及她炽热的内心世界感染着每一个读者。

借用书信的叙述手法,将读者以第一人称的视角带入故事中,把话语权让渡给女子自己,读者更能直面感知女子内心世界的悲欢,代入感更强,更容易产生心灵的碰撞,并对小说中的女子产生恻隐之心。

(2)女性主义视角。女性主义代表人西蒙·波伏娃在《第二性》中提出:"一个女人之为女人,与其说是'天生'的,不如说是'形成'的。没有任何生理上、心理上或经济上的定命,能决断女人在社会中的地位。"从这句话可以看出女人同样有着和男人一样的权力,女性可以掌握自己的命运。《一个陌生女人的来信》这部作品正契合了女性主义的思潮。它以女性的思考角度为重心，以细腻的表现手法展现了人物的心理活动。女人对作家暗恋一生，几次见面都没有告诉他真相，并且自己一个人抚养孩子长大，整个过程都是女人自己在对命运做选择。这部作品在表达女人对于作家的痴迷爱恋的同时，也展现出女人强大的自我意识和自由权利。

（3）心理剖析。斯蒂芬·茨威格的创作深受弗洛伊德的影响，对人物的心理作深刻而细腻的剖析是他作品中最突出的艺术特点。在这部作品中，斯蒂芬·茨威格分别对女主人公进行了四个层次的心理描写。斯蒂芬·茨威格以直戳心灵的语言，精准记录了陌生女人心理变化的全过程，从一个天真少女的好奇，写到爱情萌生觉醒时的羞怯与惊恐般的迷恋，再写到相遇时的焦虑等待，最后写到独自抚养孩子、因贫困生活而体验到的绝望。斯蒂芬·茨威格对"陌生女人"心灵世界的描绘与深入剖析，让读者能够深刻体会她对作家如痴如醉式的爱恋，与读者的审美意象相融合，同他们追求心灵解脱的情感相吻合，因而进入了读者的期待视野。他戳人心灵的心理描写将陌生女人的整个暗恋过程刻画得异常生动，给读者带来心灵的重击，使读者产生强烈的共鸣。这也是该作品如此受大众欢迎的一个原因，每位读者或许都能从中看到些许自己的影子，并追忆起自己的青春暗恋。

4. 封面设计契合图书定位

时代文艺出版社主要出版古今中外文学艺术作品、文艺理论著作、文化类读物、实用临摹字帖等。建社以来，有相当数量的图书在国内外产生了较大影响，并形成了以字帖、当代名家作品及外国名著翻译的品牌特色。《一个陌生女人的来信》此版本遵循了该社独有的品牌特色，整个封面设计给人一种清新文艺之风，比较契合该书的读者定位。

优秀的书籍封面设计可以将视觉美感和文化内涵结合在一起，从而传达出书籍的主要思想和内容。该社此版本的封面设计在表达视觉审美的同时也有着深层次的寓意。选用浅绿色作为图书封面的背景色，上面填满了盛开的淡黄色花朵。在审美意象中，女人和花总是连接在一起，盛开的花朵就像是女人的暗恋最后终于得到了曝光。封面中间的白色小框像是一则便签，记录了书名、作者等基本信息，并附上一句文案宣传语"爱情世界不荒芜，等待背后便是光"，凸显出了书中主题。该部小说作为一本文学经典，吸引的也大部分是文学爱好者，这种简约之风比较符合读者的审美趣味，也完美体现了该书的图书定位。此版本清新文艺的简约风格暗示了主题，且给读者一种迎面扑来的春色，在众多版本中有着清新脱俗之感。

5. 译者的选择

该版本是由知名德语翻译家高中甫、韩耀成译作。高中甫，毕业于北京大学西语系，1978年入中国社会科学院外国文学研究所，从事德国文学研究。韩耀成也毕业于北京大学，曾长期在外文局从事对外宣传工作，除负责《人民画报》德文版的翻译出版外，还参加了党和国家一些重要文件的德文翻译、定稿工作。

两位翻译家曾多次参与这部小说多个版本的翻译工作，并获得了良好的口碑。先前两人共同参与过《一个陌生女人的来信》北京燕山出版社的翻译版本，韩耀成参与翻译上海译文出版社的版本。他们在业界享有一定的声誉，有着较高的权威性，在这部作品的翻译工作中也具有丰富的经验。

对于引进版的外文图书，译者的水平很大程度上决定了一本书文学水平的高低，而且也决定了读者在观看时的心理感知程度。两位翻译家作为知名的德语研究者，对整部小说的感情基调具有整体的掌控性，翻译语言十分细腻且具有文学性，精准地再现了作家茨威格对人物内心的心理描写。

（二）外部原因

1. 电影、话剧的改编

图书和影视的相互影响是双效应的。图书的畅销会拉动影视的投资，反过来荧幕的再次曝光，也会使图书内容重新引起关注，互联网时代极易形成话题，从而带动图书的销量。因此，对图书进行影视化的IP改编，本身就会带动图书的二次销售。《一个陌生女人的来信》作为20世纪的世界名著，势必会引起业界导演的青睐。

该书曾先后被两次翻拍成电影。小说第一次被改编是由美国导演执导，但故事和人物做了较大的改动。把故事还原到了中国20世纪40年代的北平。该电影一经推出就迎来广泛的关注，褒贬不一，从而掀起了一波话题热潮，也吸引了原著粉丝对电影的关注。

与此同时，这部小说故事经过重新改编又被搬上了话剧的荧幕舞台。自2013年首演至今，吸引着无数文艺青年和茨威格迷，场场爆满，盛演不衰，成为艺术舞台上的经典，也进一步折射出了这部小说在人们心中持续不退的影响力。

影视和话剧的双驱动使得该部小说一直没有退出大众的视野，业界对该作品的研究也层出不穷。该部小说一直延续着它强大的生命力，在众多同类型小说中立于不败之地。

2. 名家推荐

在我国享有很大声誉的苏联作家高尔基曾对这部作品极力推荐："您（茨威格）小说中的人物所以能打动人，是因为您使他们比我耳闻目睹的那些活人更加高尚，更有人性。"而这种人性就是小说能打动人心的最深沉的力量。他还称："《一个陌生女人的来信》真是一篇惊人的杰作。"高尔基的褒奖和推荐使斯蒂芬·茨威格作品不仅在国外广泛传播，而且也直接影响了中国读者对斯蒂芬·茨威格的接受程度。他对《一个陌生女人的来信》的评价无形中对中国读者阅读这部作品起着引领的作用，也成为市场宣传时的必引之言。

著名作家余华曾评论说："读他的作品，仿佛遇到了'速效强心丸'，感受到了久违的阅读激动，同时又没有生命危险。"第七届茅盾文学奖得主麦家也充分表达了自己对这部作品的喜爱之情："我对《一个陌生女人的来信》满怀敬意，因为我就是读着这本书开始写小说的。"此外，著名话剧导演孟京辉称赞说："陌生女人带着强烈宿命意味的勇气，让人不忍看却又不能不看，这种极致的美感就是艺术的真实……当你和悲剧进行对话的时候，你会油然而生某种生命的力量，这是一种奢侈的美感，是一种幸福。"

这些名家的推荐在无形中逐步渗透到读者的内心，他们在某种程度上起着阅读精神领袖的作用。在当当网或是京东等各大卖书网站，到处可见这本书的宣传语："孟京辉导读推荐，'世界上最了解女人的作家'与'最不了解女人的导演'隔空对话，诠释极致爱情"，或是高尔基的那句"这真是一篇惊人的杰作！"等。运用名人的推荐语当做广告语无疑是现代图书营销的一个常见手段。通过名人效应带动图书的销售，这也符合读者的购买心理。

3. 社会持续的热度

喜马拉雅 FM 上线的轻知识阅读分享节目《明星枕边书》，邀请了 100 位明星在节目中公开自己的私人读物，为平台听众和粉丝分享自己的故事与感悟、生活态度与思考，主持人柳岩携带枕边书《一个陌生女人的来信》亮相该音频节目，作为领读人分享自己对此书的感悟和思考。毕业于中央戏剧学院的知名演员刘敏涛在早期参加节目《声临其境》时演绎这本书中的经典片段，完美诠释了这部作品的文字魅力，在网络上掀起一定的话题热度，"一个陌生女人的来信"等字眼重复活跃在互联网上。在互联网时代，话题热度不管给人还是作品带来的流量都是不容小觑的。话题度高则代表着自身拥有比较高的热度，从而可以提升作品的知名度。社会名人的持续演绎使这本书一直维持着热度，并不断带动图书销量的增长。

社交平台各大图书榜单的推荐也是带动书籍销量的重要影响力之一。时至今日，《一个陌生女人的来信》作为一本文学经典经常被媒体平台或者是名人列举在各大书单中。2020 年 3 月 8 日，中央人民广播电台《品味书香》栏目列出了一份适合女性阅读的书单，《一个陌生女人的来信》就在其中；在豆瓣每年评出的好书 TOP 榜单中，《一个陌生女人的来信》次次都位列其中。书单对读者的影响力也是显而易见的。读者在选择书目时，往往会更愿意相信一些有权威性的平台或者是专业的意见领袖所发布的书单。从某种程度上说，在新媒体时代，信息更加透明，一本好书更要经得起考验，网友的评论、褒贬也直接影响一本书的口碑。因此，结合各大网络平台，发布内涵书单也是推动图书销售的重要手段。

总体来说，一本畅销书的成功有着多重复杂的原因。当然，首先要有精品内容。内容是一本书能否畅销的首要因素。无论是内容为王还是读者为王的时代，读者最后买单的还是图书的内容。一本书空有其华丽的外表，如果没有实质的内容，就缺少书的灵魂，必定不会有长久的畅销。当然，一本书的畅销也离不开外部的装帧设计和精准的营销手段。在网络如此发达的社会，找准图书的定位并结合各大新媒体进行适度的营销，保持社会的新鲜热度，才能有效扩大图书的影响力。最后，畅销书只有经受住社会和时代的考验，才能焕发出持久的生命力。

四、精彩阅读

但是，我亲爱的，那一天，那一刻，我整个地、永远地爱上你的那一天、那一刻，现在我还记得清清楚楚。我和一个女同学散了一会儿步，就站在大门口闲聊。这时开来一辆小汽车，车一停，你就以你那焦躁、敏捷的姿态——这姿态至今还使我对你倾心——从踏板上跳了下来，要进门去。一种下意识逼着自己为你打开了门，这样我就挡了你的道，我们两人差点儿撞个满怀，你以那种温暖、柔和、多情的眼光望着我，这眼光就像是脉脉含情的表示，你还向我微微一笑——是的，我不能说是别的，你向我脉脉含情地微微一笑，并用一种极轻的、几乎是亲昵的声音说："多谢啦，小姐！"

事情的经过就是这样，亲爱的；可是从此刻起，从我感到了那柔和的、脉脉含情的目光以来，我就属于你了。后来不久我就知道，对每个从你身边走过的女人，对每个卖给你东西的女店员，对每个给你开门的侍女，你一概投以你那拥抱式的、具有吸引力的、既脉脉含情又撩人销魂的目光，你那天生的诱惑人的目光。我还知道，在你身上这目光并不是有意识地表示心仪和爱慕，而是因为你对女人所表现的脉脉含情，所以你看她们的时候，不知不觉之中就使你的眼光变得柔和而温暖了。但是我这个十三岁的孩子却对此毫无所感，我心里像团烈火在燃烧。我以为你的柔情只是给我的，只是给我一人的，在这瞬间，我这个尚未成年的丫头的心里，已经感到是个女人，而这个女人永远属于你了。

"这个人是谁？"我的女友问道。我不能马上回答她。我不能把你的名字说出来：就在这一秒钟里，这唯一的一秒钟里，我觉得你的名字是神圣的，它成了我的秘密。"噢，一位先生，住在我们这座楼里。"我结结巴巴、笨嘴拙舌地说。"那他看你的时候你干吗要脸红啊？"我的女朋友使出了一个爱打听的孩子的全部恶毒劲儿冷嘲热讽地说。正因为我感到她的嘲讽触到了我的秘密，血就一下子升到我的脸颊，感到更加火烧火燎。我狼狈之至，态度变得甚为粗鲁。"傻丫头！"我气冲冲地说。我真恨不得把她勒死。但是她却笑得更响，嘲弄得更加厉害，直到我感到盛怒之下泪水都流下来了。我就把她甩下，独自跑上楼去。

从这一秒钟起，我就爱上了你。我知道，许多女人对你这个宠惯了她们的人常常说这句话。但是我相信，没有一个女人像我这样盲目地、忘我地爱过你。我对你永远忠贞不渝。因为世界上任何东西都比不上孩子暗地里悄悄所怀的爱情！因为这种爱情让人不抱希望，曲意逢迎，卑躬屈节，低声下气，热情奔放；它与成年女人那种欲火中烧的、本能的挑逗性的爱情完全不同。只有孤独的孩子才能将他们的全部热情集聚起来，其余的人在社交活动中滥用自己的感情，在卿卿我我中把自己的感情消磨殆尽，他们听说过很多关于爱情的事，读过许多关于爱情的书。他们知道，爱情是人们的共同命运。他们玩弄爱情，就像玩弄一个玩具，他们夸耀爱情，就像男孩子夸耀他们抽了第一支香烟。但是我，我没有一个可以诉说心事的人，没有人开导我，没有人告诫我。我毫无阅历，毫无准备，我一头栽进了我的命运之中，就像跌入了万丈深渊。从那一秒钟起，我的心里就只有一个人——就是你！

——节选自《一个陌生女人的来信》第008~009页

你没有认出我来，那时候没有，永远，你永远也没有认出我来。亲爱的，我怎么来向你描述那一瞬间的失望呢——当时我是第一次遭受到没有被你认出来的命运啊，这种命运贯穿在我的一生中，并且还带着它离开人世；没有被你认出来，一直还没有被你认出来。我怎么来向你描述这种失望呢！因为你看，在因斯布鲁克的两年中，我时刻都想着你，什么也不做，只是想象我们在维也纳的第一次重逢，根据自己的情绪状态，做着最幸福的和最可怕的梦。如果可以这么说的话，一切我都在梦里想过了；在我心情阴郁的时候，我设想过，你会拒我于门外，你会鄙视我，因为我太卑微、太丑陋、太不顾羞耻。你各种各样的怨恨、冷酷、淡漠，这一切我在热烈的幻想中都经历过了——可是这一点，这最最可怕的一点，就是在我心情最阴郁、自卑感最严重的时候，也没有敢去考虑过，你根本丝毫没有注意到我的存在。

——节选自《一个陌生女人的来信》第 020 页

我写不下去了……我的脑袋里嗡嗡直响……我四肢疼痛，我在发烧……我想，我得马上躺下。也许很快就过去了，也许命运会对我大发慈悲，我不必看着他们把孩子抬走……我写不下去了。永别了，亲爱的，永别了，我感谢你……不管怎样，事情这样还是好的……我要感谢你，直到我最后一口气。我感到很痛快：我把一切全对你讲了，现在你就知道，不，你只会感觉到，我曾经多么爱你，而你在这份爱情上却没有一丝累赘。我不会让你痛苦地怀念的——这使我感到安慰。在你美好、光明的生活里不会发生些微变化……我并不拿我的死来做任何有损于你的事……这使我感到安慰，你，我的亲爱的。

可是谁……现在谁会在你的生日老送你白玫瑰呢？啊，花瓶也将是空的了，我的一缕呼吸，我的心底的一片情分，往昔一年一度萦绕在你的身边，从此也即烟消云散了！亲爱的，听着，我求你……这是我对你的第一个、也是最后一个请求……请你做件让我高兴的事，你每逢生日——生日是一个想起自己的日子——都买些玫瑰来供在花瓶里。请你这样做，亲爱的，请你这样做吧，像别人一年一度为亲爱的亡灵做次弥撒一样。我可不再相信上帝了。所以不要别人给我做弥撒，我只相信你，我只爱你。我只想继续活在你的心里……啊，一年只要一天，情情地、悄悄地继续活在你的心里，就像过去我曾经活在你身边一样……我求你这样去做，亲爱的，这是我对你的第一个请求，也是最后一个……我感谢你……我爱你，我爱你……永别了……

他从颤抖着的手里把信放下，然后就久久地沉思。某种回忆浮现在他的心头,他想起了一个邻居的小孩儿,想起一位姑娘,想起夜总会的一个女人,但是这些回忆模模糊糊,朦胧不清,宛如一块石头,在流水底下闪烁不定,飘忽无形。影子涌过来,退出去,可是总构不成画面。他感觉到了一些藕断丝连的感情,却又想不起来。他觉得,所有这些形象仿佛都梦见过,常常在深沉的梦里见到过,然而仅仅是梦见而已。

他的目光落到了他面前书桌上的那只蓝花瓶上。花瓶是空的,多年来在他过生日的时候第一次是空的。他全身觳觫一怔,他觉得,仿佛一扇看不见的门突然打开了,股股穿堂冷风从另一世界嗖嗖吹进他安静的屋子。他感觉到一次死亡,感觉到不朽的爱情。一时间他的心里百感交集,他思念起那个看不见的女人,没有实体,充满激情,犹如远方的音乐。

——节选自《一个陌生女人的来信》第 042~043 页

五、参考文献

[1] 朱丽林,杨筱.《一个陌生女人的来信》的女性主义显现[J].文学教育(下),2019(10):134-135.

[2] 张晓青.《一个陌生女人的来信》在中国的传播历程[J].郑州大学学报(哲学社会科学版),2013,46(4):109-112.

[3] 岳昀芊.论《一个陌生女人的来信》中人道主义的体现[J].汉字文化,2018(S2):71-73.

[4] 邹怡.追逐理想 渴望自由——论茨威格《一个陌生女人的来信》[J].名作欣赏,2019(14):93-94.

[5] 田乐乐.《一个陌生女人的来信》的修辞叙事学分析[J].文学教育(下),2019(2):130-131.

《偷影子的人》

薛丹丹

一、图书基本信息

（一）图书介绍

书名：《偷影子的人》

作者：[法]马克·李维

开本：32开

字数：180千字

定价：29.80元

书号：978-7-5404-5595-8

出版社：湖南文艺出版社

出版时间：2018年4月

（二）作者介绍

马克·李维（Marc Levg），法国著名作家，主要作品有《偷影子的人》《如果一切重来》《伊斯坦布尔的假期》《假如这是真的》《你在哪里》等。他毕业于法国第九大学计算机与管理专业。22岁时创办了一家电脑影像合成公司，30岁前他又与朋友开设建筑师事务所，37岁完成处女作《假如这是真的》。他的写作动机十分单纯：让儿子三十岁时能遇见三十岁的老爸，了解他的心情。此书一出便获得了业界认可，好莱坞知名大导演史蒂芬·斯皮尔伯格以两百万美金买下该书版权，拍成电影《出窍情人》，借

此，此书一炮而红，不但成为法国当年年度销售冠军，更被译为三十多种语言，售至三十余个国家。此后，他离开建筑师事务所，开始全心创作。

马克·李维每年出书皆引起法国书市旋风，每本小说都荣获当年年度销售排行榜冠军。他不但长居法国年度销售排行榜宝座，更连续十一年蝉联"法国年度最畅销小说家"。《偷影子的人》是马克·李维的第十部作品，也是他10年创作生涯的纪念之作，被法国媒体称为马克·李维迄今为止最动人的一部小说。

二、畅销盛况

《偷影子的人》首印45万册，法国媒体惊叹："销售得比影子消失的速度还快"，被评为《费加罗报》年度畅销书，在德国、西班牙、俄罗斯、意大利、韩国、波兰、土耳其、乌克兰等30多个国家持续畅销。

2012年，《偷影子的人》由湖南文艺出版社引进后横扫国内各大畅销榜单，《偷影子的人》被新闻出版广电总局评为2013年度"大众喜爱的50种图书"之一。该书位列"开卷2014上半年虚构类畅销书排行榜"第7名，"2014年虚构类畅销书排行榜"第6名，"2015年上半年虚构类畅销书排行榜"第9名，"2015年虚构类畅销书排行榜"第8名，在出版多年后仍列入"当当2016年图书畅销榜总榜"第9名，"2017年图书畅销总榜"第23名。2018年再版图书《偷影子的人》（2018年新版）及《偷影子的人》（精装插图版2018版），全球总销量超过4000万册，是当下最受中国读者喜爱的外国文学作品之一。

三、畅销攻略

《费加罗文学周报》评价"马克·李维非常善用自身过人的感受力，从亲身经历中深掘出滋养书中人物及故事的生命力，而作家对营造美丽故事的写作才华以及对书中角色精辟的心理分析，绝不会让读者失望。"这也是《偷影子的人》能畅销多年的根本原因。

（一）"引人入胜"的文思布局

1. 温情的主题

  《偷影子的人》以其温暖浪漫的故事吸引了数以万计的读者，在读者群中引起强烈共鸣，故事中别具一格的亲和力和恰到好处的情感纠葛，是其受到全球广泛关注、深入人心的重要原因之一。作者马克·李维借用"影子"的特异功能，展现了人性中理性和感性的斗争，不管是成人还是孩子都有迷茫、彷徨的时候，而"影子"代表了我们内心中最柔软的地方，也代表了内心最真实的想法，主人公拥有"偷影子"超能力，可以通过"偷影子"了解别人内心的呐喊和渴望，善良的主人公用这种超能力了解身边的朋友、亲人，伸出援手，为别人的生命和自己的生活点亮光芒。而光怪陆离的现代生活让大家越发迷失自己，生活的压力压得大家都喘不过气，阅读这样温情的故事，可让读者心灵为之一暖，为之动容，随着作者的描述重新理解亲情、爱情、友情，从而直视自己的内心。

2. 清新的文笔

  《偷影子的人》延续了作者一贯的"清新"文笔，清丽俊逸，老少皆宜，能激起读者心中的涟漪，直击人心。他用"她凝视着我，漾出一朵微笑，并且在纸上写下：'你偷走了我的影子，不论你在哪里，我都会一直想着你。'"来写克蕾儿对主人公的情感；用"你再也不会戴夏天的草帽，不能披秋天第一波寒流来袭时你披在肩上的克什米尔披肩。你再也不会在十二月的雪覆盖花园时点燃壁炉。你在春天还未来临前离去，毫无预警地抛下我。在月台上得知你已不在时，我感觉到一生中前所未有的孤单。"这样的句子来描绘主人公知道失去母亲后的悲恸；用"我要为秋天保存一些幸福的时刻，好在黑夜滞留上学途中时咀嚼。她添了皱纹，但眼中闪耀着永不老去的温柔。父母到了某个年纪总会变老，但他们的容颜会深深烙印在你的脑海里，只要闭上眼睛，想着他们，就能浮现出他们昔日的脸庞，仿佛我们对他们的爱，能让时光停顿。"这样的句子来表达主人公对母亲的思念，虽然没有华丽的辞藻，但字字扣人心弦，让人身临其境，随故事中的"我"开心而开心，悲伤而悲伤。

3. 甜苦的故事线

《偷影子的人》没有一味地营造美丽的幻想，而是呈现了多维度的现实，文章中有温馨感人的母子亲情，也有令人遗憾的父子感情；有浪漫唯美的初恋，也有情难如愿的爱情；有不离不弃的友情，也有不得不分道扬镳的遗憾。主人公的母亲生病很久却选择向他隐瞒，而作为医生的他却没有发现母亲的"失常"，这让他久久不能释怀，母亲给她留下了信，信中表达了对他的思念和关爱。主人公的朋友吕克一直梦想当一名医生，在经过不懈努力终于进入了医学院进修，然而在尝试之后，他知道了自己内心的渴望，知道了自己真正想要的是什么，放弃了看似光明的前途，回到小镇做回面包师，他跟主人公说"我的人生缺少了某些东西——我的生活！""多亏你，我现在才知道什么事我不想做。"这如同我们大多数人的人生，有幸福、开心、激动，也有痛苦、孤独、无奈，如此的故事线让读者笑中带泪，让读者产生共鸣，从书中找到本真的自己。

4. 悬念的写作技巧

《偷影子的人》通篇使用"悬念"式写作技巧，使整篇小说充满了趣味性，给读者留出大量的想象空间。首先，作者在人物描写上留有悬念，主人公的名字作者从未交代，所有读者都不知道"我"叫什么，这如同是所有人，或者是所有人身边的人，让人身临其境，设身处地地融入故事当中。其次，作者在故事情节描述上留有悬念，主人公的父母离异给他的心灵留下了创伤，他无时无刻不思念自己的父亲，但是却得不到父亲的回应，给父亲写的信只能连地址都没写就丢进信箱，直到母亲去世才得知父亲的消息，原来他的父亲是会在每个圣诞和每个他的生日时给他寄送明信片，这让人为之动容。最后，作者在人物心理上留白，主人公与苏菲的爱情之间朦胧暧昧，他们之间似乎有隔阂，但是却没有具体明确说明，让读者陷入深思，是否这种情感问题也发生在自己身上，这种写作方式没有限定读者的想法，而让读者自己去思考。

（二）炙手可热的治愈卖点

在20世纪90年代末，日本的泡沫经济时代结束后，受其影响，人们变得越来越焦虑不安，为了让人们走出心灵的困境，由此产生了一种治愈性文化，并在全世界内广泛传播。随着经济、科技的迅速发展，人们承受着高强度的工作和高压力的生活，繁杂的人际关系使人们越发地迷茫、无所适从，在这种状态下，心灵鸡汤、治愈系文化应运而生，以满足人们心灵的需求。治愈系文化在不同领域均有所涉猎，包括治愈系文章、治愈系漫画、治愈系音乐等，治愈系文章主要通过净化人类心灵，让人类有积极向上的生活态度为宗旨，通过主题、情节、人物刻画等方面的描绘达到治愈负面情绪的效果。治愈系小说在最近很长一段时间都被广大读者喜爱，如东野圭吾《解忧杂货店》（现代人内心流失的东西，这家杂货店能帮你找回）、加布瑞埃拉·泽文《岛上书店》（每个人的生命中，都有最艰难的哪一年，将人生变得美好而辽阔）、加思·斯坦的《我在雨中等你》（我想与你分享我的故事，如果你愿意，就翻开书，我在故事里等你）以及马克·李维的《偷影子的人》等都是治愈系小说的超级畅销著作，被千万读者追捧。

繁杂的社会，人们很容易迷失自我，不知道自己内心真实的需求，也许我们感觉小日子过得还不错，有一份好工作，有亲人的陪伴，觉得一直这样下去也能凑合，但是突然有一天发现了自己真正的需求，开始迷茫、彷徨、不知所措，是追寻内心的想法让生活"活"起来，做自己真正想做的事，还是故步自封，保持原状？读过《偷影子的人》，你便会对自己的人生有新的看法。如同主人公自己对爱情的选择，也如同主人公好朋友吕克对人生的选择，还有苏菲对自己爱情的态度，读完这本书，也许你会有很多共鸣，也许你会不赞同主人公的某些生活态度，但是不可否认，这本小说描述的场景是现代社会缩影，我们能从中看到隐藏的自己，这也是千万读者手不释卷深层次的原因，也是其受各大媒体交口称赞的根源。

(三）恰到好处的整体设计

随着社会的发展和进步，读者的审美水平不断提升，读者已不仅希望满足其对知识本身的获取，对书籍装帧设计也有较高的要求。人类从结绳记事到甲骨文到竹木简书再到印刷术产生之前，书籍的装帧均处于原始阶段，伴随着造纸术和印刷术的产生和发展，书刊的装帧艺术也得到了发展，特别是近现代社会，经济和科技的飞速发展，为书籍装潢艺术和工艺的发展提供了广阔的平台。

书籍的整体设计不仅是艺术和美的结合，还是科学与技术的结合，好的装帧设计不仅满足了人们视觉上的审美要求，还符合人们的使用要求。书籍整体设计是一种艺术设计，因为它主要运用艺术造型手法和先进的科学技术手段把构成书刊的各种要素组合成既与书刊的内容、性质相匹配，又能体现出版单位风格和特色的设计方案。书刊整体设计又是一种工艺性设计，因为其中所要求采用的物质材料、制作加工方法和运用的图文表现形式等，既要适合读者的实用需求，又要与现有的书刊印刷技术相适应。书刊整体设计包括对书刊的开本的选择、书刊结构、装帧样式的确定，包括封面、护封、腰封、扉页、插页等书刊结构部件的艺术和工艺的设计，也包括纸张、装帧工艺及材料和表面装饰工艺的选择，书刊的整体设计对图书的畅销有至关重要的作用。《偷影子的人》的成功离不开其"恰到好处"的整体设计。

1. 形态设计实用

《偷影子的人》的形态设计充分考虑读者使用的便利性及实用性，既不浪费又方便读者阅读。此书选择畅销书常用的大 32 开常规开本；装订样式选择勒口平装，不仅实用，而且面封和底封平整挺阔不卷边，书口较为牢固，勒口还可用于刊登广告；全文选择黑白印刷的方式，节约成本。

2. 美术设计清新

（1）封面设计。在媒介信息环境日益变化的当下，内容虽然是图书的灵魂,但是精心的封面设计也至关重要,甚至成为浅阅读时代图书出版力的重要组成部分。精品图书的封面设计不仅在整部书籍的出版设计中占据重要地位,而且是赢得读者市场认可的前提。封面设计作为编辑与读者沟通的第一桥梁,只有满足读者认知体验,引导读者对图书内涵进行理解,才能刺激读者的购买欲望,实现图书的最终价值。

《偷影子的人》封面整体选择绿色系,绿色是很特别的颜色,它既不属于冷色系,也不属于暖色系,它代表清新、希望、安全、平静、生机、放松、真实、自然、和平,是大自然的颜色,也是让人看着温暖的颜色,也是能让人治愈的颜色,这与文章温暖的主题和清新的内容以及治愈的用意相得益彰,让读者视觉上有归属感,既不华丽,也不耀眼,只让人觉得清新,温暖。封面主页面是小男孩的侧颜亲吻自己影子的图片,简单、随性,与小说主题和内容呼应,让人产生亲切、可爱的感觉,更容易把感情带入其中,引起读者购买的欲望。封面宣传语:"你偷走了我的影子,不论你在哪里,我都会一直想着你。"简单的文字突出了图书的主题,引起读者的阅读兴趣。

(2)腰封设计。腰封简单来说就是图书的自我介绍,通过文案信息和视觉表现向读者展示图书最精彩的部分,文案信息就像诉说者的语言表达,清晰易懂,干脆利落;视觉表现就像诉说者的外在形象,端庄大方,可圈可点。使用腰封可以为设计师提供更多的设计思路,拓宽其表达图书内容的设计形式,利用多出的纸质空间制作出符合图书气质的形态,切合主题,增加文学类图书的层次,突显出图书的文学内涵。

《偷影子的人》腰封以黄色为主色调,以搭配全书主色调绿色,而宣传语"一部令整个法国为之动容的温情疗愈小说"明确了图书的定位,强调了小说的治愈功能;"法国媒体惊叹,销售得比影子消失的速度还快""首印45万册,法国年度图书销售总榜冠军""数百万中文读者口口相传,外国文学畅销经典"均展现了此书的权威性。

(3)版式设计。版式设计文字的编排是以传播信息为目的的对艺术的表达,版面的编排、文字、配色以及图片的排放等都起着至关重要的作用。版式设计是一种组合方式,它按照一定的需求与审美规律,运用相应的视觉要素构成,将不同的文字信息与图片以及元素进行重组。达到整洁、干练的效果,便于提取信息又兼具美观性。

《偷影子的人》全书18万字,正文间距较大,不仅增加了图书的厚度,使书看起来有厚重感,而且疏松的行距让读者看起来轻松、惬意。图书使用内容提炼作为章节的导引目录,让人耳目一新,精雕细琢的语句动人心弦。

(四)面面俱到的营销手段

信息时代,社会中充斥着各式各样的信息,要想让纸质出版物引起读者的关注,激发读者的购买欲望,就要针对读者采取独特的、不落俗套的营销手段。《偷影子的人》出版方利用多种营销方式将图书信息传达给目标读者,这是其能在上市之初便被众多读者关注的重要原因。

1. 线上营销

(1)新闻报道营销。新闻营销在营销活动中充分应用新闻报道传播快的特点,创造最佳传播效果。新闻营销以新闻的形式,对产品进行全方位推荐,指导购买决策,引导消费。这种模式非常有利于提升市场消费,能在短时间内快速提升产品的知名度,塑造品牌的美誉度和公信力。

搜狐新闻、网易新闻等网站通过新闻报道的形式,以好书推荐、书评的方式对《偷影子的人》进行宣传,如搜狐新闻"好书推荐"栏目这样评价此书:有催人泪下的亲情、浪漫感人的爱情和不离不弃的友情,清新浪漫的气息和温柔感人的故事相互交织,带给读者笑中带泪的阅读感受。网易读书评价此书:《偷影子的人》以些许魔幻的笔触贯穿全书,文风清新幽默又不失感动,催人泪下的亲情、朋友相挺的友情和浪漫感人的爱情相互交织,轻松迎合了大众读者尤其是女性读者的内心。这种宣传方式抓住了目标读者的心理,为图书的宣传起到了立竿见影的效果,为在打开市场的初期进行引导消费者起到了关键性的作用,以最直接、最有效的方式引导消费者的购买行为。

(2)电视营销。有线电视营销作为传统的营销方式在日用品、电器等产品的营销方面占据着非常重要的地位,电视营销有非常明显的优点,其直观效果好、接受信息者多、对产品的介绍详细,不仅具有权威性而且具有娱乐互动性。

《偷影子的人》的营销团队充分发挥电视营销的优势,并借助此书扣人心弦的故事情节,通过北京新闻频道"北京您早"栏目进行倾情推荐,栏目针对此书进行了将近 2 分钟的讲解,大大地提升了该书的知名度和影响力。

(3)微博营销。根据新浪微博 2018 年第四季度财报显示,新浪微博月活跃用户 4.62 亿,连续三年增长达 7000 万以上;微博垂直领域数量扩大至 60 个,月阅读量过百亿领域达 32 个。微博营销是指利用微博平台庞大的用户量,用文字、图片、视频等多媒体形式对产品进行即时分享和传播互动,以达到推广产品的目的。微博营销有信息发布门槛低、随时随地传播信息、传播方式呈裂变、信息交互简便快捷等优势,也是目前产品影响推广必选的营销方式之一。

《偷影子的人》充分利用新浪微博进行宣传,通过拥有 24 万粉丝的"博集天卷官方微博"及"Kindle 电子书"等拥有百万级粉丝的"大 V"进行宣传;建立"偷影子的人"超话,给读者提供在线分享平台;建立"偷影子的人"话题,目前该话题原创人数为 8682,讨论此书的话题有 10.9 万之多,阅读次数达 1893.8 万人次。

(4)名人推荐。名人效应是通过名人到场或签售引起人们的关注,通过代言、广告、活动等方式强化事物和扩大影响力。名人自身的社会效应也帮助图书形成良好的社会效应。

《偷影子的人》被多位名人推荐,知名艺人吴佩慈阅读完此书后写道:"什么样的一本书,会让你看完想静静淌着泪回味一下,同时感到温馨、诙谐、爱、喜悦和哀伤,这么复杂却又纤细的情感交织出这本《偷影子的人》。好想知道我的影子会说出我的什么秘密?"名人对此书的推荐,提升了本书在读者心中的品质和权威性,对图书的推广和公众印象或好感度提升有着积极的正向作用。

2. 线下推广

（1）创作分析和读者交流会。签售会、读者交流会提供了一个读者和作者近距离接触的机会，不仅可以让作者充分了解读者的阅读感受和需求，也可以让读者之间互相交流图书内容，从而促进图书销售。

"《偷影子的人》创作分析和读者交流会"于 2014 年 8 月 16 日在上海图书馆举办，马克·李维对话知名主播陈璇，以在中国出版的《偷影子的人》一书为切入点，由马克·李维与观众一起畅聊创作的经验。交流会有很多作者的忠实粉丝和目标消费者参与，扩大了此书的影响力。

（2）报纸宣传。随着传播环境的日趋复杂化，在图书营销活动中，需要传播者通过开发产品独特的卖点，展示品牌形象，向传播对象传达产品的符号意义，以颜色、字体、排版等视觉层面的设计，增强产品的品牌识别性，一定程度上减少受众的认知成本。

出版方在淮海晚报上发表"《偷影子的人》书评"，在江门日报上发表"爱是治愈一切的良药——读《偷影子的人》"一文，进一步扩大了此书的影响力，引起了读者关注。

（3）成套出售。出版方将马克·李维精选代表作，包括《偷影子的人》在内的《伊斯坦布尔假期》《如果一切重来》《那些我们没谈过的事》《在另一种生命里》《生命里美好的春天》6 册图书成套出售，通过整合营销的方式扩大图书的影响力。这些书都完美展现了马克·李维温柔风趣的写作风格，有催人泪下的亲情、浪漫感人的爱情和不离不弃的友情，清新浪漫的气息和温柔感人的故事相互交织，带给读者笑中带泪的阅读感受，温暖抚慰千万读者的心灵。

四、精彩阅读

她把马尾放下，长发及肩，让她看起来更美，我却不明就里地悲伤起来，也许因为我猜到她永远不会把眼光放在我身上。我赢得了班长选举，马格却赢走了伊丽莎白的心，而我竟然毫无察觉。我太忙于烦恼那些关于影子的蠢事，完全没看到现实生活发生了什么事，而坐在教室第一排的我，也完全没听到他们背着我结成了同盟。我没发现伊丽莎白的小诡计：她每周一有机会就往后坐一排，她先跟安娜换位子，再跟柔伊换，直到达到她的目标，完全没人发现她的阴谋。

就在春天的第一天，在操场上，我看到她披着美丽及肩的秀发，用湛蓝的双眸看着马格在篮球场上大显神威。顿时，我全明白了。不久后，我看到他握着她的手，我紧紧握拳，指甲在掌心留下深深浅浅的印记。然而，看到他们如此幸福，又让我有种奇怪的感觉，仿佛一股悸动涌上胸口。我想爱情也许就是这样，既悲伤又凄美。

——节选自《偷影子的人》第52～53页

人生总能以不可思议的速度翻转，一切都运行得很糟，但突然间，一件意料之外的事就改变了事情的发展。我一直想要过另一种生活，虽然我没有兄弟也没有姐妹，但就像吕克一样，我也常思考自己的未来，而在这个和妈妈共度的夏日海滨假期里，我的人生彻底颠覆。

遇到克蕾儿后，我确信人生再也不同以往。等到开学当天，同学得知我有一个聋哑女性朋友时，一定会忌妒得脸都绿掉。我一想到伊丽莎白不快的表情，就觉得很开心。

——节选自《偷影子的人》第74页

"我们第一次做爱，是两年前的今天。你甚至根本不记得。我们已经两个星期没见，却在医院对面这个破旧的小店里庆祝我们的两周年，只因为必须在值班前吞点儿东西。我真的无法时而当你最好的朋友，时而当你的情人。你已经准备好为全世界，甚至为早上才遇到的陌生人奉献，而我，我只是你在暴风雨时紧抓的浮标，天气一放晴你就松手。你这几个月来对吕克的关心，远比两年来对我的还多。不管你承不承认，我们都已不是在学校操场放纵青春的孩子。我只是你生活里的一个影子，你却在我的生命里占有重要地位，这让我很受伤。你为何带我去见你母亲？为何要制造在阁楼里的亲密时刻？如果我只是个单纯的过客，为何要让我闯入你的生活？我千百次想过要离开你，但仅凭一己之力我做不到。所以，请你帮我一个忙，帮我完成这件事，又或者，如果你相信我们之间还有可以共同分享的地方，即使只是时间问题，就为我们找出方法来继续这段故事。"

——节选自《偷影子的人》第150页

我一言不发，也许是因为把克蕾儿的故事告诉苏菲，就如同出卖了克蕾儿一样。童年的爱是很神圣的，什么都无法将之夺去，它会一直在那里，烙印在你心底，一旦回忆解放，它就会浮出水面，即使只是折断的双翼。我折起鹰翼，重新把线卷好，然后请吕克和苏菲等我一会儿，把风筝重新放回灯塔去。一到了塔顶，我就把风筝放进木箱子，还向它道了歉；我知道，对着一只老旧的风筝说话很蠢，但我就是这么做了。把木箱盖合上时，我很愚蠢地哭了，而且完全停不下来。

——节选自《偷影子的人》第165页

吕克双拳互握，紧盯着我，然后继续说下去。

"我在这里不快乐，老伙计。我曾经以为，当上医生能改变我的处境，我的父母会以我为荣；面包师傅的儿子成为医生，这会是个多美好的故事！只有一件事例外，即使有一天，我成功当上最伟大的外科医生，但相较于我爸爸，我永远无法望其项背。我爸爸或许只是做面包的，但你看到那些在清晨第一时间来买面包的人，他们竟然如此快乐。你还记得在海边小旅馆的那些老人吗？我曾经为他们做过烘饼，而我爸爸，他每天都在创造这种奇迹。他是一位谦虚又低调的男人，不会说太多话，但是他的双眼已道尽一切。当我在烘焙房里和他一起工作时，我们有时一整夜都不说话，然而在揉面团时，我们会肩并肩站在一起，彼此分享许多东西。他是我的标杆，是我想成为的对象。他想让我学会的技艺，正是我想从事的工作。我告诉自己，有一天，我也会有孩子，我知道如果我和我爸爸一样，成为一名很棒的面包师傅，我相信我的孩子会以我为荣，就如同我以我爸爸为荣。别生我的气，圣诞节过后，我不会再回来，我要终止医学院的课业。等一下，你什么都别说，我还没说完。我知道你介入了某些事，也曾跟我爸爸谈过，这不是我爸爸告诉我的，是我妈妈。我在这里度过的每一天，包括那些你真的惹我很生气的日子，我都打心底感谢你，谢谢你给我机会到医学院进修；多亏了你，我现在才知道什么事我不想做。你回乡下的时候，我会为你准备好巧克力面包和咖啡口味的闪电面包，我们会一起分享，就像从前那样。不，比从前更好，我们会一起品尝，就像未来那样。好了，我的老友，这不是永别，只是再见。

——节选自《偷影子的人》第197~198页

青少年时期，我们总梦想着离开父母的一天，而改天，却换成父母离开我们了。于是我们就只能梦想着，能否有一时片刻，重新变回寄居父母屋檐下的孩子，能抱抱他们，不害羞地告诉他们，我们爱他们，为了让自己安心而紧紧依偎在他们身边。神甫在妈妈的墓前主持弥撒。我听着他讲道，他说人们从来不会失去双亲，即使过世后，他们还是与你们同在。那些对你们怀有感情，并且把全部的爱都奉献给你们，好让你们替他们活下去的人，会永远活在你们心中，不会消失。

——节选自《偷影子的人》第207页

我呆若木鸡地站在敞开的冰箱前，眼泪失控地奔流而下。葬礼全程我都没有哭泣，仿佛她禁止我哭，因为她希望我不要在众人面前失态。只有碰到毫不起眼的小细节时，我们才会突然意识到，深爱的人已经不在的事实：床头桌上的闹钟仍在滴答作响，一个枕头落在凌乱的床边，一张照片立在五斗柜上，一支牙刷插在漱口杯中，一只茶壶立在厨房的窗台上，壶嘴面向窗户以便观看花园，而摆放在桌上的，还有吃剩的淋了枫糖浆的苹果卡卡蛋糕。

——节选自《偷影子的人》第209页

我听到伊凡的声音，叫我要仔细寻找。我跪在地上，清澈的月光照得满地清晰如白昼，但我仍然一无所获。风开始呼啸，一阵狂风卷起灰尘，吹得我满脸都是，连眼皮都合上了。我找到一只手帕擦了擦眼睛，才得以重见光明。在上衣口袋里（正是我穿去听音乐会的那一件），我发现了一张纸，上面有一位大提琴家的亲笔签名。

我走回长椅，伊凡已经不在了，操场又再次空无一人。在他刚才坐过的位子上，有一只信封被压在一颗小石子下。我把信拆开，里面有一封影印的信，印在一张非常美丽但因岁月而略略泛黄的信纸上。

我一个人坐在长椅上，重读这些字句。也许正因为妈妈在信中写道，她最大的心愿就是我将来能开心地茁壮成长；她期盼我找到一份让自己快乐的工作，不管我人生中做出什么选择，不论我会去爱或是被爱，都希望我会实现所有她对我寄予的期望。这一次，也许正是这些句子，解放了一直将我禁锢在童年的枷锁。

——节选自《偷影子的人》第 214~215 页

五、参考文献

[1] 玮婕."法国作家第一人"十年纪念作《偷影子的人》出版 [J]. 出版参考，2012（21）：26.

[2] 谭培培. 吉本芭娜娜文学创作中治愈系主题探析 [J]. 新西部，2019（17）：119，130.

[3] 国家新闻出版广电总局出版专业资格考试办公室. 出版专业实务（初级）[M]. 武汉：崇文书局，2015：165-166.

[4] 樊竹筱，甄慧霞. 基于读者认知体验的图书封面设计研究——以 2019 年度"最美的书"为例 [J]. 出版广角，2020（3）：64-66.

[5] 袁璐，李宁. 文学类图书中腰封的视觉表现研究 [J]. 工业设计，2019（11）：68-69.

[6] 吴诗莹. 浅析现代主义影响下的版式设计 [J]. 西部皮革，2019，41（23）：62+67.

[7] 王朔. 名人效应与图书馆绘本阅读推广——基于新浪微博"绘本时光计划"的研究 [J]. 传媒论坛，2018，1（12）：149-150.

[8] 宋文雅，颜毓洁. 由"4Ps 理论"看新媒体下报纸的营销策略——以《纽约邮报》为例 [J]. 传媒，2019（2）：63-64.

《无人生还》

齐倩颖

一、图书基本信息

（一）图书介绍

书名：《无人生还》

作者：[英]阿加莎·克里斯蒂

译者：夏阳

开本：32开

定价：28元

书号：978-7-5133-1292-9

出版社：新星出版社

出版时间：2013年7月

（二）作者简介

阿加莎·克里斯蒂（Agatha Christie），1890年9月15日生于英国德文郡。她几乎没有受过正规教育，但酷爱阅读，尤其痴迷于侦探福尔摩斯的故事。她的第一部侦探小说《斯泰尔庄园奇案》于1920年出版，从此阿加莎开始了她的创作生涯，1926年出版的《罗杰疑案》奠定了她在侦探小说领域不可撼动的地位，之后她又出版了《无人生还》《尼罗河上的惨案》《东方快车谋杀案》等一系列脍炙人口的作品，时至今日这些作品依然是世界侦探文学宝库中的财富。

阿加莎·克里斯蒂的创作生涯持续了 50 余年，总共创作了 80 余部侦探小说，畅销全世界 100 多个国家和地区，累计销量超过 20 亿册。阿加莎·克里斯蒂是继柯南·道尔之后最伟大的侦探小说作家，是侦探文学黄金时代的开创者和集大成者，1971 年英国女王授予她爵士称号以表彰其不朽的贡献。

二、畅销盛况

《无人生还》最初出版于 1939 年，迄今已在全球畅销了 80 余年。《无人生还》作为其最广为人知的名篇，全球累计销量超过 1 亿册，是世界上最畅销的侦探小说，古典推理的不朽之作。此书曾由人民文学出版社和贵州人民出版社出版，自 2013 年由新星出版社独家出版销售起，已经过 30 余次重印，销量累计 120 余万册，是当之无愧的畅销书和长销书。

三、畅销攻略

（一）内容本身的优质性

1. 意识流写法的群像剧

《无人生还》讲述了这样一个故事：10 个素不相识，身份各异的人受邀登上一座主人不明的孤岛豪宅，10 人到齐后主人并未出现，却有一个神秘的声音依次指控他们曾经犯下的罪行，当晚便有一人死亡，暴风雨来临，无法逃离的客人们竟一个接一个按照古老的童谣《十个小士兵》中的歌词死去，直至最后无人生还。在这个故事中，这 10 位客人都是主角，除幕后凶手瓦格雷夫法官最后的自白外，所有角色的戏份近乎相等，可以说他们在这座与世隔绝的孤岛上上演了一部异常精彩的群像悬疑剧。在这种群像剧式的描写中，作者采用了大量意识流的写作手法，上帝视角与视角有限的第三人称视角自如切换，使得整个故事迷雾重重，扣人心弦。

小说以 10 位客人受邀登岛的过程作为开篇，用精炼的笔墨分别描述了众人收到邀请后及在路上时的行为动作和心理状态，篇幅简短，却将集中出场的陌生角色刻画得生动鲜活，使读者对他们印象深刻且不会混淆，其中使用了大量的心理描写，出色的描写使读者能够迅速代入到角色身处的环境和心理状态中，并对接下来的剧情发展产生巨大的期待。

意识流文学流派的语言以表现人内心活动时呈现的印象、记忆、想象、直觉甚至是幻觉等进行融合，从而构成的一种具有"流动性"的语言写作手法。在传统文学作品中以人物、事件、评论的常规写作方法为主，而意识流文学语言中就打破了这种条理化、规律化的特征，而是颠倒时间、空间，或者将其重叠交错而形成的语言特征，其中包括自由联想、颠倒时序、内心独白等语言模式方法，呈现出错综复杂的内心世界。在《无人生还》中，我们可以找到大量意识流写作的例子，如第一章女教师维拉的回忆：

想到这里，尽管车厢里是那样闷热，她却突然打起寒战来。真希望自己现在不是去海边！当时的情景历历在目！她眼前是西里尔的脑袋在水面上一起一伏，漂向岩石……他的脑袋在水面上一起一伏，一起一伏……而她就跟在他身后，摆出一副奋力向前游的架势，其实她心里再清楚不过，自己无论如何也追不上他了……

那片海——那片温暖的深蓝色的大海——躺在柔软的沙滩上度过整个早晨……雨果……雨果说他爱她……

她一定不能去想那个叫雨果的男人……

这段是维拉在火车车厢里回想到的过去，作者完全从角色的心理出发，带领读者一同来到了这片海面，心情随着作者的描述起伏，维拉的思绪零散而混乱，暗示了她内心的不安，这让读者不由地疑惑：海边发生过什么？维拉为何如此不安？雨果又是谁？读者的阅读兴趣便在一系列疑问中不断攀升。

又比如对没落家族的古板老小姐布伦特心理活动的描写：

布伦特小姐满脑子都是各种愤世嫉俗的念头，对于看不惯的事物，向来不妥协。虽然坐在拥挤不堪的三等车厢里，她却表现出完全不受拥挤和闷热干扰的姿态。现代人活得太矫情！拔牙要打麻药，睡不着觉就要吃安眠药，椅子要坐有软垫、有靠背的，女孩子走路居然把身子扭来扭去，夏天还半裸躺在沙滩上！

在布伦特小姐的小节中没有任何外貌描写,但从这短短一小段心理描写,我们可以看到一位家境没落却仍故作清高、无法适应时代变化而与周遭环境格格不入的古板老女士跃然纸上。

2. 多义性主题的思考空间

推理小说是以推理方式解开文中谜题的一种类型小说,通常以凶杀、失窃等疑难案件作为主要剧情,将案件的破获作为结局,因此绝大多数推理小说阅读一遍即可,知道了谜底或阅读时被泄底,再读便索然无味。《无人生还》却并非如此,它不是一部常规的推理小说,作者已经大方地将故事的结局通过题目告知:无人生还。但读者仍能够在阅读中获得乐趣,甚至每一遍重读都有不同的体验,这是因为它的主题具有多义性,在推理小说固有的娱乐性之外仍给予了读者非常大的思考空间。

其一是复杂饱满的角色塑造。在小说中作者塑造了 10 个鲜活饱满的角色,他们身份不同、性格各异,虽然被指控犯有杀人罪,却都经过自己的一番狡辩将自己塑造成"遵纪守法、尽职尽责的优秀公民",其中一些人甚至真的认为如此,这些丰富而充满个人意味的表达,使得人物脱离单薄的纸面而脱胎成为有生命力的角色;在神秘声音公布他们的罪行时,众人的反应大相径庭:维拉反复地喊叫质问情况,罗杰斯"脸色煞白、双手颤抖",麦克阿瑟将军"肩膀塌了下来,好像一下老了十岁",布伦特小姐保持端庄,"昂首挺胸,脸色微红",瓦格雷夫法官"眼珠转个不停,东看看西看看,脸色露出既困惑又警觉的神情"……虽然众人都笼罩在恐慌中,但各自的表现天差地别,他们的性格特点和对自己罪行的态度可以从中管窥一二,读者也仿佛能够看到一群活生生的人在这出危险的群像剧中如何表演。

其二是精雕细琢的剧情建构。作者在卷首写道:

我之所以写这本书,是因为书中的故事很难写,可它一直在我脑海中挥之不去。故事里有十个人要接连死去,但情节不能过于荒诞,凶手也不能过于明显。经过深思熟虑,我终于创作出这部令自己满意的作品。这个故事清晰、直截,虽然谜团重重,但是解释起来合情合理。事实上,为了解开谜底，这个故事必须有一篇尾声。此书面世后反响热烈，评价颇高。不过真正感到高兴的无疑是我自己，因为我比任何评论家都更清楚这本书创作历程之艰辛。

正如作者所说，整部小说内容完整，节奏紧凑，一口气阅读下来酣畅淋漓，细细思考回顾前文都能找到细节和伏笔与情节的遥相呼应，其逻辑自洽使作品经得住读者的反复咀嚼，优秀的剧情编织使这部小说可读性和思考性大大增强。

其三是对私刑道德性的探讨。一般推理小说的杀人案件总会有一个动机，《无人生还》中犯下罪行的十人也有各自的动机：觊觎遗产、过失杀人、情杀、牺牲他人保全自己等，但士兵岛上的这场蓄意谋杀，幕后元凶是代表公平与正义的法官，动机则是惩罚罪人以实现他心目中的"正义"，并毫不手软地连自己也杀死了，这看似大义凛然的行为却很值得思考。在末尾瓦格雷夫法官手稿的自述中我们得知，"死亡总能激起我的兴趣，我喜欢亲眼看见或亲手制造各种死亡"，同时瓦格雷夫又有着另一种矛盾心理，"我一直深深地感到，正义应该战胜一切"。在这种矛盾的兴趣中，瓦格雷夫从事了法官职业，但这并不能满足他的内心，他渴望亲自杀人，却又无法对无辜的人下手，于是就有了这项惩治法外之徒的惊人计划。毫无疑问，瓦格雷夫是在使用私刑，但受刑人确确实实犯了罪并逍遥法外，瓦格雷夫遵从了他的正义感，也让了解到真相的读者出了一口恶气；有"穿法袍的刽子手"之称的瓦格雷夫的所作所为真的正当吗？尽管他把自己包装成为正义的使者，他仍是遵循着内心自私的欲望而行动，即使对象是罪人，动用私刑就是道德的吗？作品通过人物性格、心理和行为的表达，将一些更深层的问题展现给了读者。

一千个读者眼中有一千个哈姆雷特，或许不同读者还能看到更多不同的主题，正是因为具有如此丰富的内涵，这部作品得以数十年来经久不衰畅销至今。

3. 无可比拟的开创性及经典性

作为侦探小说"黄金时代"的引领者和集大成者，阿加莎·克里斯蒂在承袭和发扬了爱伦·坡的推理模式外，更是有自己的创造性影响，其中影响最大的便是"孤岛模式"。孤岛模式也称暴风雪山庄模式，是指一群人出于各种原因汇集在一个与世隔绝的地点，角色不断死去，而凶手就在集会的数人之中的一种经典犯罪模式。在《无人生还》中，客人们被邀请到一座孤岛上，唯一的渡船不会靠近，众人在孤立无援的恐惧下相继死去，凶手正是客人之一的瓦格雷夫。这一模式中能够体现出凶杀案的离奇、暂且幸存者的恐惧、凶手的缜密手段、案件的扑朔迷离，甚至人性的弱点与阴暗等，能够一次性给予读者大量的刺激，一经推出便广受欢迎，后世的诸多名作皆有借鉴，推理小说如西村京太郎的《双曲线杀人案》，绫辻行人的馆系列，漫画如《金田一少年事件簿》《名侦探柯南》中的多个案件，电影如《致命ID》《孤岛惊魂》等，横跨多个表现形式，可以看出这一模式对后世作品创作的影响之深，作为开山之作的《无人生还》自然受到了无数推理迷的追捧。

另一模式"童谣杀人"虽然由范·达因在《主教杀人事件》中首先使用，但阿加莎·克里斯蒂将其运用得更加出神入化。作为瓦格雷夫法官所追求的仪式感之一，"十个小士兵"的元素被安置在小说的各个角落，烘托了诡异恐怖的氛围，暗示了整个连环谋杀案的布局，并成为促成最后一名死者自缢的强烈心理暗示。童谣的元素既弥漫在剧情之外又充斥在剧情之中，后世读者提及童谣杀人时不可避免地会想起《无人生还》。

这个故事还在多个国家被改编成电影、电视剧、舞台剧等多种表演形式，其影响之广、受众之多，其他小说难以望其项背。

（二）外部形式的匠心独运

1. 单本方面

此书曾由贵州人民出版社于1998年、人民文学出版社于2008年引进出版，皆为平装本，两社不约而同地选择了黑色底色、白色书名、冷色系图画的封面设计，给人以神秘恐怖的感觉，是悬疑小说常用的风格，但新星出版社不拘一格地选择了高饱和度的亮黄色底色加水彩风的插图，其活泼鲜艳的色彩将阴郁一扫而光,实在让人眼前一亮。

在封面装帧方面,新星版《无人生还》采用了32开平装本,形态简洁优雅,封面以大面积的亮黄色为底色,清新的水彩画小兵人被置于封面中间偏右的位置,简单的黑色宋体字题目"无人生还"居于其上,明显却不扎眼,左侧空处使用了凹凸压印工艺,将作者姓名"Agatha Christie"的花体字装饰在侧,巧妙地强调了作者响亮的名头却又不会喧宾夺主,整体风格给人以舒适和谐的观感,插图中摆在餐桌上的小兵人以及窗外的闪电雷鸣又与故事情节密切相关,甚至隐隐透露着一种紧张的气氛,读者并不会因封面被误导从而大呼上当,反而会更容易走入剧情。这版封面乍看除了暖色调出其不意外,其他方面平平无奇,但翻开封面就会发现,它的勒口做了105mm的宽度,红白双色的封面插图再次印制在了勒口内里,而封面图周边被切割线仔细处理,读者可以自行将其撕下收藏,取下后的空处正好露出勒口上印制的插图,不会影响封面美感,这样在一本平装书的封面上既呈现了美观效果,又给出了读者"使用"它的可能,可谓独具匠心。

在内文版式方面,排版使用了较大的行间距和易读的宋体字,由于故事本身经常以人物对话推进剧情,故常有单句成段的情况,疏朗的排版和简短的段落减轻了读者的阅读负担,使读者能更顺畅地阅读,从而沉浸到剧情之中。

作为阿加莎·克里斯蒂最受欢迎的作品,新星出版社还推出了小红壳精装版本,封面精致美观,极具特色,大大刺激了读者购买和收藏的欲望。

2. 系列方面

阿加莎·克里斯蒂一生创作了80余部作品,新星出版社是唯一一家将其作品全部出版的出版社,这80余部作品分为"马普尔小姐系列""波洛系列"和"其他系列及非系列作品",分别以粉色、蓝色、黄色为底色,封面布局相同,插画风格统一,多部作品陈列在一起,无论是展示封面还是书脊,都十分美观,吸引读者的注意力,刺激了读者购买其中一部或多部进行阅读和收藏的欲望。

（三）良好长效的运营

1. 对读者市场的正确认知

城市商业社会的发展带来了侦探文学的兴盛，城市的复杂结构使得乡村社会的治理方式不再有效，经济文化的高速集散为文学的发展注入了活力，读者的口味也随之变化，侦探推理这类对文化水平要求较高、紧张刺激的文学越发受到年轻读者的欢迎，但文学界对侦探文学缺乏关注，但读者的需求旺盛。在这样的市场环境下，2006年新星出版社推出了"午夜文库"系列丛书，主要译介欧、美、日优秀的侦探小说，推理小说女王阿加莎自然在列。

新星出版社前社长、午夜文库策划人谢刚曾表示，侦探小说市场惨淡，规模并不会急剧扩大，但这一类的读者群黏性更高，也更加容易投入。多年来由于各种原因，侦探小说市场确实一直没有扩大，反而有萎缩之势，但侦探小说的爱好者已认准了午夜文库的品牌，侦探小说是小众爱好，阿加莎的侦探小说则无疑是小众中的大众，广受读者欢迎。在阿加莎·克里斯蒂的作品中，《无人生还》不属于马普尔小姐或波洛侦探系列，它是一个独立完整而又精彩万分的故事，读者不会有任何门槛就能快速进入剧情，本身就适合各类读者阅读，在这一系列因素的加持下，它的畅销并不意外。

2. 版权引进的独家性和完整性

阿加莎·克里斯蒂的作品最初由贵州人民出版社引进，但因版权到期已经绝版，人民文学出版社仅出版了阿加莎最经典的一部分作品，并不完全。2013年哈珀柯林斯集团将《无人生还》授权给新星出版社，阿加莎·克里斯蒂的外孙、阿加莎·克里斯蒂公司董事长马修称赞，新星出版社是中国最好的侦探小说出版机构，拥有强大而专业的编辑团队，并对这些作品富有热情，是最理想的合作伙伴。从此阿加莎系列作品成为午夜文库大师系列中最重磅的明星产品,在新星出版社精心的制作和运营下,阿加莎·克里斯蒂的全部作品已经出版完毕。

3. 温和但有力的营销

《无人生还》初次出版于1939年,在全球及国内市场已有佳绩,它并非一本爆款书,新星出版社对其的营销更倾向于细水长流。首先是图书本身,除了封面设计的匠心独运外,封底文字介绍了故事的开端,简洁的语言勾起了读者的好奇心,另有文字强调了作者和作品在推理界举足轻重的地位,让读者对这本书的品质有了充足的信心。其次是出版社的官方网站,阿加莎的作品在"午夜文库"板块中最显眼的位置,可以看出这是出版社重点推介的图书。在媒介宣传方面,新星出版社的微信公众号有一批稳定的关注者,其转化率在10%左右,对读者的购买行为影响较为明显,自新星出版社开通公众号以来,关于《无人生还》的推送文章一直不断,在无形中反复强化了此书的特殊地位和影响力,大大延长了它的生命周期,加之精装版和小红壳版的发售为其注入了新的活力,2019年,《无人生还》仍是新星出版社销量最高的图书。

四、精彩阅读

(精彩阅读1)

晚饭即将结束。

罗杰斯服务周到,美酒佳肴,宾客尽兴。

在座的每位客人都心情愉快,相互交谈时自在了许多,变得熟络起来。

饮下几杯醇美的葡萄酒,瓦格雷夫法官先生脸上浮现酒意,说起话来幽默风趣。阿姆斯特朗医生和安东尼·马斯顿津津有味地听瓦格雷夫法官说话。布伦特小姐和麦克阿瑟将军正在聊天,说起几个他们都认识的朋友。维拉·克莱索恩向戴维斯先生询问南非的情况,详细地打听南非的方方面面,戴维斯对答如流。隆巴德则在一旁听着,他眯着双眼,偶尔抬起头来扫一眼桌子,观察在座的人。

安东尼·马斯顿忽然说：

"这玩意儿是不是挺有意思的？"

原来，在圆桌中央的玻璃托盘里，摆着几个小瓷人。

"小士兵玩偶，"安东尼说，"这不是士兵岛嘛！我猜是这个意思，"维拉凑上前去。

"让我看看一共几个？十个吗？"

"没错，正好十个。"

维拉高兴地说：

"真有趣！我看这就是那首童谣说的十个小士兵。我卧室里的壁炉架上有个镜框，里面就镶着这首童谣。"

隆巴德说：

"我房间里也有。"

"我也有。"

"我也有。"

每个人都重复了一遍。维拉说：

"真有意思！"

瓦格雷夫法官嘟囔了一句："幼稚。"然后继续喝波尔图。

埃米莉·布伦特看看维拉·克莱索恩。维拉·克莱索恩也看看布伦特小姐。两个女人站起身来走了出去。

客厅那扇面向露台的法式落地窗敞着，她们听着海浪拍击礁石的声音。

埃米莉·布伦特说："真好听。"

维拉语气生硬地说："我讨厌这种声音。"

布伦特小姐用诧异的目光看着她。

维拉紧张得脸红了起来，但很快又平静下来，说："我看这地方一起风就没那么舒服了。"

埃米莉·布伦特表示赞同。

"一到冬天，这幢房子里的人肯定哪儿也去不了，我保证。"她说，"还有一点，这儿的佣人也干不长。"

维拉喃喃地说：

"是啊！这座岛不容易雇到人。"

埃米莉·布伦特说：

"奥利弗夫人能雇到这两个佣人算是运气好。那个女佣人确实烧得一手好菜。"

维拉想：

真有意思，人一上年纪总把别人的名字记混。

她说：

"是啊，我也觉得欧文夫人的运气的确不错。"

埃米莉·布伦特从手提包里拿出针线，正打算开始刺绣，听到维拉的话，她突然停住手，疑惑地问：

"欧文？你刚才说的是欧文太太？"

"是啊。"

埃米莉·布伦特接着说：

"我从来没听说过叫欧文的人。"

维拉一愣。

"可明明是——"

她的话音未落，客厅的门开了。先生们都走了过来。罗杰斯手里托着咖啡盘跟着在后面。

法官走到埃米莉·布伦特身边坐下。阿姆斯特朗医生走到维拉旁边，安东尼·马斯顿大步走到敞开的窗边。布洛尔把玩着一尊铜制小塑像，傻傻地研究塑像上奇特的衣褶线条，似乎是想弄明白这个塑像到底是不是个女性人物。麦克阿瑟将军背对壁炉架而立，捻着自己白色的小胡子。这顿晚饭真不错！他感到精神抖擞。隆巴德站在墙边从桌上的报纸堆里挑出一本《笨拙》杂志随意翻看。

罗杰斯端着托盘，按顺序给大家端咖啡。高档咖啡，又浓又热，口感一流。

这些客人晚餐吃得很满足，罗杰斯的服务也得到了一致认可，大家都非常愉快。

时钟指针指向八点四十分，屋子里突然变得非常安静，一种令人身心放松的安静。

正在这个宁静的时刻，突然响起一个"声音"，冷酷无情，尖刻刺耳。

"女士们，先生们！请安静！"

所有人都大吃惊，四处张望，然后看向彼此。是谁在说话？那个清晰洪亮的"声音"继续说着：

"你们被控犯有以下罪行：

爱德华·乔治·阿姆斯特朗，一九二五年三月十四日，你造成路易莎·玛丽·克利斯的死亡。

埃米莉·卡罗琳·布伦特，你要对一九三一年十一月五日比阿特丽斯·泰勒之死负全部责任。

威廉·亨利·布洛尔，一九二八年十月十日，是你导致了詹姆斯·斯蒂芬·兰道的死亡。

维拉·伊丽莎白·克莱索恩，一九三五年八月十一日，你谋害了西里尔·奥格尔维·汉密尔顿。

菲利普·隆巴德，一九三二年二月某日，你杀害了东非部落二十一名男子。

约翰·戈登·麦克阿瑟，一九一七年一月四日，你蓄意谋害妻子的情人阿瑟·里奇蒙。

安东尼·詹姆斯·马斯顿，去年十一月十四日，你杀害了约翰和露西·库姆斯。

托马斯·罗杰斯和埃塞尔·罗杰斯，一九二九年五月六日，你们害死了詹尼弗·布雷迪。

劳伦斯·约翰·瓦格雷夫，一九三〇年六月十日，你谋害了爱德华·塞顿。

监狱的铁栅已经关闭，你们这些罪人还有什么要替自己辩解的吗？"

（精彩阅读2）

"声音"戛然而止。

屋内死一般寂静。突然，一声大响，回声震动了每个人的心。原来罗杰斯失手把咖啡托盘掉在了地上！

就在此时，客厅外某个地方响起一声尖叫，然后传来"扑通"一声。

隆巴德第一个反应过来，奔到门口，一下子推开门。门外，罗杰斯太太倒在了地上。

隆巴德喊道：

"马斯顿！"

安东尼赶忙冲过去帮忙。他们搀扶着罗杰斯太太，把她扶进客厅。

阿姆斯特朗医生立刻走过来，帮着他们把罗杰斯太太安顿在沙发上。他弯腰查看她，然后说：

"没什么，她只是晕过去了，应该很快就会醒过来。"

隆巴德对罗杰斯说：

"去拿点儿白兰地来！"

罗杰斯脸色煞白，双手颤抖，喃喃地说：

"好的，先生。"然后便出了房间。

维拉喊了起来。

"是谁在说话？他在哪儿？听起来——听起来像是——"

麦克阿瑟将军气愤地说：

"怎么回事？这是开什么玩笑？"

他双手发抖，肩膀塌了下来，好像一下子老了十岁。

布洛尔拿着手帕一个劲儿擦汗。

和他们相比，只有瓦格雷夫法官和布伦特小姐看起来还算镇定。埃米莉·布伦特端庄地坐在那儿，昂首挺胸，脸颊微红。法官一如往常，不拘小节地坐着，脑袋几乎要缩到脖子里去了。他挠着耳朵，眼珠转个不停，东看看西看看，脸上露出既困惑又警觉的神情。

轮到隆巴德发话了。阿姆斯特朗正在照顾晕倒的罗杰斯太太。这让他正好得空，便开口说：

"那个声音听上去好像就在这个房间里。"

维拉喊道：

"是谁？是谁？肯定不是我们当中的人。"

隆巴德也像法官那样，东看西看，眼珠转来转去。他盯着敞开的窗户看了一会儿，接着坚决地摇摇头。突然，他步伐敏捷地走向壁炉架旁边那扇通向隔壁房间的门，眼睛里闪出坚定的光。他一把抓住门把手，猛地把门推开，走了进去，紧接着满意地喊了一声：

　　"啊，原来如此！"

　　其他人随即一拥而入。只有布伦特小姐独自坐在椅子上，挺直腰板，纹丝不动。

　　就在隔壁房间，紧挨着客厅的那堵墙边放着一张桌子。桌上摆着一台留声机，带大喇叭的老式留声机，喇叭正冲着墙。隆巴德一下子把喇叭推开，指了指墙上钻透的几个小孔。若不仔细看，根本无法发现这些小孔。

　　他调整了一下留声机，把唱针放在唱片上，立刻又响起了那个"声音"：

　　"你们被控犯有以下罪行……"

　　维拉喊了起来：

　　"快关上！关上！太可怕了！"

　　隆巴德听从她的话，关上了留声机。

　　阿姆斯特朗医生松了一口气，说：

　　"这个玩笑未免太不体面，太没有底线了。"

　　瓦格雷夫法官先生声音不大，但是语气很严肃：

　　"你认为这只是开玩笑而已？"

　　阿姆斯特朗医生瞪着他。

　　"不然是什么？"

　　法官用手指轻轻点着上嘴唇，说：

　　"我目前不发表任何看法。"

　　安东尼·马斯顿说：

　　"我觉得你们都忘了一个关键问题，究竟是谁把唱片放上去，让它转起来的？"

——节选自《无人生还》第三章第33~39页

五、参考文献

[1] 黄巍.论《无人生还》主题多义性的实现[J].杭州电子科技大学学报，2011（12）：53-56.

[2] 刘佳.论细节描写在《无人生还》人物个性塑造中的运用[J].武汉工程职业技术学院学报，2018（9）：47-49.

[3] 王光明.侦探文学与城市[J].小说评论，1995（6）：58-62.

[4] 王凡.侦探小说中的童谣叙事——以《柳园图》《无人生还》及《恶魔的彩球歌》为例[J].三峡大学学报，2018（1）：60-64.

[5] 马季.类型文学的旨归极其重要形态简析[J].创作评谭，2011（6）：4-8.

《1Q84》

郭宏浩

一、图书基本信息

(一)图书介绍

书名:《1Q84》(全三册)
作者:[日]村上春树
译者:施小炜
开本:32开
字数:912千字
定价:111.50元
书号:978-7-5442-6409-9
出版社:南海出版公司
出版时间:2013年4月

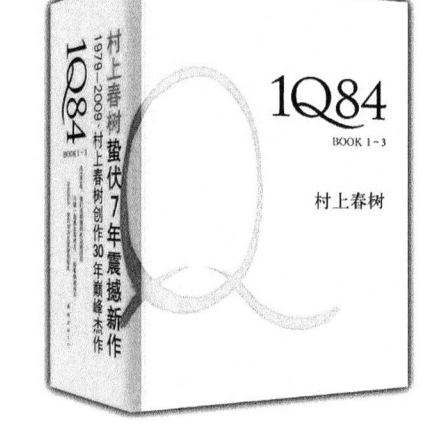

(二)作者简介

村上春树,日本著名作家,1949年出生于京都,毕业于早稻田大学第一文学部。1979年,以处女作《且听风吟》进入文坛。他是继川端康成后,全球最知名的日本作家。1987年,《挪威的森林》畅销全球,日文版销量至今已突破1000万册,中文版销量超过300万册,成为影响一代人的青春物语,是现象级的超级畅销书。该书打破了日本文坛的沉寂,出现了所谓的"村上春树现象"。在此之后,其出版的《舞!舞!舞!》《国境以南，太阳以西》《海边的卡夫卡》《刺杀骑士团长》等在中国持续畅销。村上春树文风轻灵、多变、朴实，少有日本战后阴郁沉重的文学气息，因此被称作第一个纯正的"二战后时期作家"，并被誉为日本20世纪80年代的文学旗手。

施小炜，教授、翻译家，毕业于复旦大学外语系日本语言文学专业，后留学于日本早稻田大学日本文学研究科。自翻译村上春树的《当我谈跑步时我谈些什么》后，成为"新经典文库·村上春树作品"的专属译者。《1Q84》是其翻译的首部村上春树长篇小说。

二、畅销盛况

《1Q84》是村上春树30年写作生涯的集大成之作，一经出版便被媒体称为"日本文学在新千年的伟大开篇"。在一份对百位日本知识分子关于"代表平成的30本书"的调查中，该书居于榜首。2009年，由新潮社出版的日文版《1Q84》，一个月内销量便突破200万册，创下销售最快纪录，并荣获2009年日本"年度最畅销图书"第一名。之后更是在韩国、台湾地区先后创下版权引进、首印最高纪录。在中文简体版出版前，《1Q84》的全球版权就已被美、英、法等40多个国家和地区购得。

2010年，新经典在激烈竞争中拿下该书中文简体版版权，并于5月出版了第一卷和第二卷，首印量高达100万册。在2010年的开卷畅销书排行榜上，《1Q84》前两册接连拿下周榜榜首，并在2010年虚构类畅销书排行榜Top30中排名第九位和第二十位。该书也在2010年当当新书榜中排名首位，获得2010年新浪中国好书榜"十大好书"推荐。2011年1月，《1Q84》（BOOK 3）出版，当月便在开卷畅销榜榜单中名列前茅，2011年开卷畅销书年榜中，《1Q84》（BOOK 1）和《1Q84》（BOOK 3）分别取得了Top30的第13位和第15位的好成绩。截至2015年，《1Q84》销售数据已经超过160万册。2018年，南海出版集团推出《1Q84》经典收藏版。目前，该书销售情况稳定，仍然在当当小说畅销榜中占有一席之地，且在村上作品的豆瓣评价人数上仅次于《挪威的森林》，成为村上春树在我国的又一长销书代表作。

三、畅销攻略

全球性的畅销现象所带来的社会影响以及中文简体版出版前夕广泛的社会话题讨论,都为《1Q84》的畅销奠定了市场基础。但该书最终能够成为百万销量级别的超级畅销书,不仅得益于"村上文学"独有的市场号召力和"新经典"所做的营销努力,更是得益于小说自身所蕴含的独特文学魅力,使其有能够成为时代文学经典的潜力。

(一)村上文学独有的市场号召力

村上春树作为如今最具全球号召力的日本作家,每一次出版新书都会受到广泛关注。他在40年的创作生涯中,创作生命力长盛不衰,是世界文坛持续畅销的常青树。凭借着其作品的畅销与读者的大力追捧,村上文学成为一种现象在大陆盛极一时。

村上春树在大陆具有影响力始于《挪威的森林》一书。20世纪90年代,由于该书"青春爱情都市小说"的主题与当时大陆经济发展、城市化进程加快所带来的中青年精神文化需求相契合,获得了大批读者青睐,开始出现"村上热"现象。2001年,上海译文出版社在漓江出版社版权到期后,成功获得村上春树17部作品的中文版权,出版了由林少华担任翻译的完整版《挪威的森林》。该版本一经上市就大为畅销,成为影响几代读者的青春名作,使大陆读者对村上文学的关注达到了前所未有的程度。

村上文学的持续畅销,来源于他独特的文学风格和其作品所赋予的时代内涵。作为日本后现代主义文学的代表人物,他常用非现实的手法诠释现实,将虚幻世界与现实世界融为一体,以社会问题为背景,在比喻、想象中挖掘问题背后存在的价值,进而揭露社会的阴暗面。朴实、清澈的文字风格,简约、流畅、幽默、富有律动感的抒情笔调,伴随着个性化的音乐元素,也让他成为世界文坛独树一帜的象征。同时,村上文学具有的"都市感"和"孤独感",这使其成为都市中中青年们的精神慰藉和寄托。在村上的小说中我们既可以读出社会的浮躁,又能够领略到个体的孤独。读者在阅读一个个虚实相接的故事的同时,也旁观着人类生命的价值与意义。

村上春树的写作生涯，经历了从文人意义上的作家向人文知识分子的转变。他的作品在保留了幻想性和都市感的同时，变得愈发注重探讨世界的现状以及人类未来的发展方向，《1Q84》便是这一转变的集大成之作。村上根据1995年日本奥姆真理教的地铁毒气攻击事件为背景，将极端的邪教、恐怖主义作为切入点，用虚构的故事探讨个体灵魂与体制的冲突。在转型的同时，他孜孜不倦地寻找着自己作为小说家的责任。他说："我写小说的理由，归根结底只有一个，那就是为了让个人灵魂的尊严浮现出来，将光线投在上面。经常投以光线，敲响警钟，以免我们的灵魂被体制纠缠和贬损。这正是物语的职责，对此我深信不疑。"从这个意义上说，村上春树的创作理念是伟大的，他不再是某些人口中的"小资作家"，而是肩负着文学创作和社会关怀的领路人。

（二）版权、译者之争引发社会讨论

社会媒体的关注和话题讨论会为图书带来热度，成为其畅销的关键因素。在《1Q84》简体中文版的出版前后，版权与译者之争一时间成为业界和读者讨论的焦点。针对"天价版权费"和"林译、施译谁优谁劣"的问题，媒体和读者争相在网络上发表观点，为《1Q84》的畅销制造了足够的话题热度。

1. 新经典的"天价版权费"

自2001年获得村上春树17部作品的中文版权后，上海译文出版社一直是村上作品在中国大陆的出版方。但在2008年，新经典出版的《当我谈跑步时，我谈些什么》打破了这一传统，也让村上的最新长篇小说《1Q84》的版权归属问题变得扑朔迷离。因为村上春树在国内的号召力和《1Q84》在日本、韩国等国家的畅销，使得国内多家出版单位有意该书的简体中文版版权。最终，经过激烈竞争，新经典文化有限公司获得了该书的版权。

自新经典获取版权后，坊间一直对其版权费猜测不断，甚至传出新经典为争夺版权支付了百万美金的预付款。对此，新经典总编辑陈明俊回

应，首先，新经典在近年来出版了许多具有国际影响的外国文学，良好的销售业绩，使其在业内建立起良好的口碑；其次，新经典对作品的严谨态度，得到了日本出版圈的认可；最后，在《当我谈跑步时，我谈些什么》合作基础上，村上充分认可了新经典。版权之争的话题讨论，无疑引发了业界的广泛关注，也让许多媒体借"天价版权费之谜"为该书做了一次免费宣传活动。

2. 更换译者引发风波

从1989年漓江出版社首次出版《挪威的森林》起，林少华20年来一直担任村上春树作品的译者。但从《当我谈跑步时，我谈些什么》起，新经典开始指定施小炜作为译者。林少华虽多次在公开场合表达其希望翻译《1Q84》的想法，但新经典最终还是选择了施小炜，这一改变在业内和读者中引起了强烈的讨论。虽然林译版在国内读者中拥有很大影响，但其翻译风格一直饱受争议。许多读者认为他的翻译丢失了村上原本的"味道"，语言过于华丽、堆砌辞藻。而新经典认为，读者需要"换换口味"，施小炜的翻译风格更加接近原作，是"更接近食材本色的菜品"，也符合他们对该书品质的愿景。对于村上作品简体中文版译者的讨论，一直延续至今，足可见译者在村上作品销售中的重要性。总而言之，新经典更换译者的举动，既是一次对作品品质打造的追求，也在侧面起到吸引读者眼球、引发读者讨论的宣传作用。

（三）"新经典"的精准营销

1. 预热宣传引起期待

在日文版《1Q84》出版4个月后，2009年9月，新经典在激烈的版权竞争中获得了简体中文版的版权。但因为翻译等问题，《1Q84》前两卷在大陆面世已是9个月之后。在这段时间里，《1Q84》在日本、韩国等地持续热销，不断打破畅销纪录，使得中国的村上粉丝和读者们十分焦急。新经典在这段时间里，率先在当当网开辟了独家预售通道，并通过合作的平面媒体和网络媒体，在网络上宣传造势。从该书在日本的畅销盛况、韩国版权的天价交易、中文简体版的首印量和村上 30 周年集大成之作等角度介绍了该书情况，并且通过一系列文章分析《1Q84》的内容和阅读价值，利用微博、豆瓣等平台进行宣传，加深青年群体对于该书的了解，扩大其影响力。

2. 广告投放全力造势

一般情况下，图书出版公司在考虑到投入产出比关系的情况下很少敢大手笔投放户外广告，新经典却在《1Q84》的宣传上做到了。对于这样大胆的尝试，新经典总编辑陈明俊坦言："《1Q84》具有很高的文学水准，同时又具有很强的可读性。面对这样一部作品，我们基本没有考虑太多投入与产出的问题，只是希望把我们能做的事尽量做好，尽到出版这个环节的责任。"新经典在该书上市一周前，便在北京市三环路的公交车站投放大量户外广告。这种在人流密集性区域大量投放灯箱广告的做法，可以使更多人接收到图书的出版信息，赢得更多潜在读者，从而推动该书的畅销。

3. 线上线下配合营销

新经典在营销宣传中也十分注重线上线下配合营销。在出版发行前夕及发行期，新经典精准利用网络平台进行宣传：在文艺青年和村上读者众多的豆瓣建立《1Q84》官方网站，发起"你为什么想读《1Q84》？"的投票；发表内容简介、作者小传、文学评论等内容；创建讨论话题"喜欢和不喜欢村上的理由"；利用同城功能宣传线下首发活动；制作同名静态电影，引起读者热议；利用读书媒体平台发表与内容有关的文章进行宣传造势。同时，在线下，新经典于 2010 年，在北京举办了隆重的中文简体版首发式，邀请文化名人梁文道、该书译者、翻译家施小炜，以及文学评论家止庵就该书分享各自阅读体验，利用名人推荐效应促进图书销售。同时，在线上与线下实体书店，新经典免费放送"抢读本"100 万册，利用免费试读这一方式吸引潜在读者。并在书店设立专门区域进行宣传，进一步吸引读者注意，激发购买欲望。

4. 朴实保守的营销策略

在《1Q84》的营销宣传中，新经典一直秉承着"图书不能娱乐化"的营销策略，争取用最朴素的介绍语言、准确而完整的信息概括、实实在在地对图书进行诠释来吸引读者。虽然在《1Q84》的宣传中，诸如"天价版权"等问题可以作为噱头进行宣传，但新经典的朴实、保守使其并未主动利用这些噱头进行宣传。而在腰封的运用上，新经典在肯定其具有推荐作用的同时，也对它的使用严格把关。新经典外国文学总编辑黎遥曾说："卖书的时候只有书名是不够的，腰封上的信息印在书上不合适，但是确实需要，而且读者只在挑书、买书的时候需要，随后是可以扔掉的。只要上面的信息是平实的，腰封就是有存在价值的。"因此，新经典在《1Q84》的腰封上，只是简短地印着"村上春树创作30年巅峰杰作"，并且在用词上也都与作者本人确认过。一目了然的腰封宣传，能有效地帮助读者选择和购买该书。

（四）"综合小说"的文学魅力

一部"纯文学"作品的畅销，离不开其本身具有的文学魅力。作为村上春树"综合小说"理念的实践之作，《1Q84》在保留了村上作品艺术性和完整性的同时，其所蕴含的时代背景，对"极权"主义、"伪真理""乌托邦"和人性善恶等问题的深刻思考，以及对个体在体制下的生存问题的严肃讨论，使其成为一部兼具可读性和思想性的文学作品。

1. 以真实事件作为写作背景

《1Q84》的故事围绕着新宗教集团展开，邪教是整部小说的主轴和关键词。无论是青豆刺杀的领袖，还是十七岁高中生深绘里所写的《空气蛹》，都与教会组织"先驱"密切相关。这一组织并非虚构，其原型来自1995年制造日本地铁毒气攻击事件的奥姆真理教，该教的成立也与20世纪60年代末至70年代的日本赤军连学生运动息息相关。村上旅居国外多年，1995年回国后得知该事件，并在之后耗费近两年时间通过调查采访事件受害者，于1997年、1998年先后出版了以该事件为题材的纪实文学作品《地下》《地下2：应许之地》。在谈及《1Q84》创作起因时，村上明确表示灵感来自这一事件。他认为："当今最可怕的，就是由特定的主义、主张造成的类似'精神囚笼'那样的东西。多数人需要那样的框架，没有了就无法忍受。奥姆真理教就是个极端的例子。"他也在《1Q84》出版后再次强调："个人与体制的对立、相克，对于我始终是最重要的主题。体制不能没有，但体制在很多方面将人变为非人。在沙林毒气事件中或死或伤的人也是奥姆这一体制伤害个人的结果。"

1995年，日本接连经历坂神大地震和奥姆沙林毒气事件，对这两个事件，村上春树称："日本战后划时代的具有极其重要意义的两大悲剧，是即使说'日本人的意识状态因此而前后截然不同'也不为过的重大事件。有可能作为一对灾难、作为在讲述我们的精神史方面无可忽视的大型里程碑存续下去。"以这样的背景再去阅读《1Q84》，就可以理解其作为村上在经历过"对自身的精神调整"后所写的长篇小说，是如何体现他作为"在日本这个国家生存的作家"的想法与担当。该书的写作背景所映射出的对日本社会体制与个人灵魂之间冲突的思考，以及希求于通过小说物语疗愈受伤的社会这一写作目的，使其在日本引发巨大反响，从而一举畅销。近年来，《1Q84》的这一写作背景不断被国内学者和读者认知和了解，这不仅扩宽了对村上文学理解的角度，也对重新阐释村上作品的内涵具有重大意义。

2. 对《一九八四》的致敬

看到《1Q84》这一书名，许多读者不难联想到乔治·奥威尔的著作《一九八四》。村上在述说其写作起因时坦言："很早以前就想以乔治·奥威尔的'未来小说'为基础将不久的过去写成小说。"巧合的是，邪教"先驱"的原型奥姆真理教恰恰成立于一九八四年。在书中，村上不止一次提起过本书与《一九八四》的联系。首先，小说的故事就发生在1984年和其平行世界1Q84年中；其次，"先驱"的前身，类公社组织"高岛塾"就是一个像大洋国一样追求乌托邦的组织。同时，小说中不断出现的小小人也被村上视作与《一九八四》中的独裁者"老大哥"形成对比的人物。

"不用说,乌托邦之类的在人和世界里都不存在,就像炼金术和永动机在任何地方都不存在一样。高岛塾的所作所为,要我来说,就是制造什么都不思考的机器人,从人们的大脑中拆除自己动脑思考的电路。和乔治·奥威尔在小说中描述的世界一模一样。"

"乔治·奥威尔在《1984》里,你也知道的,刻画了一个叫'老大哥'的独裁者。这固然是对极权主义的寓言化,而且老大哥这个词从那以后,就成了一个社会性的图标在发挥着作用。这是奥威尔的功劳。但到了这个现实中的1984年,老大哥已经变成了过度有名、一眼就能看穿的存在。假如此刻老大哥出现在这里,我们大概会指着他说:'当心呀,那家伙就是老大哥。'换句话说,在这个现实世界里,老大哥已经没有戏了。但取而代之,这个小小人登场了。你不觉得这两个词是很有意思的对比吗?"

"对,今年正好是一九八四年。总有一天未来会变成现实,又会立刻变成过去。乔治·奥威尔在这部小说中,把未来描绘成由极权主义统治的黑暗社会。人们受到一个叫'老大哥'的独裁者的严厉控制。信息传播受到限制,历史被无休止地改写。主人公在政府里任职,我记得好像是在负责篡改语言的部门工作。每当新的历史被制造出来,旧的历史就被悉数废弃。与之对应,语言也要更改,现有的语言,意思也要改变。由于历史被过于频繁地改写,渐渐地谁也不知道什么才是真相,连谁是敌是友也搞不清楚了。就是这样一个故事。"

村上在书中多次提起《一九八四》,在我看来,既是对小说部分设定来源的解释,同样也带有一种对《一九八四》所蕴含思想的呼应。他在书中所设定的"高岛塾""小小人"是与《一九八四》中的"大洋国""老大哥"对应的存在;他将《一九八四》中的9替换为"Q"作为书名,把Q当作"Question mark"的Q,喻为"背负着疑问的东西"。这些都是为了唤醒读者对于极权主义和邪教的警觉,反对乌托邦与绝对的"伪真理"。如果说乔治·奥威尔在1948年写《一九八四》是对未来的一种预测,那么村上在2009年写《1Q84》则是要告诉我们:为何当时的预测会成真。香港文化名家梁文道曾评价道:"村上春树的这部作品体现了他对社会的关怀与担当,他的这种关怀与60年前乔治·奥威尔是一脉相承的。"

可以说,村上对《一九八四》的致敬,也是《1Q84》畅销的重要原因。这种致敬不仅使得村上的作品突破纯文学领域,表现出他所提出的"新现实小说"中蕴含的社会关怀,也兼备着对《一九八四》"反极权""反乌托邦"思想的继承与延续,同时借助《一九八四》在世界文学的影响力为《1Q84》宣传造势,让更多读者希望通过阅读来了解该书与《一九八四》之间的联系,思考村上在这一设计的背后所表达的思想和主题。

3. 突破的叙事手法和小说主题

在《1Q84》中,村上首次采用以第三人称视角叙述的多线平行结构。小说以"青豆"和"天吾"的视角叙述:在小说开头,青豆为执行"替天行道"的杀人任务而从高速路口误入与现实世界平行的1Q84年,同时天吾也在机缘巧合中开始进行小说《空气蛹》的改写工作,小说由此开启了以奇数章为"青豆"、偶数章为"天吾"的双线推进结构;并在后续情节发展中,在《1Q84》(BOOK 3)中增加"牛河"视角以三线结构进行推进。

村上曾说,他希望写出一部"立体描述当今时代市井万象的我自己的'综合小说',想超越'纯文学'的范畴,通过各种方式尽量挖掘、将人的生命嵌入当今时代的空气中"。在《1Q84》的平行世界中,以刺杀有家庭暴力行为的男人为副业的青豆和在补习班兼职工作的小说家天吾都被卷入邪教组织"先驱"的事件中。青豆奉命刺杀长期存在儿童性侵行为的"先驱"教主领袖,天吾则在机缘巧合中改写了十七岁少女深绘里所著的揭露"先驱"秘密的《空气蛹》一书。两人在10岁时相遇,因一次命运的握手产生羁绊,却从此各奔东西。多年以后,两人心中潜藏的情感被逐渐唤醒,在1Q84年里相互寻觅。小说看似以简单的爱情故事为主线,并无太多新意,但村上在作品中对现实社会问题的关注和讨论,却达到了前所未有的高度。从对"先驱"前身——田园公社"高岛塾"的乌托邦命题讨论，到对青豆一家所参加的"证人会"的宗教传播以及"先驱"邪教的极权主义，再到贯穿小说核心主体的儿童性侵和家庭暴力的问题，可以看出村上在小说中有意地加大对人性伦理、社会矛盾的思考。在对明确的恶进行批判的同时，村上对于恶的挖掘也进入了新的层次，即寻找善恶之间的界限。

在《1Q84》中，邪教"先驱"与领袖并未单纯地被当作恶的形象出现，而是充满复杂与混沌感。村上在通过儿童性侵与家庭暴力行为直白地展现其恶的形象的同时，却又用杀人这种"恶"的行为对"恶"进行报复。小说中青豆不止一次在心中对其所坚信的正义有过动摇，甚至在刺杀教主后开始对以暴制暴行为的合理性产生重大怀疑。村上借青豆好友、曾受过儿童性侵的亚由美之口也表达过这种怀疑：

"杀人的一方总能找出乱七八糟的理由把自己的行为正当化，还会遗忘，能转过眼不看不愿看的东西。但受害的一方不会遗忘，也不会转过眼。记忆会从父母传给孩子。世界这个东西，青豆啊，就是一种记忆和相反的另一种记忆永无休止的斗争。"

而文中重要的中介"小小人"也"没有善恶之分"。按照深绘里的语气，小小人是"可能倒向任何一边的中立的存在"。这种善恶界限的模糊性，是村上在小说中希望自己和读者思考的议题。早在《地上》两部曲时，村上便反对简单地将以奥姆真理教为代表的邪教事件还原为善恶二元对立的图解的做法。他在该书中并未仅从受害者的视角出发，而是在第二部中加入了教团内部成员的视角，使其能从两个完全相反的视角探索事件产生的原因和真相。正如在小说开头，出租车司机对青豆所说的那样，"事物往往和外表不一样。不要被外表迷惑，现实永远只有一个。"

10年前，许多人对于《1Q84》的畅销现象持有偏见态度，认为该作品畅销的主要原因是作者名气和营销宣传所产生的跟风效应。经历了10年之后，通过学界对其写作背景、文学思想的深入挖掘，我想，在《1Q84》已从现象级畅销书逐渐转变为长销书的当下，它在世界文学史中的地位以及其对于村上写作生涯突破的意义，会随着时间慢慢显现出来。

四、精彩阅读

列车驶出东京站后,他拿出随身带着的文库本阅读。这是一本以旅行为主题的短篇小说集。其中有一篇,写的是一位青年男子去了一座由猫儿统治的小城旅行的故事。题目叫作《猫城》。这是一个充满幻想的故事,作者是一位没听过的德国作家。导读中介绍说,小说写于第一次世界大战和第二次世界大战之间。

青年背着一只包,独自游历山水。他没有特定的目的地。坐上火车出游,有哪个地方引起他的兴趣,便在那里下车。投宿旅馆,游览街市,爱待多久就待多久。待到尽兴,再继续坐火车旅行。这是他一贯的度假方式。

车窗外出现了一条美丽的河。沿着蜿蜒的河流,平缓的绿色山冈连绵一线,山麓有座玲珑的小城,给人以静谧的感觉。一架古旧的石桥横跨河面。这幅景致诱惑着他的心。在这儿说不定能吃上美味的鳟鱼。列车刚在车站停下,青年便背着包跳下车。没有别的旅客在此处下车。他刚下车,火车便扬长而去。

车站里没有站员。这里也许是个很清闲的车站。青年踱过石桥,走到镇里。小镇一片静寂,看不见一个人影。所有的店铺都紧闭着卷帘门,镇公所也空无一人。唯一的宾馆里,服务台也没有人。他按响电铃,却没有一个人出来。看来完全是个无人小镇。要不然就是大家都躲起来睡午觉了。然而才上午十点多,睡午觉似乎也太早了点。或许是出于某种理由,人们舍弃了这座小镇,远走他乡了。总之,在明天早晨之前,不会再有火车,他只能在这里过夜。他漫无目的地四下散步,消磨时光。

然而,这里其实是一座猫儿的小城。黄昏降临时,许多猫儿便走过石桥,来到镇子里。各色花纹、各个品种的猫儿。它们要比普通猫儿可大得多,可终究还是猫儿。青年看见这光景,心中一凉,慌忙爬到小镇中央的钟楼上躲起来。猫儿们轻车熟路,或是打开卷帘门,或是坐在镇公所的办公室前,开始了各自的工作。没过多久,更多的猫儿同样越过石桥,来到镇里。猫儿们走进商店购物,去镇公所办理手续,在宾馆的餐厅用餐。它们在小酒馆里喝啤酒，唱着快活的猫歌。有的拉手风琴，有的合着琴声翩翩起舞。猫儿们夜间眼睛更好用，几乎不用照明，不过在天夜里，满月的银光笼罩小镇，青年在钟楼上将这些光景收尽眼底。将近天亮时，猫儿们关上店门，结束了各自的工作和事情，成群结队地走过石桥，回到原来的地方去了。

天亮了，猫儿们都走了，小镇又回到了无人状态，青年爬下钟楼，走进宾馆，自顾自地上床睡了一觉。肚子饿了，就吃宾馆厨房里剩下的面包和鱼。等到天开始暗下来，他再次爬上钟楼躲起来，彻夜观察猫儿们的行动，直到天亮。火车在上午和傍晚之前开来，停在站台上。乘坐上午的火车，可以向前旅行；而乘坐下午的火车，便能返回原来的地方。没有乘客在这个车站下车，也没有人从这个地方上车。但火车还是规规矩矩地在这儿停车，一分钟后再发车。只要愿意，他完全可以坐上火车，离开这座令人战栗的猫城。然而他没有这么做。他年轻，好奇心旺盛，又富于野心和冒险精神，他还想多看一看这座猫城奇异的景象。从何时起，又是为何，这里变成了猫城？这座猫城的结构又是怎么回事？猫儿们到底在这里做什么？如果可以，他希望弄清这些。目睹过这番奇景的，恐怕除了他再没有什么别人了。

第三天夜里，钟楼下的广场上发生了一场小小的骚动。

"你不觉得好像有人的气吗？"一只猫儿说。

"这么一说，我真觉得这几天有一股怪味。"有猫儿扭动着鼻头赞同。
"其实俺也感觉到啦。"又有谁附和着。

"可是奇怪呀，人是不可能到这儿来的。"有猫儿说。

"对，那是当然。人来不了这座猫城。"

"不过，的确有那帮家伙的气味呀。"

猫儿们分成几队，像自卫队一般，开始搜索小城的每个角落。认真起来，猫儿们的鼻子灵敏极了。没用多少时间，它们便发现钟楼就是那股气味的来源。青年也听见了它们那柔软的爪子爬上台阶、步步逼近的声音。完蛋了，他想。猫儿们似乎因为人的气味极度兴奋，怒火中烧。它们个头很大，拥有锋锐的大爪子和尖利的白牙。而且这座小镇是个人类不可涉足的场所。如果被抓住，不知会受到怎样的对待，不过，很难认为知道了它们的秘密，它们还会让他安然无恙地离开。

三只猫儿爬上了钟楼，使劲闻着气味。

"好怪啊。"其中一只微微抖动着长胡须，说，"明明有气味，却没人。"

"的确奇怪。"另一只说。"总之，这儿一个人也没有。再去别的地方找找。"

"可是，这太奇怪啦。"

于是，它们百思不解地离去了。猫儿们的脚步声顺着台阶向下，消失在夜晚的黑暗中。青年松了一口气，也莫名其妙。要知道，猫儿们和他是在极其狭窄的地方遇见的，就像人们常说的，差不多是鼻尖碰着鼻尖。不可能看楼。但不知为何，猫儿们似乎看不见他的身影。他把自己的手竖在眼前。看得清清楚楚，并没有变成透明的。不可思议。不管怎样，明早就去车站，得坐上午那趟火车离开小镇。留在这里太危险了。不可能一直有这样的好运气。

然而第二天，上午那趟列车没在小站停留。甚至没有减速，就那样从他的眼前呼啸而过。下午那趟火车也一样。他看见司机座上坐着司机，车窗里还有乘客们的脸，但火车丝毫没有表现出要停车的意思。正等车的青年的身影，甚至连同火车站，似乎根本没有映入人们的眼帘。下午那趟车的踪影消失后，周围陷入前所未有的静寂。黄昏开始降临。很快就要到猫儿们来临的时刻了。他明白他丧失了自己。他终于醒悟了：这里根本不是什么猫城。这里是他注定该消失的地方，是为他准备的、不在这个世界上的地方。而且，火车永远不会再在这个小站停车，把他带回原来的世界了。

——节选自《1Q84》（BOOK 2）第 112~115 页

五、参考文献

[1] 村上春树.地下[M].林少华,译.上海：上海译文出版社,2019.

[2] 村上春树.地下：应许之地[M].林少华,译.上海：上海译文出版社,2019.

[3] 沈利娜.纯文学的迷途——村上春树《1Q84》中文版案例评述[J].出

版广角，2010（10）：33-36.

[4] 王新新.《1Q84》中的非后现代因素——兼及村上春树的"新的现实主义"[J]. 东方丛刊, 2010（2）：66-83.

[5] 林少华.《1Q84》：当代"罗生门"及其意义[J]. 外国文学评论, 2010（2）：111-123.

[6] 林少华. 之于村上春树的物语：从《地下世界》到《1Q84》[J]. 外国文学, 2010（4）：133-141+160.

[7] 陈佳慧. 村上文学在中国大陆的传播现象研究[D]. 南昌：东华理工大学, 2019.

[8] 张硕."新经典"的出版经营活动研究[D]. 保定：河北大学, 2015.

[9] 向永芳.《挪威的森林》在中国大陆的出版历程及影响（1989—2018）[D]. 保定：河北大学, 2019.

[10] 曹建红. 村上春树的《1Q84》和奥威尔的《1984》的对比研究[D]. 保定：河北大学, 2018.

[11] 新经典十年传奇：做书就是做口碑[EB/OL].（2014-06-11）[2020-04-20]. https://site.douban.com/210084/widget/notes/13276908/note/357297586/.

[12] 村上春树新作《1Q84》全解读[EB/OL].（2010-05-30）[2020-04-20]. http://www.china.com.cn/culture/book/2010-05/30/content_20147745.htm.

[13] 新经典文化陈明俊：打造百万销量级图书[EB/OL].（2011-12-21）[2020-04-20]. https://www.cyzone.cn/article/77619.html.

[14] 陈明俊揭秘《1Q84》畅行中国之道[EB/OL].（2010-07-02）[2020-04-20]. http://www.bookdao.com/article/6727/.

[15] 村上春树：《1Q84》与《1984》有何联系[EB/OL].（2009-11-25）[2020-04-20]. http://www.china.com.cn/book/txt/2009-11/25/content_18949034.htm.

[16] 村上春树在耶路撒冷文学奖上的演讲[EB/OL].（2014-10-06）[2020-04-20]. https://www.douban.com/note/431602005/.

《你想活出怎样的人生》

高 腾

一、图书基本信息

（一）图书介绍

书名：《你想活出怎样的人生》
作者：［日］吉野源三郎 著
　　　［日］胁田和 绘
译者：史诗
开本：32 开
字数：162 千字
定价：49.50 元
书号：978-7-5442-8002-0
出版社：南海出版公司
出版时间：2019 年 8 月

（二）作者简介

吉野源三郎（Genzaburo Yoshino，1899—1981），编辑、儿童文学家、评论家、翻译家、反战活动家、记者，日本昭和时代代表性的知识分子，毕业于东京帝国大学文学部哲学科。创立岩波少年文库（每一册最后都有他所撰写的《岩波少年文库发刊之际》一文），历任新潮社《日本少年国民文库》编辑主任、明治大学教授、《世界》杂志创刊总编辑、岩波书店

常务取缔役（相当于董事）、岩波书店编辑顾问、日本新闻工作者会议首任主席等。著有《你想活出怎样的人生》《我也是人、你也是人》《守住人的尊贵》《职业编辑人》《同时代的事——莫忘越战》等多部著作，并以《林肯》一书获颁产经儿童出版文化赏。代表作《你想活出怎样的人生》因内容隽永深刻，被编入日本学校教材。

胁田和（Kazu Wakita，1908—2005），日本西洋画界的代表性画家。1998 年获选为"文化功劳者"，表彰其对提升日本国家文化的重要贡献。年少时期即远渡德国柏林，1930 年得到柏林国立美术学校致赠金牌肯定，载誉返日。作品曾获古根汉国际美术奖肯定，并于圣保罗双年展、威尼斯双年展参展。曾任教于东京艺术大学。胁田美术馆 1991 年于轻井泽开馆。作品多以花鸟、孩童等日常可见的可爱对象为描绘主题，和善、清新、温暖的画风备受喜爱，直至 2005 年以 97 岁高龄辞世，一直创作不辍。

二、畅销盛况

小说《你想活出怎样的人生》首次出版于 1937 年，是由山本有三编纂、日本新潮社出版《日本少年国民文库》系列中的一卷。这本书在完成后不断再版，后来由于战争的原因中断出版，直到战争结束后，《日本少年国民文库》才得以继续出版发行。1962 年和 1967 年，作者吉野源三郎对此书进行了两次大规模的修改，将《你想活出怎样的人生》整本书缩减了 40 多页，并修改了一些词语的用法，以使书中的情景更符合当时的社会环境。1981 年作者逝世后，岩波文库决定再次出版《你想活出怎样的人生》。此后《你想活出怎样的人生》便作为一部经典著作不断地在日本重印，影响着一代代的日本人。

2003 年时，《你想活出怎样的人生》在岩波书屋"我最喜欢的岩波文库 100"的评选中排名第五。2013 年，岩波书屋为庆祝成立一百周年而发起的日本百年"读者最喜爱的一本书"投票中这本书高居第二位，仅次于夏目漱石的《心》。日本记者池上彰评价这本书"本质上是一部面向儿童的哲学书，但是现在可以看作是现代版的道德书来阅读"。可以看出这本书在日本人心中的地位之高。

2017年，日本杂志社Magazine House接手，推出了由羽贺翔一创作的漫画版《你想活出怎样的人生》。漫画刚出版就引发了轰动，成为日本的热门话题，首次印刷只有一万五千册的漫画瞬间售空。短短半年时间，漫画版以及随漫画版同时发售的新装版小说《你想活出怎样的人生》的总系列销量突破了200万部。2017年10月，也就是《你想活出怎样的人生》小说版、漫画版在日本大卖的同时，宫崎骏宣布新作名为《你想活出怎样的人生》，改编自日本作家吉野源三郎于1937年出版的同名文学作品。这件事无疑使这本书的热度又上升了一个台阶，促成了这个系列在2018年日本范围内的大畅销。在日本图书发行中介"日贩"的统计数据中，漫画版《你想活出怎样的人生》获得了2018年日本"畅销书综合榜"第一、"新装版小说综合榜"第九。

宫崎骏的代表作《龙猫》于2018年、《千与千寻》于2019年在中国上映，这两部宫崎骏的代表作品在中国的接连上映所带动的热度使得《你想活出怎样的人生》借着宫崎骏的热度登上微博热搜榜，2019年8月由新经典文化股份有限公司和南海出版社引进的图书《你想活出怎样的人生》在中国国内发售，首印10万册，不到一周的时间便加印到50万册。2020年5月，吉卜力工作室制作人铃木敏夫在接受访谈时提到宫崎骏的新作《你想活出怎样的人生》的进度："我们希望这部新作能在接下来的3年内完成。""宫崎骏新作已完成36分钟"登上微博热搜榜，同时在2020年6月公布的当当网"年中好书榜"中，《你想活出怎样的人生》在虚构榜排第九名。

三、畅销攻略

（一）永不过时的经典话题

如果一本小说经过80余年，仍然有强大的生命力，那么它所包括的思想内涵一定是可以跨越时空的，《你想活出怎样的人生》就是这样一本小说。

只看书名，或许大部分人会认为这只是一本在市面上随处可见的"人生指南",用各种各样的"鸡汤"来阐述一些关于态度、技巧、待人接物的说教,但这本书却并非如此。这本诞生于20世纪30年代的书,讨论的是到现在也依然不过时的话题:客观、歧视、贫穷、思考、伟人、崇拜、后悔、道歉、文明的交流以及人与人的联系等。

20世纪30年代的日本,正是军国主义盛行、日本实行学术和思想受到镇压的黑暗时代,言论和出版自由遭遇到了明显限制,工人运动和社会主义运动受到激烈的镇压,而这本书的作者吉野源三郎先生,也曾以"思想罪"的罪名被逮捕。在这样的背景下,作者将青少年看作开创新时代的希望,思考着如何传播自由丰富的文化,让他们跨越狭隘的国粹主义和反动思想,尽早树立有关人类进步的信念。因此他选择了这些从古代就一直伴随着人类社会的问题作为书的内容,书名虽然类似于"人生指南",但是这本书实际上却超越了"人生指南",不仅仅停留在说教程度的人生该如何度过的问题上,而是深入到人之所以为人的最核心的道德问题。

即使时光流转,这些问题依然存在,不同的国家和民族,都曾经面临并且仍然面临这些问题,每一代人,都仍然要面对由这些问题构成的社会和世界。正如宫崎骏的自传中所说的那样:"我觉得,我们眼前的生活现况和这本书所描写的时期并没有太大差别,就某种意义来说,反而正面临着根源性的文明危机。"不论社会的思想风潮如何改变,问题的表现形式如何变化,这些问题的本质仍然未变。这便是这本书经过80余年,即使物质财富已经极大丰富,人的生活水平提高了,社会环境也不再是当年残酷黑暗的环境,仍然能够对读者产生影响的原因。

这本书的主要内容并不是教人们在面对这些问题时怎么去做。正如这本书第二章中所讲的那样,如果一个人只采取好的行为和举止,那么他只是"看起来高尚的人",而无法成为真正高尚的人。更为重要的是要珍视我们内心的感受,思考我们应该做什么,以及能够通过别人的话语来自己判断一件事的好坏。这本书之所以能富有长久的生命力,就是因为这本书的内容中所蕴含的是如何找出面对问题的方法,而不是面对特定时代特定问题时的做法。

(二)从儿童文学变为大众读物

儿童文学虽然是一种受众较为明确的类型,但是它们的读者却并不仅局限于儿童,经常会被成年人及社会主流舆论所关注,很多儿童时期存在的爱好及问题,即使长大之后也有可能仍然伴随在我们身边。

复演说认为:儿童的心理成长是原始人心理的复演,因为对世界的认识有局限,只能以自己的想象来看待自然界,这样的理由造就了儿童文学中含有各种各样的想象,以及本身是从儿童视角出发所看到的主观的世界。但是,儿童文学往往并不局限于儿童的世界,儿童文学的创作很多时候是由成年人完成的,它们或多或少地都会具有成人世界对儿童世界的干预。按照诺德曼的理论,儿童文学中都有一个"隐藏的成人",这个"隐藏的成人"讲述着自己的愿望,希望儿童按一定的路线成长,这也是儿童文学能够对儿童产生影响的原因。

《你想活出怎样的人生》这本书从主角"小哥白尼"的视角出发,用儿童的思考和想象来解释周围的事物,每次发生的事件都会伴随着"小哥白尼"绞尽脑汁地思考。从中学一年级儿童的"发现"为起点,推进思考,来引出每一章的主题。同时在《你想活出怎样的人生》这本书中也有一个"隐藏的成人",但是这个"隐藏的成人"在书中却是以"小哥白尼"舅舅的身份表现在了明面上,以舅舅写给"小哥白尼"信件的形式,将这个"隐藏的成人"对于儿童的愿望、期望直白地表达了出来。这也是这本书内容结构的特殊性,以儿童的视角发现问题,提出思考,用儿童的语言来描述出这个问题背后的联系,再由成人用成人世界的词语来将这些问题解答出来。

《你想活出怎样的人生》之所以能突破儿童文学的领域,成为大众读物,我认为最关键的一点就是文中作者借舅舅的信将"隐藏的成人"展现出来,而之所以能将"隐藏的成人"不突兀地展现出来并被大众接受,想来应该是因为其选取的问题是伴随人的成长且一生都要面对的问题。

(三)推动个人思考而非教诲的行文方式

从大的结构上看,《你想活出怎样的人生》每一章都可以看作是单独的故事,但作者又在其中添加了巧妙的联系。从"小哥白尼"学会客观观察,到了解到牛顿的"苹果"思考路径,到发现"人类分子的关系:网络法则",每一章都是在上一章的基础上进行的。每一次跟着"小哥白尼"的视角,跟着他的思考路线,我们会发现原来天才的想法也是这么的简单。对于拿破仑的两面性的观察,舅舅制止了"小哥白尼"的狂热,点出了伟人的原因,紧接着,在"小哥白尼"因为没有帮助朋友而内疚,为自己的所作所为后悔不已的时候,书中第一次将母亲引入进来,母亲从自己小时候的经历出发,为"小哥白尼"点出了"人生经常会出现让人后悔不已的事"这一事实。在这个章节结尾舅舅的信中写道:"人类拥有决定自己行为的力量,因此会犯错,但也因此能从错误中重新站立起来。"对这件或许会伴随人一生的事做出了至关重要的总结,强调了辩证看待事物的重要性。可以看出,这本书的核心内容是"客观看待事物"这个哲学思辨,而主题则是人与人之间的"网络法则",即社会关系。

作为实质上是教导"人生道理"的书,如何让读者不会产生抵触心理是十分重要的。日本社会的一个普遍观点认为:如果是父母与孩子的对话或者老师与学生的对话,无论是多么有趣的故事,因为具有上下级的立场问题,总会让人产生一种说教感,因而具备"对角线关系"(即没有直接利害关系)的人的话会更容易被人接受。在这本书中,作者采用了"舅舅"这个与"小哥白尼"没有直接监护关系的第三者来作为"人生理念"的传递者,主要的内容形式是每一章后面的"舅舅的信"。在每一章的开始,从"小哥白尼"的视角,用身边的小事来推动读者进行思考,然后结尾则以"舅舅的信"将这些小事总结升华来让读者进入到更高的思考领域。在故事中"小哥白尼"与舅舅的书信对话不仅仅是舅舅输出自己的想法,"小哥白尼"自己也同样会提出自己的思考和看法,而且大部分情况下是"小哥白尼"向舅舅主动求助。

最为关键的是,在观点的表达上,作者并没有太过刻意地强调事情的对和错，仅仅是将事物联系背后的含义点了出来，而最后选择是否接受，决定权仍在读者手中。这是已经形成自己的世界观的成年人和世界观初步形成的青年人容易接受此书的原因之一。

（四）图书版本的选择和装帧设计

作为一部出版了 80 余年的书籍，其版本是多种多样的，即便是日语版本，也因为后来作者的数次修改而产生了不同的版本。这里，作为中文引进的第一版小说，新经典文化股份有限公司和南海出版社选择了 1982 年的版本进行引进，这个版本采用了初版的文本，作为经典版本，自 1982 年出版后在日本畅销了数十年，同时，这个版本也是最先采用胁田和插画的版本。

内容上，因为中国人对于 20 世纪的日本并不熟悉。无论是 20 世纪初的日本，还是 20 世纪 60 年代的日本，这两个时间的社会环境差别如何，对于中国人而言并不重要。因此后续的不同版本中因为"社会环境"的变化导致词语不再使用以及家具、习俗等的变化对于引进来说是没必要去考虑的因素，故而选择了初版的文本，并且采用了经典的 1982 年的版本。

形式上，如今印刷插图的成本已经大大降低，市场上配有插图的书籍越来越多。对于一本以儿童和青少年为主要阅读对象的图书，有插图的版本无疑是最好的选择。虽然也可以重新绘制插画，画出现代风格的插画，但是作为一部生活背景与现代差距甚远的小说，为了有助于读者构成一个想象图，选用了富有时代感的插画，这也是这本书的一大亮点。

装帧设计上，整本书采用 32 开本的精装书设计，封面以淡蓝色和白色为基调，表现出一种平静、智慧的舒适之感。整个封面部分除了插画，只有腰封上"宫崎骏"的宣传部分采用了对比明显的黄色，突出了这本书的营销重点。内文的版式简单干练，正文部分只有页码，没有多余的装饰，而舅舅的书信部分则采用深色格子进行装饰，同时采用与正文不同的字号和样式，突显出这部分与正文部分的区别，使读者对图书结构一目了然。

（五）引进书籍所选的时机

一部引进图书是否畅销，除了自身内容要足够优秀外，外部因素也是极为重要的。《你想活出怎样的人生》选择于2019年引进到国内，就是一个非常好的时机。

自从2015年开始，国内动漫产业迅速发展，国内关于日本文化的消费也在不断增加，其中最主要的文化消费就是日本的ACG文化。同时，从2018年宫崎骏的代表作《龙猫》在国内上映以来，宫崎骏的热度就一直在上升，2019年宫崎骏的另一部代表作《千与千寻》在国内上映时，这个热度达到顶峰。在这种情况下，宫崎骏宣布：下一部作品改编自同名的小说《你想活出怎样的人生》，此时，《你想活出怎样的人生》在中国的知名度达到顶点，是一个非常合适的出版时间点。另外，国内经济高速发展，年轻人在物质欲望得到满足后，有相当一批人转向追求精神食粮，《你想活出怎样的人生》的引进正合其时。

这本书出版的时间，既适应了国际环境的变化，又符合了国内社会环境的需求，让出版方的多样化营销手段可以起到事半功倍的效果。

（六）多样化的营销手段

除了大环境的影响，另一个非常重要的因素就是出版方的营销方式。如今，图书种类繁多，版本复杂，而这本书的书名又是一张"大众脸"，如何让这样一张"大众脸"的图书能够被读者从书海中挑选出来，出版方采用的多样化营销手段功不可没。

首先，这本书在日本取得了十分不错的成绩，不论是销量，还是口碑，在日本都是十分成功的，同时还入选了日本的教科书，这些都为这本书的宣传提供了不错的素材，引进图书在宣传时极力展现出其在国外的地位和畅销盛况是一种十分有效的宣传方式。

其次，2019年宫崎骏的《千与千寻》在国内上映时，《你想活出怎样的人生》就曾登上过微博热搜，在国内的二次元群体中打开了知名度。同时宫崎骏的知名度又不限于二次元群体，他也受到很多"80后""90后"

的热爱，也与这本书的受众高度重合。因此，出版方选择利用宫崎骏的知名度来宣传此书令人毫不意外。事实上这本书的前期营销"蹭"了不少宫崎骏的热度，例如通过宫崎骏的微博热搜来宣传，在一些有关宫崎骏新作的新闻下宣传图书等。此外，数年前太宰治的《人间失格》在国内畅销时带起的"丧文化"渐渐地冷却，有不少人对"作为人类如此颓废"产生了抵触情绪。这本书在宣传时也借用了当时流行的宣传语"生而为人，我很抱歉"，改为了"生而为人，我不抱歉"进行宣传，这是一种经典的"碰瓷营销"，这本书因为其本身的内容价值很高，而且宫崎骏对其赞美有加以及漫画版本在日本的热销等原因，国内的受众群体对这种"碰瓷营销"并没有产生过多的反感，反而认为宣传语完美地体现出了这本书的特色。

最后，使用各种各样的新媒体来宣传书籍也是此书宣传的一个亮点。传统媒体上，新京报、三联生活周刊等传统报纸期刊都对《你想活出怎样的人生》这本书进行了报道。平台选择上，微博微信自不用说，出版方还拍摄了一段视频在抖音上进行投放，在二次元群体的核心平台哔哩哔哩网站同样也投放了视频广告，精准地对年轻人这个目标群体展开宣传。出版方还联系到了一名日本播主来推荐本书。以上可以看出出版方对于这本书的宣传采取的手段和选用的平台都是非常多样化的。

四、精彩阅读

生而为人——关于贫穷

二

去年夏天，你、你母亲和我一起去房州，火车刚驶离两国站时，能从高架桥上俯瞰本所区和城东区一带的土地，那里大小各异的烟囱林立，呼呼吐出烟雾，不知你是否还记得。那天很热，在让人感到头晕眼花的夏日天空下，屋顶排列得密密麻麻，毫无缝隙，无数烟囱从中突起，一直绵延到遥远的地平线。热风从烟囱上方吹过，吹进了车厢里。一离开两国，你就说想吃冰激凌。你有没有想过，在我们无法忍受东京的暑热而前往房州避暑时，在那不计其数的烟囱下面，正有数百名劳动者汗流浃背地在飞扬的尘土中工作。火车开出东京市区，当开阔的稻田出现在视野中时，我们终于感受到了凉爽的风，舒了口气。然而，仔细一想，就连那些绿油油的稻田，都是无法去避暑的百姓辛苦耕种的。从火车车窗向外一看，稻田里有许多农民，其中甚至还有女人，正站在齐腰深的水中认真除草。

世上有那样的人，无论在日本的什么地方，无论在世界的什么地方，他们都占据了人口的大多数。他们在日常生活中究竟要忍受多少不自由啊！生活中什么都缺，连生病都无法得到充分的治疗，更别说去学习让全人类引以为傲的学问和艺术，或是欣赏卓越的绘画和音乐。对于他们来说，这些都是无法实现的奢望。小哥白尼，你已经读了两本《人类完成了何等伟业》，应该知道那辉煌的历史：人类从与野兽无异的远古时代，历经数万年的漫长岁月，经过艰辛的努力，才终于发展出今天的文明。但是，人类努力的报酬并没有分享给每一个成员。

"那可不行。"你肯定会这么说。没错，这确实不对。既然生而为人，所有人就都必须活得像个人，世界应该是这样的。只要有诚恳善良的心，都会这样想。但令人遗憾的是，时至今日，人类社会还没有发展到那个程度。人类确实进步了，但还没能达到那种境界。这是我们今后要面对的问题。

因为存在贫困，这世上发生过很多痛苦的事，有很多人陷入不幸，人与人之间产生了很多顽固难除的纷争。你生活幸福，我不想说太多，但随着你慢慢长大，终有一天会了解。

为什么在文明如此进步的社会中，还有那样糟糕的情况呢？为什么我们无法消除世上的不幸呢？在你这个年纪，还难以完全理解。阅读《人生指南》的"社会"部分可以知其大概，不过等你再长大些，充分了解世界上各种复杂的关系，思想也渐渐成熟起来后，再去做出正确的判断也不迟。

希望现在的你能够明白，在这样的社会中，像你这样能够不受打扰地学习、随心地发展才能，是多么值得庆幸。小哥白尼，你要好好注意"值得庆幸"这句话！它一般用来表示"应该感谢的事"或"值得感谢"，但它的原意是"这样的情况很难形成"，是指不太常见的事。只有想到自己的幸福并不常见，我们才能抱有感激之心。因此，"值得庆幸"这句话等同于"应该感谢的事",表达出了感激的心情。环顾广阔的世界,再回顾一路走到现在的你,你拥有的难道不正如话中所说,是值得庆幸的吗?

即使同样小学毕业,也不是每个人都会和你们一样升入中学。即使同样在中学就读,也会有像浦川那样的家庭,孩子为了帮家里的忙不得不占用学习时间。而对于现在的你来说,没有任何事妨碍你学习,人类凭借数万年努力积累起来的知识,你都可以通过学习自由地获得。

这样一来,就算我不再继续说,你也已经明白了吧?像你这样被生活眷顾的人应该做些什么,应该怀着一颗怎样的心生活,就算我不说,你应该也明白。

我和你已故的父亲、对你寄予重望的母亲一样,发自内心祈祷,愿你能不断发挥才能,成为对社会真正有用的人!

拜托了,小哥白尼!

三

最后,我还要提出一个问题,请你认真思考。

通过"网络法则",你已经了解到人类是如何联结在一起的。在艰苦环境中工作的人,与在相对轻松的环境中生活的我们,在日常生活中似乎完全没有交集,但实际上,我们通过剪不断的网被紧密交织在一起。因此,我们不能不在乎那些人,只考虑自己的幸福。不过,如果只把他们看作不幸的、可怜的、必须同情的人,那就大错特错了。小哥白尼,还有一件事情非常重要。

那些在贫困中长大、上完小学便开始靠体力为生的人即使成年后,掌握的知识也大多不及你。几何啊,代数啊,物理啊,这些只有中学才会教的知识,就算是其中最简单的部分,他们一般也一无所知,他们对于事物的偏好多半也不入流。如果只从这个角度看,你很容易认为自己比那些人更加优秀。但是,换个角度思考就会发现,他们才是扛着这个世界的人,远比你了不起。仔细想想,在人们生活的必需品中,有哪一个不是人类劳动的产物?就连学问、艺术这类高雅的工作中所需的东西,也都是那些人挥汗如雨地生产出来的。没有他们的劳动,就没有文明,也不会有社会的进步。

你自己又如何呢?你正在创造什么吗?你从这个社会接受了各种各

样的东西，反过来又给予过它什么东西吗？不用多想就知道，你只是使用者，并没有创造过什么。一日三餐，点心，学习时使用的铅笔、墨水、钢笔、纸张……你还只是个中学生，每天就得消费这么多东西。衣服、鞋子、桌子、居住的房子，一段时间后会变得无法使用，这说明你在消耗它们。这么一看，你的生活可以说是消费专家的生活。

当然，任何人都不可能不吃不穿，只生产不消费的人是不存在的，而且生产本来就是为了最终转化成有用的消费，所以消费并不是坏事。但是，生产大于消费的人与不生产只消费的人相比，究竟哪一方更了不起、更重要？若是这么一问，就都清楚了。如果没有人生产物品，就不存在品味它们、享受它们的消费。为生产而付出的劳动让人活得像个人。不光是食物和衣服等物品，就连学问和艺术的世界也一样，主动创造的人远比被动接受的人重要。

千万不要忽视生产者和消费者的这一区别，一旦抱着这样的想法思考，你一定会惊讶地发现，在那些坐着豪车、住着豪宅、目中无人的人当中，有不少人毫无价值。你也一定会发现，被世人看不起的人中，有许多人都值得尊敬。

小哥白尼，这正是你们和浦川最大的不同。

浦川虽然还没有成年，但已经成为这个社会的生产者中出色的一员。他的衣服已经渗入了油炸豆腐片的味道，那是他的骄傲，而不是羞耻。

我这么一说，你或许会觉得我在责备你只消费不生产，但我绝对没有这个意思。你们还是中学生，正在为进入社会做准备，所以现在不生产也没关系。不过你们眼下都只是消费专家，必须懂得分寸。浦川为生活环境所迫才在家中帮忙，但他出色地承担起相应工作，没有表露出任何不快，你们应该对他心怀尊敬。如果有人对此嗤之以鼻，那真是不知好歹、大错特错。

请你将这些话牢记在心，在此基础上再思考另一件事——

如果从日常生活的必需品来考虑，你确实只在消费，没有进行任何生产，但是你尚未察觉你其实每天都在生产了不起的东西。那到底是什么呢？

小哥白尼，我故意不告诉你答案，请你自己寻找。不必着急，你只要牢记这个问题，未来能找到答案就好。千万不要问别人，就算从他们口中听到，也不会令你恍然大悟。重要的是自己去寻找，说不定明天你就会找到，但也可能直到成年都没有头绪。

但在我看来，我们既然生而为人，无论是谁，一生中都必须找到这个答案。

总之，请把这个问题刻在心里，时不时想起它，然后仔细思考。等到某一天，你一定会觉得当初认真思考是对的。

明白了吧？千万不要忘记啊！

节选自《你想活出怎样的人生》第102~107页

五、参考文献

[1] 张君成.《你想活出怎样的人生》上市不到一周即加印50万册——个性化营销助力经典书大卖[EB/OL].中国新闻出版广电报/网:（2019-09-02）[2020-07-14].https://www.chinaxwcb.com/info/556076.

[2] 宫崎骏.折返点1997—2008[M].台北:台湾东贩出版社,2010.

[3] 韩前伟.冷战、讲和问题与日本和平思想——以和平问题谈话会为中心[J].史林,2018（06）:192-204.

《牧羊少年奇幻之旅》

韩媛媛

一、图书基本信息

（一）图书介绍

书名：《牧羊少年奇幻之旅》
作者：［巴西］保罗·柯艾略
译者：丁文林
开本：32开
字数：90千字
定价：35.00元
书号：978-7-5302-1705-4
出版社：北京十月文艺出版社
出版日期：2017年11月

（二）作者简介

在巴西，他的知名度与上帝、足球并列；在美国，他是唯一的"二十年畅销外国作家"；在德国，他的作品销量与《圣经》比肩；在英国，唯有《牧羊少年奇幻之旅》单本销量超过《哈利·波特》；在丹麦，他是唯一的第二个"安徒生"；在韩国，他是唯一"新作品必登上畅销榜首"的拉美作家；在文坛，他与马尔克斯齐名；在全球，他的作品发行量超过2.1亿册；在中国，他叫——保罗·柯艾略。

保罗·柯艾略（Paulo Coelho），1947年出生于巴西里约热内卢，被誉为全球最有影响力的当代作家之一，也是历史上最畅销的葡萄牙语作家。1966—1968年，因性情叛逆被家人三次送进精神病院，入读法律学校一年后便放弃了学业，四处游玩。1974年，因反对政治独裁，被投进监狱；1986年，踏上去往圣城圣地亚哥之路，心灵顿悟；1987年，《朝圣》使他名扬巴西；1988年，因《一千零一夜》中一个故事的启发而创作的《牧羊少年奇幻之旅》让他名声大振，开启了他的畅销书之路。

　　从1987年的《朝圣》开始，18部作品被陆续翻译成81种语言，在超过170个国家和地区出版发行，总销量已超过2.1亿册，荣获国际大奖无数，被誉为"唯一能够与马尔克斯比肩，拥有最多读者的拉美作家"。保罗·柯艾略以奇绝独特的视角、博大悲悯的心胸、清澈如水的文字，将童话寓言、宗教奇迹、哲学沉思融为一体，"在所谓的全球化的境况中，利用全人类的文化资源，写出一些所有的人都可以欣赏和阅读的东西，超越了地域和作家本人的种族、文化认同的身份，给更多的人以文学幻想的甜蜜魅力。他喜欢把人类共同关心的主题，通过小说来呈现。他还打通了寓言、儿童小说和传说之间的壁垒，写出了全新的可以让各种年龄的人阅读的书。"由于其作品的深远影响力，2002年，保罗·柯艾略当选为巴西文学院院士；2007年，被联合国任命为和平大使；2009年，《牧羊少年奇幻之旅》打破"吉尼斯世界纪录"，成为迄今出版语种最多的图书。保罗·柯艾略也成为在社交媒体上拥有最多粉丝的作家之一。

二、畅销盛况

　　《牧羊少年奇幻之旅》是保罗·柯艾略创作的长篇小说，首次出版于1988年。这部译成中文不到10万字的作品初期销售情况并不理想，一开始只是在巴西一间小出版社印了900本，就没有再版了。一直到1990年保罗·柯艾略出版《少女布莱达灵修之旅》之后，《牧羊少年奇幻之旅》才开始引起关注。1993年《牧羊少年奇幻之旅》英译本在美国出版之后引起轰动，一时间洛阳纸贵，在《纽约时报》畅销榜停留了427周。1994年《牧羊少年奇幻之旅》法译本在法国出版，连续5年蝉联法国畅销书榜首。不久后,《牧羊少年奇幻之旅》又登上了意大利、德国、西班牙等国的畅销书榜首,在整个欧洲掀起热潮,成为罕见的文学现象。2009年又以68种语言的版本创造了吉尼斯世界纪录,至今《牧羊少年奇幻之旅》已经被翻译成81种语言,畅销170多个国家,登上20多个国家畅销榜第1名,荣获33项国际大奖,全球销量超过6500万册,是历史上最畅销的葡萄牙语小说。这部小说被誉为20世纪最重要的文学现象之一。

该书最早由原中国文学出版社的一位年轻编辑孙国勇于1997年翻译并引进,当时直接以《炼金术士》的书名出版。孙国勇翻译的这部作品的部分内容后来甚至被选入高中语文选修课"外国小说欣赏"。但从市场角度来看,却并不成功,当时该书首印一万册,但实销仅五千余册。

其后,上海译文出版社于二十一世纪初由葡萄牙语原文直接翻译出版了此书,并以《牧羊少年奇幻之旅》重新命名,在国内引起了许多读者的关注。之后,保罗·柯艾略的中文简体版权花落新经典文化股份有限公司(以下称"新经典"),并由南海出版公司成系列出版柯艾略作品。根据新经典提供的数据,保罗·柯艾略在中国出版的作品比较著名的有《牧羊少年奇幻之旅》《维罗妮卡决定去死》《朝圣》《孤独的赢家》等,总销量近100万册。2017年新经典与北京十月文艺出版社合作重新出版了《牧羊少年奇幻之旅》,其在2018年与2019年京东自营文学图书畅销榜的排名均在100名之内,在2018年与2019年当当文学畅销榜中均位列前40名,在2020年亚马逊魔幻小说销售排行榜中排名第6名。

三、畅销攻略

(一)文本自身的魅力

1. 主题——追寻自己的"天命"

有人说,《小王子》教我们放下执念,《牧羊少年奇幻之旅》教我们寻找执念。《牧羊少年奇幻之旅》中牧羊少年圣地亚哥在做梦、释梦、寻梦、破梦、圆梦、识梦的过程中不断地追寻着自己的"天命"。对于"天命",每个年龄段的读者都会带着自己的经验来解读这本书,于青年而言"天命"可能是勇敢追寻的梦想,于中年者而言"天命"可能是需审视的生活,于老者而言"天命"可能是待回首的人生。看似简单的主题其实蕴含丰富的哲学意味,能够引起不同年龄阶段人群的共鸣。同时,牧羊少年不畏"死亡之海"撒哈拉大沙漠,告别羊群、告别既定的生存状态,远赴埃及追寻人生宝藏的故事设定,与人们常说的"生活不止眼前的苟且,还有诗和远方"有异曲同工之意。牧羊少年的冒险故事也仿佛是给迷茫焦虑人群的一剂良药,"当你想要某种东西时,整个宇宙会合力助你实现愿望"。这句话在书中反复出现,似是给予被束缚在日复一日生活中的人的一种鼓励,鼓励其在日渐浮躁、物欲横流的世界中坚持对所谓"天命"的追寻,跳脱出一成不变的生活,知天命,执着追梦。

2. 内容——追寻人生的宝藏

《牧羊少年奇幻之旅》之所以能够成为世界范围内的畅销书,最重要的原因在于它的内容。保罗·柯艾略本人于19世纪70年代初开始便一直对神秘事物很感兴趣,他于1981年加入了拉姆教会,5年后被任命为"拉姆"教团的魔法师。依据"传统"教团的规定,他踏上了中世纪三条朝圣路线之一的圣地亚哥之路。他用21天时间将这次朝圣经历编辑成书:《朝圣》,并于1987年出版。这之后,柯艾略去了埃及,见到了举世闻名的撒哈拉沙漠和埃及金字塔。由于受到《一千零一夜》里"一梦成富翁"的故事和博格斯"双梦记"的启发,1988年,柯艾略创作并出版了《牧羊少年奇幻之旅》(原著书名为《炼金术士》)。他富有传奇色彩的独特经历及巴西多种族多信仰国家的成长环境使其具有广博的人格思想,因此他的作品往往超越了地域和作家本人种族、文化认同的身份限制,他的文学创作题材也是丰富的、多样化的,是世界性的,故而能够被不同种族、不同信仰、不同文化背景的人群认可和接受。

《牧羊少年奇幻之旅》作为其代表作,它讲述了牧羊少年圣地亚哥接连两次在老教堂里的无花果树下发梦,梦见埃及金字塔附近藏有一批宝藏。在撒冷之王麦基洗德的启发之下，他卖掉羊群，离开故土，历经千辛万苦一路向南，跨海来到非洲，穿越"死亡之海"撒哈拉大沙漠追寻人生的宝藏。期间奇遇不断，最后在一位沙漠炼金术士的指引下，他克服种种困难，在金字塔前悟出了宝藏的真正所在。最终，他回归故里，在做梦的古老教堂的无花果树下找到了宝藏。整本书将传奇、神话、寓言等多种形式融为一体，使用象征性语言及隐喻的手法，凡此种种内容上的巧妙构思成就了此书今日的畅销。

（1）精巧新颖的形式。《牧羊少年奇幻之旅》一书的原型为阿拉伯文学经典《一千零一夜》的第351个故事。作品的叙事框架基本上是在重复原作中开罗浪荡子的故事，作者善用寓言化的叙事、探险故事的设定、骑士精神的传达及通俗化的表达，使整本书实现传奇、寓言、神话、探险故事与成人童话的融合，也使书中所描绘的世界异彩纷呈。从这种新颖的写作形式中读者可以感受神话寓言的神秘感，可以获得生活哲学上的领悟，可以体验脱离现实勇敢寻梦的代入感，这也是此书能够畅销的原因之一。

（2）丰富的人生哲理。《牧羊少年奇幻之旅》运用富含哲理和诗意的语言讲述了牧羊少年圣地亚哥追寻宝藏的奇幻冒险故事，极具启发性和励志意义。作者擅长用通俗易懂的语言传达深刻精辟的哲理，书中的许多细节与小故事的设定均经过精心设计，一字一句均能给人以多方面的人生启示，智慧的语言俯拾皆是。比如：关于初心，故事中的智慧大师说"幸福的秘密就在于，既要看到世上的奇珍异宝，又要永远不忘记勺里的那两滴油"；关于信念，撒冷之王告诉少年"万物皆为一物。当你真心想要某样东西时，整个宇宙都会联合起来帮助你完成"；关于生活态度，赶驼人认为"生活就是一个节日，是一场盛大的庆典。因为生活永远是，也仅仅是我们现在经历的这一刻"；关于爱情，男孩回答沙漠"爱就是猎鹰在沙地上空飞翔。对猎鹰来说，你就是一片绿地，它永远不会无功而返。它熟悉你的那些沙丘、岩石和山岭，你对它十分慷慨"；关于学习，男孩坦言："每个人都有自己的学习方式，他的方式不属于我，我的方式不属于他。但是我们俩都在追寻各自的天命，为此我尊重他。"作者用率真流畅的语言写出诸多人生哲理金句，向读者传达着自己对于生活的理解，对于人生的思考，它们极大地增强了此书的趣味性、可读性以及感染力。

3.语言特色——象征性语言及隐喻手法

在《牧羊少年奇幻之旅》中，保罗·柯艾略善用象征和隐喻手法，赋予书中不同命运的"小人物"以象征使命，也赋予自然万物以超越自身内涵的意义，使读者能够于小人物中发现自己的影子，使万物不再只是单纯的物，由此营造出了书中的神秘世界。

《牧羊少年奇幻之旅》中主人公圣地亚哥在相信梦的指引与保持生活常态中选择了前者，他听从撒冷之王的智慧之语，相信预兆，不断追寻并完成自己的"天命"。期间他放弃了在水晶店老板那里获得的财富，暂别了在他看来比任何财富都宝贵的意中人法蒂玛，这样执着追梦，以"天命"为第一要务的圣地亚哥似乎成为追寻"天命"之人最理想化的化身。下部书中出现的"炼金术士"不断地提醒圣地亚哥遵循"预兆"，告诫他目前所拥有之物无一来自金字塔，若一味拘泥于目前所得，未来"天命"将会成为"未完成"的执念，将会成为他永生的遗憾。在其不断指引下，圣地亚哥勇敢地倾听心声，积极履行属于自己的"天命"。在这里已经履行"天命"的炼金术士可以视作鼓励和推动我们去追梦、去实现自我价值的强大力量。

除此之外，作者仅给书中的男女主人公赋予了具有特殊意义的名字，其他角色均未命名，而是以水晶店老板、卖爆米花的小贩、英国人、躲避战乱的难民等形象出现，这些形象在一定程度上正是不同命运的"我们"。同样怀揣朝圣梦想却因恐惧失败拘泥现状的水晶店老板、同样相信生活中的预兆却迟迟不敢付诸实践的英国人、反复受到梦的指引却既不信"天命"又不信"预兆"只求苟活于乱世的难民……这些具有象征性意味的人物设定像你像我又像他，使读者在阅读作品的过程中更有代入感，更容易对角色命运感同身受。另外，作品中的自然万物也同样带有象征意味，作者以羊群隐喻浑浑噩噩而不自知的普通大众，以沙漠隐喻坎坷艰难的追梦路途，以吹遍世界无所不知的风隐喻思想文化的包容性所带来的自我实现，等等，这些极富象征意义的意象构造了书中的神秘世界，同时也给故事增添了更加深刻的哲学意味，引人深思，发人深省。

（二）成功的图书设计

1. 外部装帧设计

在图书的装帧设计上，出版方选择了32开的精装本设计。护封采用黄白相间的纹理纸，素雅简单。封面上方用简单的线条以及单色块勾勒出金字塔、牧羊人和羊群，牧羊人正赶着羊群向金字塔而去。而在封底，不见羊群，只有线条描绘的金字塔和牧羊人，正如故事中的牧羊少年放弃羊群，孤身一人去追寻金字塔的宝藏。这样的设计带着一点"魔幻"色彩，给人以想象的空间，同时又契合了作品内容的风格。黄白相间及纹理质感也令人联想到牧羊少年圣地亚哥所穿越的撒哈拉大沙漠，背景与意象相得益彰，视觉效果和谐统一。

与护封的神秘感不同，内封以黑色作为背景色，封面中央采用烫金工艺展现了太阳图形，图形中是葡萄牙语书名"O ALQUIMISTA"、牧羊人、山海以及彼岸的金字塔。西方文学中太阳以君临天下之势发出强烈的光芒，使万物沉溺于光明之中。这些意象的集合搭配庄严的黑色更显神秘色彩，也更加贴合"天命之书"的神圣感。《牧羊少年奇幻之旅》采用红色腰封，与淡雅的米黄色封皮形成鲜明的色彩对比。腰封将此书的畅销盛况"被译成81种语言，畅销170个国家和地区"选用金色字体着重体现，同时标注了相关名人推荐、书中金句等重要信息，以求在短时间内吸引读者的注意力。

2. 内文版式设计

《牧羊少年奇幻之旅》在书籍的内文设计上依据图书的小开本选用了较小的版心，且在四周都留有空白，使内文排版较为舒朗。此书是一本具有童话色彩的寓言小说，整本书仅分为上部、下部及尾声三个板块，故内文主要依照故事情节来分章分节，这些情节片段的篇幅都不长，这给留白创造了很大的空间。内文在单篇短文起始与结尾等处均使用了留白，版面干净简洁，故事的讲述洋洋洒洒，这样的排版不会给读者造成阅读压力，反而会使读者获得舒适的阅读体验。

（三）各界名人的推荐

《牧羊少年奇幻之旅》自1988年出版以来便被各国政要、世界名流、媒体巨星纷纷推荐，美国前总统比尔·克林顿曾表示"我女儿切尔西向我极力推荐这本书，我非常喜欢它"；法国前文化部长让·雅克·埃雅贡称保罗·柯艾略为"成千上万读者心中的文学炼金术士"；获得1994年诺贝尔文学奖的日本作家大江健三郎评价保罗·科艾略"真正掌握了文学炼金术的真髓"；中国儿童文学作家曹文轩评价此书："财富不在远方，财富就在我们脚下，但却需要通过九死一生地寻找，才会有所悟。"同时，它也是激励科比、詹姆斯等篮球明星的梦想之书。

除此之外，《牧羊少年奇幻之旅》也常常出现在明星们的推荐书单中。众多名人的推荐和口口相传，加之保罗·柯艾略本人经常在推特等社交媒体上与不同国家的读者互动、转评他人对此书的书评，这些都推动了《牧羊少年奇幻之旅》的畅销。

四、精彩阅读

在那一带，他认识很多人，这正是他喜欢云游四方的原因，因为总能结交新朋友，而且不必天天跟他们低头不见抬头见。当总是面对同样的面孔，像在神学院里那样，就会渐渐让那些人成为生活的一部分。而由于他们是你生活的一部分，当然就想改变你的生活。如果你不像他们所期望的那样，他们就会不高兴。因为，对于该怎样生活，所有人都有固定的观念。但是他们对于自己该怎样生活却一头雾水，就像那个给人解梦、却不会把梦变成现实的老妇人。

他决定等日头落一落，再领着羊群继续赶路。再过三天，他就能见到那个女孩了。

他开始阅读那本从塔里法的神甫手上换来的书。这是一本很厚的书，开卷第一页讲的是一场葬礼。人物的名字十分复杂。男孩想，倘若有一天我写书，就只写一个人物，好让读者不必费心去记人名。

他渐渐将精力集中在读书上。这书读起来很舒服，因为讲的是一场在冰天雪地里举行的葬礼。虽然坐在烈日下，竟也感到有些凉意。这时，一位老人在男孩身旁坐下来，开口与他搭讪。

"那些人在做什么？"老人用手指着广场上的人，问道。

"在工作。"男孩冷淡地回答，装作专心读书的样子。实际上，他脑子里想的是，如何在那商人的女儿面前剪羊毛，好让她目睹自己有多么能干。这情景他想象过若干次了，每次都是他向女孩解释，剪羊毛要从羊屁股往前剪，女孩听了，佩服得要命。他还准备了好几个有趣的故事，好在剪羊毛的时候讲给女孩听。大部分故事都是从书上读来的，不过，他讲起来仿佛都是亲身经历。反正她不会知道真相，因为她不识字。

但那老人不肯罢休，称他疲惫不堪，口干舌燥，请求男孩给他一口酒喝。男孩把酒囊递给了他，心想，也许这样一来，老人就会消停了。

然而，老人似乎打定主意要跟男孩聊天。他问男孩看的是什么书。男孩本想离开，不理睬老人，但是父亲曾教育他要尊敬老者。于是，他把书伸到老人面前。这么做有两个原因：一是他不会念那书名；二是如果那老人也不会念，就会自动走开，以免尴尬。

"嗯……"老人颠过来倒过去地看着书，仿佛书是个奇怪的东西。然后他说："这是本很重要的书，但是读起来很乏味。"

男孩有点惊讶。老人也识字，而且读过这本书。如果书真像他说的那样乏味，拿去换另外一本还来得及。

老者接着说道："这本书和几乎所有的书一样，讲的是同一个道理，人们无法选择自己的命运。它要使大家相信这个世上最大的谎言。"

"什么是世上最大的谎言？"男孩吃惊地问道。

"在人生的某个时候，我们失去了对自己生活的掌控，命运主宰了我们的人生。这就是世上最大的谎言。"

"这种事没发生在我身上。"男孩说道，"别人希望我成为神甫，而我决定当个牧羊人。"

"这样最好。"老人说，"因为你喜欢云游四方。"

他竟猜透了我的心思，男孩想。老人翻阅着那本厚厚的书，丝毫没有归还的意思。男孩注意到他的衣着有点奇怪，像个阿拉伯人。这种情况在本地并不罕见。塔里法距离非洲只有几个小时的路程，去那里只需乘船渡过狭窄的海峡。城里经常出现阿拉伯人，他们来这儿购物，每天做好几次奇怪的祷告。

"先生是哪里人？"男孩问。

"我是许多地方的人。"

"没有人能够是许多地方的人。"男孩说道，"我是牧羊人，到过许多地方，但是我只属于一个地方，那是一座古城堡附近的小镇。我就出生在那里。"

"那么，可以说我出生在撒冷。"

男孩不知道撒冷是哪儿，但是他不想寻根究底，以免因无知而丢脸。他望着广场，呆了片刻。人们来来往往、行色匆匆，似乎都非常忙碌。

"现在撒冷怎么样？"男孩问道，试图套出点线索来。

"跟往常一样。"

这说明不了什么。不过他明白，撒冷不在安达卢西亚，否则他早就知道了。

"在撒冷您是做什么的？"男孩又问。

"在撒冷我是做什么的？"老人第一次开怀大笑起来，"听着，我就是撒冷之王！"

男孩心想，人总会说一些刁钻古怪的事情。有的时候，最好与羊群为伴，羊群不声不响，只顾吃草喝水。与书为伴也行，书总是在人们最想听故事的时候，告诉你一些意想不到的事情。但是，当人与人交谈的时候，有些人说的话会让我们无所适从，不知该怎样把谈话继续下去。

"我叫麦基洗德。"老人说，"你有多少只羊？"

"不多不少。"男孩回答说。看来老人很想了解他的生活。

"那么我们就面临着一个问题。既然你认为你已经有足够的羊，我可就没法帮你了。"

男孩生气了。他并未请求帮助，反而是老人主动跟他搭讪，跟他要酒喝，还翻看他的书。

"请把书还给我。"他说道，"我得去找我的羊群，然后继续赶路。"

"你把十分之一的羊送给我，我就告诉你怎样找到宝藏。"老人说道。

男孩又想起了那个梦。突然之间，一切都明朗起来。老妇人没收取任何报酬，但这个老人却想用一个子虚乌有的承诺，从他这儿弄走更多的钱，说不定他就是那老妇人的丈夫，大概也是个吉卜赛人。

然而，未等男孩开口，那老人便俯身拿起一根木棍，开始在沙土地上写字。当他俯下身去的时候，怀里有个东西闪烁了一下，发出的光芒如此强烈，晃得男孩睁不开眼。但老人迅速用披风遮盖了那个耀眼的东西，动作之快，像他这把年纪的平常人绝对做不出来。男孩的视觉恢复了正常，能够渐渐看清老人所写的字了。

在这座小城市中心广场的沙土地上，他看到了自己父亲和母亲的名字，看到了自己走过的人生路，童年时期的嬉戏玩耍，神学院里的寒夜青灯，看到了那个女孩的名字——这是他原先不知道的。他还看到一些他从未对任何人讲起过的事情。比如，有一次偷了父亲的枪出去打梅花鹿。还有，他第一次，独自一人的性体验。

"我是撒冷之王。"老人说。

"为什么一位王要和牧羊人交谈？"男孩极为钦敬而腼腆地问。

"原因有好几个。不过，咱们先说最主要的，那就是，你已经能够完成你的天命了。"

男孩不知道什么是天命。

"天命就是你一直期望去做的事情。人一旦步入青年时期，就知道什么是自己的天命了。在人生的这个阶段，一切都那么明朗，没有做不到的事情。人们敢于梦想，期待完成他们一生中喜欢做的一切事情。但是，随着时光的流逝，一股神秘的力量开始企图证明，根本不可能实现天命。"

老人所说的这番话，对男孩来说意义不大。但是他很想知道什么是"神秘的力量"，这要是讲给那个女孩听，她会惊讶得目瞪口呆。

"那是表面看来有害无益的力量，但实际上它却在教你如何完成自己的天命，培养你的精神和毅力。因为在这个星球上，存在一个伟大的真理：不论你是谁，不论你做什么，当你渴望得到某种东西时，最终一定能够得到，因为这愿望来自宇宙的灵魂。那就是你在世间的使命。"

"就连云游四方也算吗？还有，跟纺织品商人的女儿结婚也算吗？"

"寻找宝藏也算。宇宙的灵魂是用人们的幸福来滋养的，又或者是用人们的不幸、羡慕和忌妒来滋养。完成自己的天命是人类无可推辞的义务。万物皆为一物。当你想要某种东西时，整个宇宙会合力助你实现愿望。"

——节选自《牧羊少年奇幻之旅》第26~34页

五、参考文献

[1] 翟文婧.保罗·科埃略《炼金术士》之"点石成金"——从"爱与意志"的融合达成自我[J].南阳理工学院学报，2013，5（4）：59-62.

[2] 李慧.《牧羊少年奇幻之旅》世界主义精神解读[D].兰州：西北师范大学，2015.

[3] 李宜萱.天神之火与贤者之石：保罗·柯艾略成长小说中的神与爱[D].武汉：武汉大学，2017.

[4] 熊晓霜.科埃略畅销小说叙事艺术探究——以《炼金术士》为例[J].鲁东大学学报（哲学社会科学版），2018，35（1）：43-47.

[5] 徐海华.《牧羊少年奇幻之旅》的圣经文化元素及意象解读[J].英语广场，2018（11）：10-11.

《无声告白》

潘俊辰

一、图书基本信息

(一)图书介绍

书名:《无声告白》
作者:[美]伍绮诗
译者:孙璐
开本:32 开
字数:167 千字
定价:35 元
书号:978-7-5399-8283-0
出版方:读客文化
出版社:江苏凤凰文艺出版社
出版日期:2015 年 7 月

(二)作者简介

伍绮诗是美国华裔作家,出生于美国,在宾夕法尼亚州和俄亥俄州长大,毕业于哈佛大学,后来考取了密歇根大学的研究生院,并获得创意写作的艺术创作硕士学位。父母均为科学家,是第二代香港移民。伍绮诗在出版《无声告白》之前已经写作多年,其小说及散文作品多见于各类文学期刊。短篇小说 *Girls at Play* 获得了 2012 年手推车奖(Pushcart Prize),伍

绮诗的其他小说发表在 One Story、TriQuarterly、Subtropics 等杂志上,散文发表在 The Kenyon Review、The Millions 等处。工作方面,她曾在密歇根大学教授文学,期间她的短篇小说 What Passes Over 获得了霍普伍德奖。此外,她不仅曾任教于波士顿的格拉勃街公司,也做过三年小说作家评论博客网站的评论员。

伍绮诗用六年时间写完她的第一部长篇小说《无声告白》,她用文字把自己、家人和朋友遭受到的种族歧视记录下来。生性温和的她,即使长于性别歧视、种族歧视严重的年代,但她文字里批判与包容杂糅,尚有温柔的余温,这可能是一个作家剖析生养自己的家乡之时,尽管冷眼看到它的弊病,却不忍心责备太重。成长的背景使她从来不是一个好斗的人,也不是一个爱嫉妒、爱搞事情的人;作为一个作家,她和其他文艺青年一样,留恋一切美好的事物,喜欢善良的问候和温柔的目光;生活让她背负了许多重担,但她依然内心坚强又柔和,文字是她与这个世界最高效的交流方式,细腻的文笔就是她留下的"热爱生活"的蛛丝马迹。

二、畅销盛况

《无声告白》被《洛杉矶时报》评价为"关于家庭、爱情和抱负的最优小说",同时也被翻译成20多种语言在全世界发行。

2014年6月30日,《无声告白》由企鹅出版社在美国正式出版,随即赢得一众好评,《纽约时报》评论道:"即使我们熟知身边有这类故事,也从未在美国小说中见过,起码在伍绮诗之前,没有谁处理过这类故事。这部小说写的是成为'异类'的那种负担与压力,这种压力通常会摧毁一个人,而不是塑造一个人。"2014年年底,美国亚马逊从当年出版的数万本图书中选出100本年度最佳图书,并将第1名颁给了名不见经传的80后华裔女作家伍绮诗的处女作《无声告白》,力压斯蒂芬·金、村上春树等99位文坛名家以及大牌畅销书作家。《无声告白》横扫2014年亚马逊年度最佳图书第一名、2014美国国家公共电台年度最佳图书、2014年Buzzfeed最佳虚构类图书等多个奖项,并跃升为《纽约时报》畅销书,是2014年欧美图书市场里最畅销的书之一。同年,《无声告白》还被评为美国国家公共电台最佳图书、《学校图书馆期刊》年度最佳图书、《纽约时报书评》年度百佳图书、《赫芬顿邮报》年度最佳图书等。

2015年7月，读客文化将《无声告白》引进中国，由江苏凤凰文艺出版社出版。出版方在官方微信号发出书讯后，不到5个小时点击量就高达2.5万。

2018年12月21日，《无声告白》入选"40年·25部影响力外译作品"书单；2018年进入亚马逊中国电子书包月服务借阅榜单前十，排名第八。引进版实体书从2015年7月第一版第一次印刷，到2020年1月已经第20次印刷。2020年4月在当当网畅销书排行榜第14名。

多家报纸杂志的评论给予《无声告白》足够的画面，使其热度只增不减，读者年龄跨度足够大，在书店看到祖孙俩共读此书也不足为奇。书中故事映射的观点像是刺眼的柔光，即使痛苦也让读者感受到生活中的温存与希望。这些优点使《无声告白》从诞生至今受到世界各国读者的欢迎，如今在中国也依旧是各方书店和各大电商的关注对象，并成为各大平台电商的"带货神器"，不仅是畅销书更是长销书。

三、畅销攻略

《无声告白》出版后的短时间内就受到各大主流媒体和一票读者的热捧。上一次出现这种盛况还是在30年前谭美恩出版《喜福会》时，有人称伍绮诗弥补了欧美华裔女作家在文学界的空白。《无声告白》的畅销引起许多人探究其成功的秘诀，其实每一本畅销书打造都离不开成功的选题、优质的内容、出彩的营销以及恰到好处的社会需求。下面将从这些方面来分析《无声告白》畅销的原因，探索其成功的秘诀。

（一）优质的文本

1. 永恒的主题——家庭

《无声告白》主要围绕一个家庭展开叙述，家庭这一话题无论在哪个时代都是大众聚焦的热点。俗话说"家家有本难念的经"，因为家庭包含着众多的关系，父母与子女的关系、夫妻之间的关系……正是"家庭"这一词的错综复杂才让故事看点不断。近些年关于家庭话题的作品也层出不穷，2019年家庭情感剧《都挺好》收视率创新高，赚足了观众的眼泪；另外，家庭也正是每个平凡人的人生中最重要的一部分，所以此话题一出，必然流量不断。此书故事围绕一个家庭二女儿莉迪亚死亡展开，她的父亲是一位从香港偷渡而来的华裔二代，终其一生渴望融入美国主流社会，却从小遭受种族歧视，他把期望全部寄托在唯一拥有蓝眼睛的二女儿身上。莉迪亚的母亲玛利亚是一位美国白人，她厌恶家庭主妇的生活方式，渴望成为胜过男人、处处追求与众不同的独立女性。却在婚后生儿育女，不得不放弃成为出色医生的梦想，她同样把莉迪亚当做实现梦想的"最后一根救命稻草"来拼命培养她。莉迪亚为了让父母开心从始至终"执行"父母的梦想，但她内心并不快乐，当她突然清醒发现这并不是自己想要的人生后，终于为自己的人生做了一次自主选择——结束自己的生命，莉迪亚在父母梦想的挟持下走向了死亡。最疼爱的女儿离世让本来就矛盾重重的家庭变得支离破碎，但最终由于彼此之间的爱而重新拥抱在一起，舔舐着对方的伤痕，感受彼此的温存，再一次修复家庭的裂痕，肩并肩走向未来。

  作者通过这个故事很好地诠释了"家庭是我们的软肋，也是我们的铠甲"这句话；用细腻的笔触刻画细枝末节的小事来摊开人物的内心，让读者能够真切地感受到人物的挣扎和悲恸，发现人性的弱点及社会的缺陷；故事以破碎的家庭选择相互扶持继续前行为结尾，如同黑暗中的一束光明拂去阴霾，抚慰读者的心灵并给予希望。作者文笔中理性与感性的交合使得故事层次感分明，情感循序渐进地深入，让人读完此书以后如呷了一口好茶，能够细细品味其中各种滋味。

  这本书虽然是引进的外国文学，但由于它的话题打破了文化传播的壁垒，得以在世界畅销。此外，本书的主旨句"我们终此一生，就是要摆脱他人的期待，找到真正的自己"更能让全世界的读者从莉迪亚身上找到共鸣。因为我们都或多或少承受着来自父母或者其他人有形无形的期许，莉迪亚和她的家庭，就是千千万万你我生活的缩影，莉迪亚的死亡让亿万家庭重新思考教育孩子的方式，也让千万人中的你我学会摆脱他人的期待，找到真正的自己。这也是作者想通过这本书传达的思想，用惊悚的故事来为读者敲响警钟，更能达到效果。

2. 热门的元素

除了畅销的主题以外，构成故事的元素也是推动书籍畅销的要素。成功的元素能提高书的整体水平，为读者留下深刻印象，促成一本好书的诞生。

《畅销书潜规则》一书提出了构成畅销书的23个元素，其中《无声告白》包括"故事""家庭育儿""心理"三个畅销元素。同时，书中所含有的"种族""归属感"等元素正是当前人们讨论关注的热点。一部文学作品的产生会受到政治、经济等许多因素的影响，会带有某个时代的特点。新世纪的美国社会有一个鲜明的特点："文化拼盘"更加多样，也使得族群矛盾愈发凸显。作为一个超级大国，美国的族群问题必然引得全世界的关注。《无声告白》中所描写的是美国俄亥俄州唯一一个跨种族婚姻的家庭，在日常生活中处处遭受他人异样的眼光。在文中有这样一段描写："你会发现，走廊对面的女孩在看你，药剂师盯着你，收银员也在盯着你，你这才意识到自己在他们眼中的形象，格格不入。他们的眼神仿佛带着钩子。每次站在他们的视角看自己，都会再次体验那种感觉……你低着头，想着学校、太空或者未来，试图忘记这件事，当时也确实能忘记。但是，总有人和事能够再次提醒你想起。"这种描写会让许多遭受歧视的人感同身受。读者好奇作为大社会中的小家庭是如何在种族歧视中生存的，更想窥探着一类人的心理状态，并将怎么解决族群问题这一疑问推向社会，引发人们思考，这是这本书成功的一大原因。

此外，书中詹姆斯一家因种族歧视而从小没有朋友，深感孤独，渴望在社会中找到归属，获得认同寻找归属感正是当前社会中众多青年的真实写照：离开老家只身一人来到大城市打拼，无依无靠，工作上会遇到许多不顺心的问题，遭受到许多人的质疑，夜晚走在灯红酒绿的马路上，难免会感到孤独，对未来感到迷茫。《无声告白》中主人公的处境引起众多读者的共鸣，并为他们提供了压力的输出口。此书用悲惨的结局来警醒大家要摆脱他人的期待，找到真正的自己，更是为读者提供了心灵的慰藉，并且指明了前进的方向。

《无声告白》将这些热门的元素从头到尾贯彻到故事中，使此书的受众覆盖面广，有广泛的读者群。

3. 叙事手法

此书是伍绮诗历经六年时间四次易稿精心打磨出来的作品，书中的故事有部分来源于伍绮诗及其家人、朋友的亲身经历，所以十分真实。伍绮诗有艺术硕士专业学位，书中的叙事手法能充分体现出作者的专业性。

设置悬念：故事开篇直接揭示真相"莉迪亚死了"。这个开头是作者最后一稿才定下来的，之前的几版都是"他们一开始不知道莉迪亚去哪了"。这两个开头给读者的导向完全不同，一个是隐瞒真相，一个是揭示真相。隐晦的开头会让读者思考"发生了什么事，莉迪亚去哪里了"，而直率的开头，向读者直接摊牌，让读者把关注点都放在"为什么发生了"上面，能够更好地为接下来故事的叙述做铺垫。此外，作者将主人公设置为"死亡"，给予读者巨大的冲击力，使其意识到事态的严重性，更加能够吸引读者注意力，调动读者的积极性，去寻找死亡背后的真相。

多线索叙事：《无声告白》围绕一个家庭中的五个人展开叙事，故事中的五个人都是主角，各自成为一条线索。莉迪亚死后，作者使用倒叙、插叙、正叙等方式，分别以五个人的视角描述事情的发展。多条线索交叉叙述，使得故事的背景逐渐清晰，人物形象逐渐丰盈，也使得故事前面的铺垫和悬念在线索逐渐明晰的情况下给读者恍然大悟之感。文中有一段描述的是菲斯克警官在向詹姆斯调查时询问："你妻子也曾失踪过一次？我记得那个案子，是1966年发生的对吗？"詹姆斯觉得脖子后方一阵温热，似乎有汗水从耳朵后面滴落。莉迪亚死亡的线索进一步引出玛丽琳失踪的线索，设置双重悬念，向读者暗示莉迪亚的死亡与她母亲之前的失踪密切相关及这个家庭在很久之前就已经出现裂痕等细节。故事继续围绕夫妻二人的成长历程进行描写。詹姆斯从小受到歧视，渴望融入集体，成为平凡的人，毕业后渴望进入哈佛大学却被拒绝。玛丽琳追求女性独立自由，渴望与众不同。两个三观不同、追求不同的人所组成的家庭，矛盾必然会在日后的相处中愈演愈烈。这些线索充分解释了家庭中三个孩子性格形成的原因，并为日后夫妻俩发生冲突埋下伏笔。

日常叙述：梅特林克认为："在日常生活中有一种悲剧因素存在，它远比伟大冒险中的悲剧更真实、更强烈，与我们真实的自我更相似。"《无声告白》中的故事发生在平淡的日常生活中。故事开头描写莉迪亚死后，家中氛围的平淡："1977年5月3日早晨6点30分的时候，没有人知道莉迪亚已经死了，他们只清楚一个无伤大雅的事实：莉迪亚来不及吃早餐了。这个时候，与平常一样，母亲在莉迪亚的粥碗旁边放了一支削好的铅笔，还有莉迪亚的物理作业，作业中六个有问题的地方已经用对勾标了出来。莉迪亚的父亲正在开车上班的路上，他把收音机的旋钮转到WXKP频道，WXKP是"俄亥俄州西北地区最佳新闻频道"的缩写，喇叭里传出的静默让他心烦意乱。莉迪亚的哥哥边从楼梯上下来边打着哈欠，一副没睡醒的样子。莉迪亚的妹妹坐在厨房角落的一把椅子上，盯着碗里的玉米片，一片一片地吸到嘴里抿碎，等待着莉迪亚的出现。最后，她不耐烦地说：'莉迪亚今天真能磨蹭。'"

将时间精确到分，母亲将一支铅笔放在碗边、六个有问题的地方用对勾标出来、父亲把收音机旋转到WXKP，还有家人们惯性的思维"莉迪亚来不及吃早饭"、哥哥慵懒的神态、妹妹百无聊赖的动作等一系列日常的动作将氛围烘托得十分平淡，与隐藏在这一切平静背后的死亡形成剧烈对比，把巨大的悲剧安排在再平常不过的生活中，使故事情节更加具有冲击力，为读者敲响警钟。一再延宕的谜底，营造出了仿佛莉迪亚沉入水中那样的压抑气氛，让读者切身感受到窒息般的痛苦。

（二）锦上添花的翻译

语言是沟通的桥梁，一部优质的作品想要走向世界，就要通过出色的翻译带领各国读者领悟其精彩的内容。伍绮诗作为在各大报刊发表文章的作家有着深厚的文学功底，她笔下的人物各个都真实丰满。而出色的翻译更是为这本书锦上添花，使其在中国受到众多读者的喜爱。《无声告白》的译者孙璐曾翻译过《独居的一年》《时间的礼物》《清单人生》等，有多年的翻译经验。《无声告白》是从英文名 *Everything I Never Told You* 译来的，文中的家庭成员都以自己认为正确的方式去爱对方，却不曾相互袒露心声，其实就是一种无声的告白。译者将这种爱译为"无声告白"，既简单明了又充满诗意，让读者眼前一亮。另外，文中有许多情节描写让读者头脑中充满画面感，如同以第三视角目击整个故事的发生进展与结果。对于文中大量人物之间交流的语句，译者突破语言交流之间的差异，将其很自然地翻译成中国人日常交流的话语，让读者阅读起来感觉亲切、不生硬。译者出色的翻译展现了中文的魅力，并推动这本优秀的书籍在中国传播，影响更多的人。

优秀的内容叠加出彩的翻译，这两者听起来就足以使人"垂涎三尺"，其碰撞出来的火花更是让人津津乐道。

（三）出色的营销策划能力

李鲆提出的畅销书"3214法则"："一本书能否畅销，除不可测因素外，作者（或主人公）的知名度占30%，主题（写的是什么）占20%，品质（写得怎么样）占10%，另外40%是出版商的策划营销功力。"出版商的策划营销功力在畅销书因素中占比最高，可见对于书籍来说"无营销，不畅销""好酒也怕巷子深"。而一本书成功的营销策划是要从图书的选题策划开始到宣传上市、信息反馈，始终贯穿出版的全过程。《无声告白》拥有强大的营销推广团队，将其成功推向市场。

1. 品牌的力量

《无声告白》是由读客文化公司引进，江苏凤凰文艺出版社出版。读客文化公司在业界拥有"单品王"的称号，号称是当今中国最会卖书的图书公司，自2006年创立以来，读客所有图书平均销量超过20万册，是中国图书行业平均销量的33倍，不管是《藏地密码》还是《发财日记》都取得了极好的销售业绩。读客出品的每一本图书，在上市之前都会经历超过半年的调研与策划，以保证本本大卖，并提出了"像卖牙膏一样卖图书"的特立独行的营销观点，将先进的快速消费品营销方式引入图书行业,不断创造书业奇迹。读客旗下拥有"全球顶级畅销小说文库",该文库号称"只签约全球顶级的畅销小说大师"——他们是全球文化宝库中最耀眼的明星,他们已经征服了全球亿万读者;该文库只选取他们最具代表性的经典作品——确保每一本都精彩绝伦,蕴藏无穷智慧,堪称经典中的经典,为中国读者带来全球顶级的阅读享受!读客不断为书业输入新鲜血液,坚持原创,激活了销售渠道,打破了名家壁垒,让书业更具活力,正在成为当今中国书业的传奇品牌之一。在2010年,读客荣获《福布斯》杂志评选的中国最具发展潜力企业"文化出版类"第一名。读客凭借优质的作品和良好的品牌形象在读者心目中建立起"读客一出,必是精品"的信念。

2. 媒介的力量

麦克卢汉曾在《理解媒介:论人的延伸》中提到:"任何媒介都不外乎是人的感觉和感官的扩展或延伸。"的确是这样,尤其在互联网发达的当下,多元化的媒介方便读者"放飞"双眼去了解外面的世界,也方便了出版团队"伸长"双手,将优秀的内容送到读者眼前。《无声告白》的营销团队成功地把握住各种媒介的特征,将其巧妙地运用在图书销售的各个阶段,让《无声告白》顺利地进入大众视野。

微博是《无声告白》营销宣传的持续战场。《无声告白》正式出版前期,读客的官方微博"读客熊猫君"便发布了有关《无声告白》的书讯进行宣传预热,并发起微博转发抽奖的活动,有千余人参加活动进行转发评论,产生极大的影响力,为图书的上市大卖做好了铺垫。《无声告白》正式出版后,读客官方微博联合微博上的拥有百万粉丝的"大V"(十点读书、外滩传媒、中国作家富豪榜、顾剑等)进行图书宣传,同时进行转发抽奖活动,每条微博都有几千人转发。《无声告白》在中国已经出版了近五个年头,但读客官方微博依旧经常发布书中的经典语句,并做转发抽奖活动,使得《无声告白》持续活跃在大众视线内,在当当网的畅销书排名中占据前排。

报纸为《无声告白》的营销宣传夯实基础。在《无声告白》上市的成长期,《武汉晚报》《半岛都市报》《海峡都市报》《新京报》等各大报纸争相报道。每篇报道都占有巨大版面,"这本书叫《无声告白》""《无声告白》道出异类的艰难""《无声告白》给压力一个出口""80后华裔女作家伍绮诗走红欧美文坛"等通俗化的标题占据头版头条,伍绮诗和《无声告白》图片更是醒目,引起民众的热议与追捧。

电视为《无声告白》营销宣传推波助澜。2015年7月9日,CCTV4报道了"'80后'华裔作家伍绮诗征服欧美文坛,《无声告白》力压村上春树、斯蒂芬·金等作家的作品,成为年度最佳图书的第一名",提高了伍绮诗在国内的名气,并为《无声告白》的宣传创造了一波新的热度。

3. 外观设计的力量

有了优质的内容和优秀的团队,吸睛的封面当然也是必不可少的!读者在浏览书籍时,目光停留在每本书的时间平均为三秒,在这三秒里需要将最重要的讯息透露给读者,才能牢牢地抓住他们的注意力。

封面是图书营销宣传的门面担当。如果把图书作为一种产品,那么封面无疑就是产品的包装,在传统行业产品包装设计是一个非常重要的门类,如果做不好封面,产品必然会受到非常大的影响。在传媒领域,以前有人做过相关的测试,一个不好的封面可以影响到将近50%以上的零售量。可以看出封面对于一本书是否畅销有很大的影响。

读客图书董事长华楠曾说:"封面设计的最终目的是鼓动消费者购买,读客的要求是:让读者在5米开外的地方就注意到我们的书。"封面作为一本书最直接的广告,《无声告白》巧妙地运用这个功能,吸引了读者的眼球。《无声告白》封面的底色由浅蓝向靛蓝过渡,配有一些白色斑驳的光点。就像是在海中拍摄到的画面,给人慢慢沉入海底的窒息之感。图书的封面向观众传递了这本书的主题和基调,体现出独特的内涵。有四张像是被撕碎的纸条粘附在面封上,像是留下的重要线索,带有几份神秘感。上面分别写着书名、主旨句、作者和成就,简洁清晰的设计给读者留下深刻印象。《无声告白》这个书名,"无声"与"告白"本身就存在矛盾,让读者心中产生许多的疑惑,再加之封面神秘化的设计,给人无限畅想,让这本书脱颖而出。图书的底封与面封设计保持一致性,同样粘附着四张纸条，内容分别是文章开头"莉迪亚死了……"、亚马逊编辑给予的推荐语、《赫芬顿邮报》关于此书的报道推荐以及《奥普拉》的书评，让读者在短时间内浏览封面时就能了解到该书的精彩，增强读者的信任感。

腰封是图书营销宣传的点睛之笔。在日趋激烈的图书市场竞争中，腰封的营销作用备受出版机构的重视。恰到好处的腰封设计，不仅能够有助于图书推广销售，而且能给人以美的体验。日本著名畅销书推手井狩春男把"如何制作吊人胃口的腰封"列为书的营销要件之一，可见腰封的重要程度。在《老猫学出版》一书中总结了成功的腰封的三个特点：第一，腰封上必须印有"耸人听闻"的标题；第二，腰封的纸质要硬；第三，腰封设计不能过于花哨。《无声告白》的腰封设计很好地体现了腰封的重要性。腰封的颜色选择了与封面完全不同的亮黄色，形成了鲜明的对比，有突出重点的作用。腰封的标题与文案的颜色采用了十分抢眼的黑色和红色，颜色简单又富有冲击力。腰封文案"就是她！征服欧美文坛的华裔女作家"，激动的语调给读者以冲击感，抓住了读者的眼球。其余部分印有《无声告白》的成就、媒体的推荐以及本书的主旨句"我们终其一生就是要摆脱别人的期待，找到真正的自己"，红黑相间的字体有序地突出了重点，给读者带来良好的视觉效果。

（四）恰到好处的社会需求

伍绮诗在采访中说："不管我的故事的主角是否为华人，我试着写作的是普通人的生活经历——家庭、爱和失去。我希望不同背景的读者都会被其触动。"对于许多的家庭，尤其是对于中国家庭，他们都能够从这本书中得到共鸣。中国父母常挂在嘴边的那句话"我都是为你好"，以"爱"之名扼杀孩子的天性，用期望挟持孩子致使其失去主见、迷失自我。而"我们终其一生就是要摆脱别人的期待，找到真正的自己"这种思想的出现给许多自以为是的中国父母当头棒喝，让他们悬崖勒马，重新审视家庭关系；同时，也给予当代的青年人新的方向，让他们在家庭、爱与自我之间找到平衡点，摆脱在父母的爱与希望之下的不快乐，寻找精彩的人生。

另外，无声告白的主旨在大环境下同样适用。在浮躁的、物欲横流的社会中，一切都看似不尽如人意，人们无利而不往，被各种欲望和压力摆弄，风光的背后是一道道的伤痕，每个人都需要一种觉醒和自我救赎。例如，在做一件事的时候，人们同样会遭受他人或多或少异样的眼光，陷入他人的期待中，内心会产生动摇："我做错了吗？是不是应该按照他说的去做？"书中有一句话："请记住，与你交谈的人，更关心他们自己、他们的期望和问题，而不是你和你的问题。"足以让读者应对他人的质疑，赢得读者的心声。随着物质生活质量的大幅度提高，读者们已经开始由外向内更加追求精神的更高境界。《无声告白》作为一本自助心理学书籍，满足当下在社会、职场、生活中苦苦挣扎的青年人的需求，为当代人开出了一剂克服心理危机的药方，协助读者找到内心的平和，为其心灵注入正能量，提供心理压力的输出口，并成为他们的精神支柱，让他们在成长的路上更加坚定地迈出每一步。所以，在社会背景的影响下《无声告白》能够在读者群中得以广泛传播，成为各大畅销书排行榜中的黑马。

伍绮诗通过她独特的视角和细腻有力的笔触给予读者无私的关怀，理性地看待这个世界同时又不乏感性的情绪，为读者揭露生活悲苦的同时，又不忘记给予他们最甜的糖和最温暖的臂膀。伍绮诗所拥有的"圆满清明"的意识才是激起众多读者心中浪花的石头，让她笔下的故事在世界各地生根发芽，影响更多的人。

四、精彩阅读

莉迪亚死了，可他们还不知道。

1977年5月3日早晨6点30分的时候，没有人知道莉迪亚已经死了，他们只清楚一个无伤大雅的事实：莉迪亚来不及吃早餐了。

这个时候，与平常一样，母亲在莉迪亚的粥碗旁边放了一支削好的铅笔，还有莉迪亚的物理作业，作业中六个有问题的地方已经用对勾标了出来。

莉迪亚的父亲正在开车上班的路上，他把收音机的旋钮转到WXKP频道，WXKP是"俄亥俄州西北地区最佳新闻频道"的缩写，喇叭里传出的静默让他心烦意乱。

莉迪亚的哥哥边从楼梯上下来边打着哈欠，一副没睡醒的样子。莉迪亚的妹妹坐在厨房角落的一把椅子上，盯着碗里的玉米片，一片一片地吸到嘴里抿碎，等待着莉迪亚的出现。最后，她不耐烦地说："莉迪亚今天真能磨蹭。"

楼上，玛丽琳打开女儿房间的门，发现床上似乎没有人睡过——羽绒被下面是边角折叠整齐的床单，枕头松软凸起，没有丝毫凌乱的痕迹。地板上胡乱扔着一条深黄色条绒裤子和一只彩虹条纹的袜子。墙上挂着科学展颁发的绶带，还有一张印着爱因斯坦头像的明信片。莉迪亚的帆布旅行袋堆在衣柜旁边的地板上，皱成一团，她的绿色书包摊放在书桌上。梳妆台上是莉迪亚的"柔宝宝"乳霜瓶，空气中还飘散着婴儿护肤品特有的香甜气味。

然而莉迪亚却不见了。

玛丽琳闭上眼睛。也许，等她再睁开眼，莉迪亚就会出现，像往常一样掀开被子露出乱糟糟的头发。

也许，她没有注意到床罩底下有个明显的人形凸起。

在她的脑海中，莉迪亚似乎在说："妈妈，我在浴室；妈妈，我去楼下喝水了；妈妈，我一直在床上躺着呢。"当然，等她真的睁开眼睛，一切都没有改变。

紧闭的窗帘宛如没有图像的电视屏幕，令人扫兴。

玛丽琳来到楼下，在厨房门口停住脚步，双手扒住两边的门框探头朝里张望，她的沉默说明厨房里并没有莉迪亚的踪影。良久，她终于说："我去外面看看，她可能是因为……"她一边走向前门一边紧盯着地板，好像门口的地毯上会留下莉迪亚的脚印似的。

内斯对汉娜说："她昨晚在她房间里，十一点半的时候，我还听见她的收音机在响。"他忽然停住嘴，想起自己并没有对莉迪亚说晚安。

"要是你都十六岁了，还会被人绑架吗？"汉娜问。

内斯用勺子戳着碗底，玉米片随着他的动作枯萎塌陷，沉入混浊的牛奶。

他们的母亲踱回厨房的时候，恍惚之间，内斯心底升起一股喜悦和释然：莉迪亚没有失踪，她好端端地在那里呢。难怪内斯会把母亲错看成莉迪亚，这种情况时有发生——母女俩长得很像，你要是用眼角的余光打量，非常有可能认错人：两人都是尖下巴、高颧骨、左边一个单酒窝、削肩膀。唯独头发的颜色不同，莉迪亚的是墨黑色，她母亲的头发是蜜棕色。内斯和汉娜则长得像父亲——有一次，一个女人在杂货店拦住他们问："你们是中国人吗？"听到他们肯定的回答，女人点点头，表现出一副洞悉一切的样子。

"我就知道，"她说，"从眼睛就能看出来。"说着，她用手指尖向外扳了扳外眼角。而莉迪亚却公然违抗遗传规律，不知怎么，她继承了母亲的蓝眼睛。他们知道，这是莉迪亚成为母亲宠儿的原因之一，当然，她也是父亲的宠儿。

内斯刚才恍然看到的"莉迪亚"抬起一只手，按在眉头上，又变回了他的母亲。

"车还在外面。"她说。不过，内斯早就预料到这个结果。莉迪亚不会开车，她连初学者驾照都没有。上个星期她没通过驾照考试，让全家人大吃一惊，父亲为此甚至都不让她坐在驾驶座上。内斯搅拌着麦片粥，粥里的麦片早就变成了碗底的烂泥。前厅的钟表滴答作响，然后传来七点半的报时声。大家都没动。

"我们今天还上学吗？"汉娜问。

玛丽琳犹豫了。她站起来去拿钱包，故作镇定地找出钥匙："你们两个都错过校车了。内斯，你开我的车上学，顺便把汉娜送到学校去。"然后又说，"别担心，我们会弄清楚这是怎么回事的。"她一眼都没有看他们，两个孩子也没有看她。

孩子们出门后，玛丽琳从碗柜里拿出一只马克杯。很久以前，莉迪亚还是个婴儿的时候，玛丽琳有一次在客厅里铺开一床被子，让莉迪亚在上面玩，自己则走到厨房煮茶。莉迪亚只有十一个月大，当玛丽琳把水壶从炉子上拿下来的时候，发现莉迪亚站在门口。她吓了一跳，结果手碰到了灼热的炉子，手掌立刻被烫红了，玛丽琳把红肿的手放到嘴边，眼泪汪汪地看着女儿。莉迪亚表现得十分戒备，因为她是第一次踏足厨房这片领地。玛丽琳并没想到自己错过了女儿学会走路时迈出的最初几步，也没有意识到女儿已经长大了。她脑子里旋转着的念头并非"我为什么错过了"，而是"你还有什么我不知道的本事"。内斯是在她眼皮底下摇摇晃晃学会了走路的，可她却不记得莉迪亚是什么时候学会站立的。但是，现在，莉迪亚已然赤着脚稳稳当当地站在那里，连身衣的裤筒下面露出小小的脚趾。玛丽琳经常背对着莉迪亚做家务，比如开冰箱或者翻动洗衣机里的衣服。莉迪亚可能在几周前就学会了走路，当时玛丽琳也许在忙着做饭，没有注意到。

她一把抱起莉迪亚，抚摩她的头发，夸奖她聪明，说爸爸回家的时候一定会非常自豪。但她也同时有一种"自己熟悉的房间，门却被锁住了"的感觉：乳臭未干的莉迪亚竟然有了秘密。玛丽琳依然需要喂她吃饭、给她洗澡、把她的小腿塞进睡裤，但莉迪亚生活的某些部分已经被帘幕遮挡了起来。她亲亲莉迪亚的脸，把她拉到离自己更近的地方，试图依偎着女儿的小身体取暖。

现在，端着马克杯喝茶的玛丽琳突然想起多年前的那次惊喜。

莉迪亚所在高中的联系电话就钉在冰箱旁边的记事板上，玛丽琳摘下写有号码的卡片，拨了电话，手指缠绕着电话线等待着。

"米德伍德高中，"铃声响到第四下，校务秘书接起电话，"我是多蒂。"玛丽琳记得多蒂：身材如同沙发靠垫，褪了色的红发高耸地盘在头顶。"早上好，"她支支吾吾地问，"我女儿今天早晨去上学了吗？"多蒂轻咳一声，礼貌地表示着不耐烦："请问你是哪位？"玛丽琳愣了一下才想起自己的名字："玛丽琳。玛丽琳·李，我女儿是莉迪亚·李，她上十年级。"

——节选自《无声告白》第 1~5 页

五、参考文献

[1] 张文红.畅销书理论与实践[M].北京：中国传媒大学出版社，2011.

[2] 李鲆.畅销书潜规则[M].北京：世界图书出版公司北京公司，2013.

[3] 李月.《无声告白》的叙事特点[J].文化学刊.2016（11）.

[4] 苏少伟.《无声告白》为何在美国如此走红——谈伍绮诗的创作与社会背景[J].文汇报.2016（2）.

[5] 霍艳.《无声告白》：精致的化学方程式[J]文艺报.2015（11）.

[6] 刘祎霞.《无声告白》畅销原因分析[J].消费导刊.2016（10）.

《不能承受的生命之轻》

丁 帅

一、图书基本信息

（一）图书介绍

书名：《不能承受的生命之轻》

作者：[法]米兰·昆德拉

开本：32开

字数：223千字

定价：35元

书号：978-7-5327-5165-5

出版社：上海译文出版社

出版时间：2010年8月

（二）作者简介

米兰·昆德拉（Milan Kundera），捷克裔法国作家，生于捷克布尔诺市。20世纪50年代初，他作为诗人登上文坛，出版过《人，一座广阔的花园》《独白》及《最后一个五月》等诗集。在30岁左右写出第一个短篇小说后，他确信自己找到了方向，从此走上了小说创作之路。1967年，他的第一部长篇小说《玩笑》在捷克出版。但好景不长，1968年，苏联入侵捷克后，《玩笑》被列为禁书。昆德拉失去了在电影学院的职务，他的文学创作难以进行。在此情形下，他携妻子于1975年离开捷克，来到法国。

他的绝大多数作品,如《笑忘录》《不能承受的生命之轻》《不朽》等都是首先在法国引起反响,进而引起世界文坛的瞩目。他曾多次获得国际文学奖,并多次被提名为诺贝尔文学奖的候选人。除小说外,米兰·昆德拉还出版过三本论述小说艺术的文集,其中《小说的艺术》及《被叛卖的遗嘱》在世界各地流传甚广。米兰·昆德拉原先一直用捷克语进行创作,20世纪90年代,他开始尝试用法语写作,出版了《缓慢》和《身份》两部小说。1978年,米兰·昆德拉和他的妻子定居巴黎,并于1981年加入法国国籍。

1984年,米兰·昆德拉发表《生命中不能承受之轻》。1987年,韩少功翻译《生命中不能承受之轻》,景凯旋翻译《为了告别的聚会》,米兰·昆德拉在中国正式亮相。1988年,美国导演菲利浦·考夫曼将《生命中不能承受之轻》其改编成电影《布拉格之恋》。2011年,米兰·昆德拉入选"七星文库",成为唯一在世入选作家。2019年11月28日,捷克共和国驻法国大使彼得·德鲁拉克在巴黎昆德拉的公寓里拜访米兰·昆德拉,以递交他的公民证。米兰·昆德拉重新获得捷克共和国公民身份。

二、畅销盛况

1985年5月,米兰·昆德拉因《生命中不能承受之轻》一书,荣获了以色列颁发的"耶路撒冷文学奖",他还因这部作品得到了诺贝尔文学奖的提名。《纽约时报》评论称:"米兰·昆德拉借此奠定了他作为世界上最伟大的在世作家的地位。"同年,韩少功以《生命中不能承受之轻》为名将其译成中文,自此国内掀起了米兰·昆德拉的文学翻译热潮。1987年,经新闻出版总署批准,此书以内部发行的方式面世:读者凭司局级以上的证件,可以在新华书店的内部柜台买到。9月,删了三千多字的《生命中不能承受之轻》首印24 000册。1989年,此书获准公开发行,第一年发行了70万册。1992年7月30日,中国加入《世界版权公约》。按照公约规定,出版境外作家的作品,必须征得作家本人同意或取得原作出版商的中译授权。1996年,作家出版社曾经策划《出版昆德拉全集》中文版,与昆德拉的经纪人取得了联系,未能成功。2002年5月,上海译文出版社终于一举购得昆德拉 13 部作品在中国大陆的中文版权。2004 年，《生命中不能承受之轻》由南京大学法语教授许钧从法文版重译，并增补了小说中被删节的部分，书名改为《不能承受的生命之轻》。该版本为中文销售 100 万册纪念版，是《不能承受的生命之轻》的里程碑式版本。根据统计，从第一部《生命中不能承受之轻》中译本起，中国陆续产生了 500 多个版本的《生命中不能承受之轻》，其中包括汉语全译本、中英对照本、汉语拼音注音本、连环画本及启蒙文本等。《不能承受的生命之轻》至今依然长居各大畅销榜单，成为实至名归的"长销书"。

三、畅销攻略

《不能承受的生命之轻》是米兰·昆德拉的才华得到集中体现的一部作品。作品目录中简短精悍的章节名称："轻与重""灵与肉""伟大的前进"自带神圣、庄重的气息，正文伊始再以永恒轮回的话题引入，像是作者在举行一场哲学艺术的讲座，众生正襟危坐，侧耳聆听时，听闻一声哲学地发问："何为人类存在的轻与重？"但从一个新的角度看，似乎《不能承受的生命之轻》畅销的成功之道，也蕴含在"轻与重""灵与肉""伟大的进军"的哲学内涵里。

（一）轻：相似的历史与开放的时代

1985 年，学者李欧梵一篇比较文学方面的论文《世界文学的两个见证：南美和东欧文学对中国现代文学的启发》首次将米兰·昆德拉带入了中国知识界的视线范围之中。此文虽未在普通读者中广泛流传，但却打开了中国学者的知识视野。早在改革开放初期，邓小平曾指出："在艺术创作上提倡不同形式和风格的自由发展，在艺术理论上提倡不同观点和学派的自由讨论。"[1]《不能承受的生命之轻》在艺术创作上拥有其独到的"音乐复调"叙事方式，在理论上又拥有"刻奇"的哲学思想，这些与众不同的

---

[1] 邓小平.在中国文学艺术工作者第四次代表大会上的祝词（一九七九年十月三十日）[J].文艺理论与批评，1997，3：3-8.

地方都契合了绝佳的时代环境，中国自主、多元的文化追求，让该书开拓了光明的、久远悠长的道路。

《不能承受的生命之轻》的引入者也正是牢牢把握住了机遇，使该书开启了其在中国的畅销之路。

（二）重：博闻强记的"世界性的人"

米兰·昆德拉才华横溢，自幼就深受作为钢琴家、音乐教授的父亲的熏陶，二战时师从著名作曲家保尔·哈斯学习作曲。他迷恋音乐同时，还沉迷于诗歌创作，他写的第一首诗就是《纪念保尔·哈斯》，以此缅怀恩师。除了音乐与诗歌，他还曾迷恋造型艺术，一心想当雕塑家与画家，作为画家身份的他就已经小有名气。此后，创作诗歌的热情渐入佳境，《人：一座广阔的花园中》彰显了他与众不同的态度。他的诗充盈着超现实主义色彩和批判精神。

小说《玩笑》问世后，他的声誉在全世界扩散开来，越来越多的人认识到这样一个蕴藏在文学下的思想家。他不断地创作，《不能承受的生命之轻》甫一问世，世界文坛便为之轰动，其世界级文学家的地位自此奠定。他的小说作品依旧承载着与诗歌相同的批判精神，批判的外衣下又饱含哲理，充满着哲学讨论价值，且触及深刻。

米兰·昆德拉是一位优秀的思想家、哲学家、小说家。他的小说思想来源于真实，他善于将自己的生活写照融入自己的笔下，与读者及他那些活灵活现的人物一起互动。这种互动中存在一种深层次的精神联系，这也正是他创作的巧妙之处，用思想串联人与人的精神意识。在其创作的作品中，无一不蕴含着同一个重要主题：人生不过是去往何方与来自何处的事情。

受益于早期在音乐上的学习，米兰·昆德拉喜欢用一种谱曲的方式写作小说，为了将哲学、叙事和理想谱进同一支曲，他的小说格外讲求内容和主题之间的旋律配合。用欣赏古典音乐的方式读他的小说，读者会发现他达到了不同要素间的平等和整体的不可分割，就像一支完美的赋格曲。

他完美地将小说艺术与哲学思想相融合，并提出了自己的"小说精神"：一部优秀的小说不仅要提供新的美学艺术、想象世界，还要包括对当代社会的积极反应，对存在意义进行的探索。《不能承受的生命之轻》中对于"存在"的探索很好地表现了他的"小说精神"。书中利用性、欲望等一些露骨且敏感的词汇去刻画社会政治的面貌，探讨人生意义所在。而此刻我们的时代下文人们正欠缺并渴望这种批判的表达，米兰·昆德拉的作品恰好给予了中国文人对于批判精神的渴望。

（三）灵：哲学思想下的谛悟与升华

《不能承受的生命之轻》如此畅销，离不开作者的知名度以及时代认同感。但成为长销且畅销的优质图书，功劳就要归属于书的灵魂部分：哲学思想——"存在""轻与重"。

此书全篇贯穿在"轻"与"重"的探讨中，其实质是在讨论一种人生态度和生命哲学。小说中，托马斯是典型的追求生命之"轻"的代表，他不相信永恒轮回的存在，认为生命只有一次，不可复制、不可替代。因此他逃避责任、拒绝束缚。而那些追求生命之"重"的人拥有责任、敢于担当。米兰·昆德拉借情欲将生命之"轻"与"重"的激烈碰撞展现出来，不禁让读者深思，在沉重的爱情与责任面前，我们究竟是愿意承受其"轻"还是其"重"。往往在现实生活中，我们会期望减"重"，在"轻"与"重"之间不断地徘徊、斗争，寻找生命的意义，寻找存在的价值。我们不断地自省自问，仿佛每一个人都是故事里的某一角色，我们开始剥离世俗生活这种对与错的简单判断，转向小说本身的哲学思想之中，审视生存的价值，思考生命的"轻"与"重"。

（四）肉：编辑与译者——伯乐识千里马

因为某些原因，《不能承受的生命之轻》早期在捷克的传播极为困难。但其能在中国火爆畅销，编辑与译者功不可没。

早在1977年，《世界文学》编辑部副编审、捷克语翻译家杨乐云在中国社科院外国文学研究所主办的《外国文学动态》上，刊登了一篇文章《美刊介绍捷克作家伐措立克和昆德拉》。文章简单介绍了米兰·昆德拉的一部短篇小说集《可爱的笑》，但由于该书是内部发行，影响甚微。后来在采访中，杨乐云表示："跟其他小说感觉很不同，《可笑的爱》是那种极为机智又十分好读的小说。表面上看，都是些情爱故事或情爱游戏，实际上却有着对人生、对世界的精深的思考。"

1985年著名学者李欧梵发表的《世界文学的两个见证：南美和东欧文学对中国现代文学的启发》，正式向中国文学界介绍了米兰·昆德拉及其优秀作品。同年，原接力出版社总编白冰，在一次国家出版局举办的青年编辑培训会上，有幸听到了米兰·昆德拉这个名字。白冰当时认为："东欧跟我们有历史性的相似，知识分子命运、社会精神一致，所以我们早晚要引进他的作品。"但他不知道谁对他比较了解。辗转打听，原来自己熟悉的作家韩少功正在翻译《不能承受的生命之轻》，这让白冰喜出望外。

译者韩少功接触到《不能承受的生命之轻》是因为一次偶然的工作，他在看了此书的英文版后，立刻产生了把它介绍给中国读者的冲动："不仅在于它表现的历史和思想对中国人有一定的启发性，而且作者那种轻巧的'片断体'，夹叙夹议的手法，拓展了文学技巧的空间。"半年后，韩少功与身为英语教师的姐姐合译了此书，但几经投稿却都遭到了退稿。

也许正是天意，白冰得知该情况后，立即找到韩少功，对韩少功的翻译极为赞美，他认为从韩少功的翻译中读出了米兰·昆德拉笔下的故事灵魂。时任第三编辑部副主编的亚芳也看到了《不能承受生命之轻》的价值，遂与白冰一道前往总新闻出版总署询问出版可能性。但出于政治原因，外交部坚决地否认了此书的出版要求。白冰不甘心，不断地进行努力，最终小说以删减一些敏感词汇等约3000字的方式进行了内部发行。

1987年9月，《生命中不能承受之轻》首印24 000册。1989年，此书获准公开发行，第一年发行了70万册。这一发行量，虽然比不上琼瑶的作品，但在文学作品中也算翘楚了。此后，多家出版社都曾通过各种渠道与昆德拉联系，但都没有结果。在没有版权授权的情况下，市场上还出现了一系列的盗版图书。直到2002年，上海译文出版社才一举购得昆德拉13部作品在中国大陆的中文版权。

起初，对于该书的名字《生命中不能承受之轻》，白冰与韩少功并不满意，他们认为书名晦涩难懂。为此，韩少功还在《生命中不能承受之轻》的出版前言里写道："我们希望国内的捷文译者能早日从捷克文中译出这部小说，或者，有更好的法文译者或者英文译者来干这个工作，那么，我们这个译本到时候就可以掷之纸篓了。"幸运的是，2004 年，《生命中不能承受之轻》由南京大学法语教授许钧从法文版重译，并增补了小说中被删节的部分，书名改为《不能承受的生命之轻》，让此书再一次焕发新生。

（五）伟大的进军：市场的欢呼与呐喊

畅销书的成功体现在市场，也来源于市场。《不能承受的生命之轻》于 1988 年改编成电影《布拉格之恋》，将原本充满哲学的小说改编得通俗易懂，很好地展现了作品的内涵指向。该片于 1988 年获得"美国国家影评人协会奖最佳影片奖"和"最佳导演奖""英国学院奖最佳改编剧本奖"等奖项，另外也获得当年的美国奥斯卡金像奖及美国金球奖提名。如此多的荣誉，无一不为图书的宣传推广再添一份力量。这种通俗化的表达，更容易渗透到普通读者之中，扩大了受众范围的同时也被大众市场所认可。

网络媒介的发展也促进了图书市场的繁荣。中国文学界对米兰·昆德拉的研究文章比较多，出版商依靠网络的强大，不断地加强《不能承受的生命之轻》在文化界的名气，增加小说与作者的知名度。通过论坛、微博等渠道，扩大其市场化影响，引起更多的社会关注。

四、精彩阅读

永恒轮回是一种神秘的想法，尼采曾用它让不少哲学家陷入窘境：想想吧，有朝一日，一切都将以我们经历过的方式再现，而且这种反复还将无限重复下去！这一谵妄之说到底意味着什么？

永恒轮回之说从反面肯定了生命一旦永远消逝，便不再回复，似影子一般，了无分量，未灭先亡，即使它是残酷，美丽，或是绚烂的，这份残酷、美丽和绚烂也都没有任何意义。我们对它不必太在意，它就像是十四世纪非洲部落之间的一次战争，尽管这期间有三十万黑人在难以描绘的凄惨中死去，也丝毫改变不了世界的面目。

若十四世纪这两个非洲部落之间的战争永恒轮回，无数次地重复，那么战争本身是否会有所改变？

会的，因为它将成为一个突出的硬疣，永远存在，此举之愚蠢将不可饶恕。

若法国大革命永远地重演，法国的史书就不会那么以罗伯斯庇尔为荣了。正因为史书上谈及的是一桩不会重现的往事，血腥的岁月于是化成了文字、理论和研讨，变得比一片鸿毛还轻，不再让人惧怕。一个在历史上只出现一次的罗伯斯庇尔和一位反复轮回、不断来砍法国人头颅的罗伯斯庇尔之间，有着无限的差别。

且说永恒轮回的想法表达了这样一种视角，事物并不像是我们所认知的一样。因为事情在我们看来并不因为转瞬即逝就具有减罪之情状。的确，破罪之情状往阻止我们对事情妄下断论。那些转瞬即逝的事物，我们能去谴责吗？橘黄色的落日余晖给一切都带上一丝怀旧的温情，哪怕是断头台。

不久前，我被自己体会到的一种难以置信的感觉所震惊：在翻阅一本关于希特勒的书时，我被其中几幅他的照片所触动。它们让我回想起我的童年，我的童年是在战争中度过的，好几位亲人都死在纳粹集中营里。但与这张令我追忆起生命的往昔，追忆起不复返的往昔的希特勒的照片相比，他们的死又算得了什么？

与希特勒的这种和解，暴露了一个建立在轮回不存在之上的世界所固有的深刻的道德沉沦，因为在这个世界上，一切都预先被谅解了，一切也就被卑鄙地许可了。

——节选自第一部《轻与重》第1节第3~4页

在日内瓦生活四年之后萨比娜移居到了巴黎，仍然无法从忧伤之中振作起来。假如有人问她到底发生了什么事情，她也无言以对。

人生的悲剧总可以用沉重来比喻。人常说重担落在我们的肩上。我们背负着这个重担，承受得起或是承受不起。我们与之反抗，不是输就是赢。可说到底，萨比娜身上发生过什么事？什么也没发生。她离开了一个男人，因为她想离开他。在那之后，他有没有再追她？有没有试图报复？没有。她的悲剧不是因为重，而是在于轻。压倒她的不是重，而是不能承受的生命之轻。

直至此时，背叛的时刻都令她激动不已，使她一想到眼前铺展一条崭新的道路，又是一次叛逆的冒险，便满心欢喜。可一旦旅程结束，又会怎样？你可以背叛亲人、配偶、爱情和祖国，然而当亲人、丈夫、爱情和祖国一样也不剩，还有什么好背叛的？

萨比娜感觉自己周围一片虚空。这虚空是否就是一切背叛的终极？直至此时，她显然仍未明了，这也是可以理解的：追求的终极永远是朦胧的。期盼嫁人的年轻女子期盼的是她完全不了解的东西。追逐荣誉的年轻人根本不识荣誉为何物。赋予我们的行为以意义的，我们往往对其全然不知。萨比娜也不清楚隐藏在自己叛逆的欲望背后的究竟是什么目的。不能承受的生命之轻，目的就是这个吗？自从离开了日内瓦，她已朝这个目的越走越近。

在巴黎的第三年，她收到一封寄自波希米亚的信。是托马斯的儿子写来的一封信。他听说过她，打听到了地址，并决定给她写信，因为她曾是他父亲"最亲密的朋友"。他告诉她托马斯与特蕾莎都死了。据信上所说，他俩最后几年生活在一个小村庄里，托马斯在那儿当卡车司机。他们常常一块去附近的一个小城，总在一间小旅馆过夜。路在山间穿行，弯弯曲曲，卡车坠入了深谷。找到的尸体全是碎的。警方发现，卡车的刹车装置糟透了。

得知这一消息，她无法平静下来。她与过去之间的最后一丝联系也断了。

按她以往的习惯，她想去墓地走走以平息心情。最近的一座墓地是蒙巴纳斯公墓。墓地里是一座座石墓，墓旁是一座座脆弱的小石屋，小教堂。萨比娜不明白，为什么亡者会想让那些仿制的宫殿压在自己头上。这座公墓就是个石化的名利场。公墓里的众生根本没在死后变得清醒起来，反倒比生前更为痴癫。他们在铭碑上夸耀着自己的显赫。这儿安息的不是父亲、兄弟、儿子或祖母，而是名流、政要和头衔及荣誉加身的人物，哪怕只是个小职员，也要在此摆出他的身份、级别、社会地位——即他的尊严——供人瞻仰。

走在公墓的一条小道上，她望见不远处有支葬礼队伍。司仪抱着满怀的鲜花，分发给死者的亲眷和朋友，一人一支。他递过来一支给萨比娜。她于是加入行列之中。绕过了好几座坟墓，来到了一个没有碑石的墓穴旁。她弯下身子。坑穴非常深。她抛出了那支花。花急急地旋转了几下，坠落在棺盖上。波希米亚的墓穴没有这么深的，而在巴黎，房子有多高，墓穴就有多深。她的目光落在墓穴一旁待封的石板上。这石板令她充满了恐惧，于是她匆匆赶回家。

整整一天，她都在想着那块石板。为什么它会让她感到如此的惊恐呢？

她给自己找了这样一个答案：如果坟墓被一块石板封住，亡者将永远不得出来。

可是，不管怎样，死人都不会从墓穴中出来！那么，他是躺在一层黏土之下还是一块石板之下，结果又有什么不同呢？

不，结果有所不同：假如坟墓用一块石板封住，也就是不愿让亡者还魂。那沉重的石板对他说："待在这儿别动！"

萨比娜想起她父亲的坟墓。棺材上覆盖着泥土，泥土上开出花朵，一棵枫树的树根盘绕棺材而生，可以想象亡人的魂魄经由树根和花儿从坟墓之中超脱出来。假如她父亲被一块石板封死，她就不能在他过世后再向他倾诉，也不能再听到树的枝叶之中传来他宽恕的声音。

特蕾莎与托马斯安息的那座公墓会是什么样子呢？

她再度想起了他们两人。他们时常去邻近的城里并留在旅馆过夜。信中的这一段触动了她。这证明他们是幸福的。她又看见了托马斯，仿佛是她的一幅画：前景是由位稚拙的画家画出的幻影——唐璜；而从幻影的缝隙里，现出了特里斯丹。他死时是特里斯丹，而不是唐璜。萨比娜的父母在同一周相继去世。托马斯与特蕾莎则死在同一刻。突然间，她恨不得和弗兰茨待在一起，当她跟他说起她常在墓地里行走时，他曾感到恶心，并把墓地比作堆放尸骸和乱石的垃圾场。正是在那一天，他们之间裂开了一道互不理解的鸿沟。直到今天，在蒙巴纳斯公墓，她才明白了他想说的意思。她悔恨当初太不耐心。假如他们相处的时间更长一些，也许他们就会渐渐地开始理解彼此说的话。他们的言语会像非常腼腆的情人一样，羞涩地慢慢相互靠近，而他们的乐章会开始与对方的融为一体。可为时已晚。

是的，为时已晚。萨比娜知道自己不会停留在巴黎，她会越走越远，因为，如果她死在这儿，她会被一块石板封住，对于一个永不知停息的女人来说，一想到要被永远禁销，不再能行走，那是无法忍受的。

——节选自第三部《不解之词》第10节第144~147页

五、参考文献

[1] 李刚. 文学翻译的诗学观——米兰·昆德拉小说《生命中不能承受之轻》及其两个中译本个案研究 [J]. 肇庆学院学报，2008，29（6）：71-75.

[2] 刘惠娟. 从改写理论看韩少功译本《生命中不能承受之轻》的翻译 [J]. 安徽师范学院学报，2010（1）：18-22.

[3] 毕悦轩. 轻重、灵肉与媚俗——解读《不能承受的生命之轻》的三条线索 [J]. 沈阳大学学报（社会与科学版），2018，20（10）：118-123.

[4] 张伟伟.《生命中不能承受之轻》在中国的传播研究 [D]. 沈阳：沈阳师范大学，2015.

[5]《生命中不能承受之轻》在中国传播研究 [EB/OL]. 原创力文档，[2016-08-04].https：//max.book118.com/html/2016/0804/50237633.shtm.

[6]《生命中不能承受之轻》米兰·昆德拉韩少功译 [EB/OL]. 酬勤教程网，[2018-12-01].https：//max.book118.com/html/2016/0804/50237633.shtm.

[7] 杨敏. 生命中不能承受之轻：米兰·昆德拉如何进入中国 [EB/OL]. 腾讯网，[2018-12-01].https：//max.book118.com/html/2016/0804/50237633.shtm.

《追风筝的人》

黄芹芹

一、图书基本信息

（一）图书介绍

书名：追风筝的人
作者：[美]卡勒德·胡塞尼
译者：李继宏
开本：32开
字数：243千字
定价：36元
书号：978-7-2080-6164-4
出版社：上海人民出版社
出版时间：2006年5月

（二）作者简介

卡勒德·胡塞尼（Khaled Hosseini），美籍阿富汗裔作家、医生。其主要作品有小说《追风筝的人》《灿烂千阳》。1965年3月4日出生于阿富汗喀布尔市，现居加州。父亲是外交官，母亲是喀布尔女子学校的教师。1980年，为躲避战乱，随父亲移居美国。1984年，胡赛尼高中毕业，申请到圣塔克拉拉大学念生物，毕业后在加州大学圣地亚哥分校的医学系就读。1999年，他一时兴起，写了一个小故事，并在2001年将它最终扩展

成为小说《追风筝的人》，这也是他的第一本小说。2003年一经出版问世，就因其生动形象的角色刻画和震撼感人的故事情节而大获好评，曾占据《纽约时代周刊》畅销书排行榜首位长达两年之久，仅在美国就销售了700万册，成为近年来国际文坛最大黑马，获得各项新人奖，创下出版奇迹。

《追风筝的人》已经由梦工厂改拍成同名电影。卡勒德·胡塞尼本人更因小说的巨大影响力，于2006年获得联合国人道主义奖、约翰·斯坦贝克文学奖等多个奖项，并受邀担任联合国难民署亲善大使，促进难民救援工作。卡勒德·胡塞尼出生在阿富汗，可以说是这个国家一系列大动荡的亲历者和见证者。自《追风筝的人》之后，他的名字便和阿富汗联系在了一起，人们沉醉于他笔下的故事，同时作者以近乎偏执的热情和饱满的深情写下他在阿富汗的童年、记忆、生命伊始的源头，从某种程度上来看，这也可以说是作者的回忆录。《灿烂千阳》是胡赛尼四年后出版的第二本小说，出版之前即获得极大关注。2007年5月22日在美国首发，赢得评论界一致好评，使卡勒德·胡塞尼由新人作家一跃成为受到广泛认同的成熟作家。

李继宏，生于1980年，广东揭阳人，毕业于中山大学社会学系，现居上海，曾任英国伯明翰大学莎士比亚研究所访问学者、美国加州大学尔湾分校英文系客座研究员，译有"李继宏世界名著新译"丛书，包括《小王子》《老人与海》《了不起的盖茨比》《瓦尔登湖》《月亮和六便士》《傲慢与偏见》《追风筝的人》《与神对话》等图书，译著总销量超过2000万册。另著有外国文学评论集《陌生的彼岸》。

二、畅销盛况

2003年，《追风筝的人》在美国出版，风靡全球，已经被翻译成42种语言，是美国2005年排名第三的畅销书，被报刊界盛赞为"一部非比寻常的小说""一鸣惊人之作""一部扣人心弦的感人作品"；美国鲍德斯书店"原声文学奖"虚构类作品奖；美国《旧金山纪事报》年度最佳图书；美国《娱乐周刊》年度最佳图书。2004年，荣获南非图书奖；美国青年图书馆协会艾力克斯图书奖。2005年，《追风筝的人》繁体中文版在中国台湾地区出版，很快成为畅销书；英国《观察家报》年度最佳图书；美国地方剧院"文学生命奖"。2006年，《追风筝的人》中文简体版在中国大陆出版，被中国读者评为"终身五星图书"。第一年销售15万册，第二年翻倍，第三年第20次加印。从2006年出版至今，曾蝉联亚马逊排行榜131周，风靡60多个国家，全球销量超4000万册；加拿大魁北克书商协会"价值图书奖"；美国伊利诺伊州"亚伯拉罕·林肯图书奖"；美国鲍威尔书店年度最佳图书奖"帕德利奖"；法国《ELLE杂志》"读者大奖"。

该书曾同时占据《纽约时报》《洛杉矶时报》《旧金山纪事报》《丹佛邮报》《出版商周刊》《华盛顿邮报》《独立书商协会》《北卡书商协会》九大畅销书排行榜冠军。《纽约时报》畅销书排行榜连续上榜80余周，声势超过红透全球的丹·布朗的《达·芬奇密码》；《出版商周刊》畅销书排行榜上榜80余周；中国台湾诚品书店、金石堂书店、博客来书店销售冠军。

2008年，该书荣获比利时《Humo》杂志"金书签"图书奖；开卷年度畅销书排行榜，《追风筝的人》销量位列2008年引进版小说第一名；《追风筝的人》作者荣登2008全球畅销作者榜首，根据英国《卫报》的最新报道，作为《追风筝的人》和《灿烂千阳》的作者，旅美阿富汗作家卡勒德·胡赛尼凭着自己的作品荣登2008年全球最畅销作者宝座，他击败的对手包括了《哈利·波特》系列的作者J.K.罗琳和被誉为"吸血鬼女王"的斯蒂芬妮·梅耶。这项国际畅销小说作家的评选由英国的《书商》、美国的《出版人周刊》、法国的《图书周刊》，以及来自德国、意大利、荷兰、中国、西班牙、瑞典等国的众多权威杂志共同参与。对于胡赛尼的读者而言，《追风筝的人》没有耸动的标题与噱头，其畅销完全源于全球读者的口耳相传。2014年，该书荣获约翰·斯坦贝克文学奖；《追风筝的人》的巨大成功使得胡塞尼获得了120万元的中文版权费，并登上"在中国最赚钱的外国作家富豪榜"榜首，该榜单是由中国西部城市成都出版的华西都市报进行统计的，一年发布一次。2014年、2015年《追风筝的人》连续两年在当当网畅销书排行榜中位列第一。截至2016年，《追风筝的人》长期占据开卷畅销书前30名排行榜，在中国的累计销量超过500万册。2018年、2019年在当当网畅销书排行榜上分别位于第14位和第18位。

三、畅销攻略

在市场经济社会中，打造畅销书是众多出版人追求的目标之一，而一本书籍的畅销往往也是多方面因素共同作用的结果，《追风筝的人》也不例外，笔者就从以下几个方面加以分析。

（一）"成长"与"救赎"主题的影响力

1. 充满人性意蕴的主题思想

《追风筝的人》可以说是一部有着多重主题的小说，既有成长、救赎的主题内涵，也有关于人性善与恶斗争的思考，并且每一个主题都对读者尤其是青少年有着深刻的意义。

首先，就成长与救赎的主题来说，《追风筝的人》可谓是一部典型的"成长小说"。作者从自己的个人经验出发，为读者展开一个逼真又残酷的故事，为读者描述了主人公阿米尔在青春期的"成长之路"：天真—背叛—悔改—救赎，直到最后完成了对哈桑儿子的解救并把他带到美国一起生活，也同时完成了对自己的救赎，这个时候的阿米尔，才是真正意义上的长大成人。

这里的"成长"是带有双重意味的，一方面是客观的成长，如身体特征的变化、年龄的增长，等等；另一方面是主观的成长，如心理上的成熟、性格上的完善，这两者是相辅相成的。主人公阿米尔经历了非常复杂的成长过程，大致概括为六个阶段：快乐的童年生活—风筝大赛—随父流亡美国—揭开真相—重返故国—完成拯救和救赎，随着阿米尔成长的这六个阶段，他的内心世界也经历了一系列的变化：童真—背叛—痛苦—心灵冲击—勇敢面对—赎罪。阿米尔经历的这六个阶段也是非常曲折的，在这个过程中，不论时间过去多久，都无法遮掩自己所犯下的错，但是每个人都必须为他所做过的事情承担他应该承担的责任，这是完成救赎的唯一途径。而这样的一个心路历程，恰恰也存在于我们每个人的内心之中。人的一生中，尤其是对于年轻读者来说，由于正处在心智不太成熟的阶段，学习、生活中通常会遇到一些自己难以解决的问题。在阅读《追风筝的人》

的过程中，读者可以找到自己的影子，可以切实感受到主人公的经历，对亲情、友情和爱情都会有一个全新的认识。这种"成长"的体验是潜移默化的，也是《追风筝的人》给我们带来的独特体验。

其次，书中关于人性善与恶的描绘也极具真实性和感染力。在《追风筝的人》中，最突出"善"的代表是哈桑一家，哈桑对阿米尔是毫无保留地付出，甚至在面对好友背叛时，仍然选择原谅，并在多年后知道阿米尔家无人照料的时候不顾危险，替阿米尔一家照看房子。这种对友谊的忠贞让我们看到了人性中善良的一面，这种善良与周围的"恶"形成鲜明的对比，极具艺术感染力。

书中的"恶"可分为两派：一派是以阿米尔为代表的虚荣心作怪的"恶"，另一派是以阿塞夫为首的欺凌弱小的"恶"。阿米尔的人性并不恶，母亲逝世，表面上阿米尔跟着父亲过着极为富足的生活，但父亲给予他精神上的关怀却很少，对他的态度也是不冷不热的，但是对哈桑却是多有赞许，这就导致他形成嫉妒、懦弱的性格，那么他在与哈桑相处的过程中就会把自己对父亲的不满和害怕发泄到了哈桑的身上，最终导致对哈桑犯下难以弥补的错。这种"恶"与哈桑"善"形成强烈的对比，给读者形成情感冲击。而阿塞夫的"恶"会让人们更加痛恨和憎恶，正是阿塞夫对哈桑做出了不可挽回的罪行。他在成年之后加入了极端组织，对同胞进行杀戮，代表着人性中极其丑恶的一面。胡塞尼借《追风筝的人》对这种极端主义分子表达了强烈的谴责之情。

读者在《追风筝的人》中，可以看到人性中的多个方面，但带给读者更深的是关于人性的思考，这也同样是能够吸引广大读者阅读的原因之一。

2. 娴熟精炼的主题表现手法

《追风筝的人》"成长"与"救赎"的主题贯穿作品始终、打动人心。一方面是由于作品本身独特的故事，另一方面源于作者对主题把控和创作手法。作者将震撼的故事平铺直叙地道来，让读者在阅读中获得丰富的内心体验，使主题能够非常容易打动读者的内心。

首先，在故事叙述的过程中，作者在小说一开始就设置了悬念，让来自远方的电话唤醒阿米尔的记忆，提醒他"过去那些未曾赎还的罪行"，以"赎罪"为切入点成功开始了文本与读者之间的对话。然后胡塞尼通过主人公阿米尔的视角，展开了阿米尔所经历的由犯下罪行到赎罪，由懦弱、自私的性格到勇敢面对并慢慢成熟的过程。读者可以通过阅读了解到阿米尔的内心世界，也能感觉到他是个敏感的小男孩，因为他父亲对哈桑的关怀而使他产生嫉妒，这种对哈桑嫉妒的心理为之后阿米尔的罪行埋下了伏笔。在后来的风筝比赛中，当看到哈桑遭受凌辱时，阿米尔的心理再次出现变化，彻底地将自己的懦弱和自私暴露出来。文中对阿米尔心理的描述，能够让读者对阿米尔的经历感同身受，同时也为阿米尔最终走上救赎的道路做出铺垫。后来，为了救出哈桑的儿子虽然被阿塞夫伤害得不轻，但这却是他多年来第一次感到心安，此时的内心独白可以让读者深深地体会到他如释重负后的轻松心情。随着情节的发展，读者跟随阿米尔的意识逐渐走进主人公的内心深处，被带入作品之中，更深刻地理解作品的内涵。

其次，在阿米尔和哈桑的童年对话中，将自然朴实的对话直接展现在读者面前，没有过多语言修饰，这样不仅使读者在阅读的过程中更具有画面感，而且缩短了小说内容与读者之间的距离。

最后，在《追风筝的人》中，作者胡塞尼反复使用了重复的艺术手法。比如关于"风筝"的重复。风筝是这部作品的主要意象，在书中曾多次出现，有着丰富的象征意味。对于主人公阿米尔来说，风筝象征着阿米尔和哈桑童年时的友谊，是童年时期阿米尔背叛哈桑的一个线索，也是整部小说阿米尔展开救赎的情感纽带；风筝也是整部小说的线索，不断地重复使小说前后有所呼应，流畅自然。

3. 独特的开篇

这部小说开始就是以回忆开篇的，"我称为今天的我，是在1975年某个阴云密布的寒冷冬日，那年我十二岁。我清楚地记得当时自己趴在一堵坍塌的泥墙后面，窥视着那条小巷，旁边是结冰的小溪。许多年过去了，人们说陈年旧事可以被埋葬，然而我终于明白这是错的，因为往事会自行爬上来。回首前尘，我意识到在过去二十六年里，自己始终在窥视着那条荒芜的小径。"阿米尔因为当时没有挺身而出感到后悔，此后这段记忆不断地在阿米尔脑中浮现，伴随他好久，同时也为后来的阿米尔踏上救赎之路做好了铺垫。作者以此开篇，引起读者的阅读兴趣，给读者留下充足的想象空间，同时也加深了读者的印象。

（二）文本好是硬道理

《追风筝的人》的文本非常好，故事简单明了。阿米尔是一个富家少爷，有一个形影不离的小伙伴哈桑，两人一起度过了美好的童年。阿米尔性格懦弱，得不到父亲的认同。为了得到父亲的关怀，阿米尔希望自己能在传统的风筝大赛中拔得头筹。那年的风筝比赛中，在哈桑的帮助下，阿米尔如愿以偿。按照阿富汗传统，不仅要放风筝得第一，还要把被割掉的风筝追回来。哈桑为了阿米尔可以牺牲一切，当他追到风筝为了保护风筝而受到坏人的侵害时，阿米尔目睹了悲剧的发生却没有上前阻止。因此，两人之间的友谊蒙上了阴影，阿米尔满怀愧疚。后来，移民美国的阿米尔在国外读完了大学，成为一名作家，有美满的婚姻，但他一直没有孩子。这时，他父亲的旧交打来电话，说重返阿富汗能够找到再次成为好人的路。为了赎罪，阿米尔重返阿富汗。哈桑已死，留下儿子索拉博，巧合的是，索拉博落到了当年侵害哈桑的人的手里，阿米尔勇敢地救出索拉博又费尽周折把索拉博带到了美国。到了美国的索拉博一直非常不开心，拒绝融入美国社会和阿米尔的家庭。后来通过放风筝，阿米尔脑子里回想起哈桑对他说过的"为你，千千万万遍"。当他为哈桑的儿子追风筝，看到了孩子眼中的笑，此时，他得到了救赎。

《追风筝的人》这部小说能够感动千万读者的主要原因，就在于它是一部写"情"的小说，故事非常温情，笔触细腻，能引发读者情感的共鸣。即便地域和人种不同，但亲情、友情、爱与救赎这些主题是不受地域限制的。正是这一点，使它能够非常好地吸引中国读者，调动中国读者的情感从而带来愉悦的阅读感受。

（三）文本翻译与作者身份的双重吸引力

《追风筝的人》作为引进的小说，译本的作用尤为重要。目前出版的中文译本有两部，一部是中国大陆译者李继宏先生在 2006 年翻译出版的简体中文版《追风筝的人》，主要在中国大陆地区发行，另一部是由中国台湾译者李静宜女士在 2005 年翻译出版的繁体中文版《追风筝的孩子》，主要在我国港台地区发行。两译本一经出版就在中国市场上引起了轰动，受到许多读者的喜爱。此外，译者在翻译时采用不同的翻译策略也是这部作品被广为接受的一个原因，比如李继宏在翻译时，认为准确是翻译的基本要求，把目标读者定位在普通大众，考虑大众的接受程度和理解能力。因此，他在翻译中更多地采用归化手法使译作走进读者内心。

除了译者的翻译，作者在某种程度上也影响着作品的传播和接受情况。《追风筝的人》作者胡塞尼作为从小在阿富汗长大，之后移民到美国的阿富汗人，他的身份具有跨文化属性。胡塞尼虽长期以来一直生活在美国，但他同时又竭力保留着自身民族文化的根和对自己文化的认同，这种背景下使他在《追风筝的人》中描写了大量关于阿富汗人民的生活方式、宗教文化等，这些极具异域风情的描写一方面代表作者向非伊斯兰地区介绍了当地的文化特色，另一方面这种来自中东地区异域风情的作品也丰富了我国广大读者的阅读体验，刺激了读者新的敏感神经，满足了读者希望了解国外的文化和价值观的心理，使作品更具有吸引力。

（四）大众媒介的引导及明星的推介

《追风筝的人》自从 2006 年上海人民出版社出版发行后，一直备受欢迎，刚开始发行时在开卷畅销书排行榜大致在前 30 名。

在大众媒介合力的推荐下。不只是局限于书店的宣传和推广，有来自传统纸媒的推荐，比如 2009 年初发行的《读者（原创版）》的影音推荐板块就提到了《追风筝的人》这部电影；而且在京东、当当和亚马逊等热门书籍推荐和微信公众号以及新浪微博的阅读推荐书单里，都能看到《追风筝的人》这本书，这些传播方式都为图书的宣传起到了重要的作用。

（五）合理地分阶段营销

《追风筝的人》的畅销是一个好文本加一种好营销的成功案例。对《追风筝的人》所作的营销，一部分在出书前，一部分在出书后。出书前，主要是媒体预热，出版方先把部分精选章节发给媒体，让他们对该书的文本有一个基本的认知，并以此书在国外的畅销程度作为"诱饵"，使媒体觉得有大做宣传的必要。比如《北京青年报》为这本书做了一篇新闻，依托网络，有关这本书的消息铺天盖地。

此外，这本书在我国出版时间是2006年5月份，正值"五一黄金周"期间，假期也带动了图书的销量。《追风筝的人》上市两个月后，在各地媒体的上稿量也不断增多，势头不错。后来在市场趋于平稳时，出版社又采取了类似直销的方式，同《中学生报》《家庭教育时报》合作举办有关《追风筝的人》的征文活动，非常直接地把《追风筝的人》的相关消息传递到中学生中，进行了有力的宣传。

四、精彩阅读

空中已经挂着至少二十来只风筝，如同纸制的鲨鱼，巡游搜猎食物。不到一个钟头，这个数字翻了一番，红色的、蓝色的、黄色的风筝在苍穹来回飞舞，熠熠生辉。寒冷的微风吹过我的头发。这风正适宜放风筝，风速不大，恰好能让风筝飘浮起来，也便于操控。哈桑在我身旁，帮忙拿着卷轴，手掌已被线割得鲜血淋漓。

顷刻间，割线开始了，第一批被挫败的风筝断了线，回旋着跌落下来。它们像流星那样划过苍天，拖着闪亮的尾巴，散落在临近的街区，给追风筝的人带来奖赏。我能听得见那些追风筝的人，高声叫嚷，奔过大街小巷。有人扯开喉咙，报告说有两条街上爆发冲突了。

我偷眼望向爸爸，看见他和拉辛坐在一起，寻思他眼下在想些什么。他在为我加油吗？还是希望我的失败给他带来愉悦？放风筝就是这样的，思绪随着风筝高低起伏。

风筝纷纷坠下，而我的仍在翱翔。我仍在放着风筝，双眼不时瞟向爸爸，紧紧盯着他的羊毛衫。我坚持了这么久，他是不是很吃惊？你的眼睛没有看着天上，你坚持不了多久啦。我将视线收回空中。有只红色的风筝正在飞近——我发现它的时间恰到好处。我跟它对峙了一会儿，它失去耐心，试图从下面割断我，我将它送上了不归路。

街头巷尾满是凯旋的追风筝者，他们高举追到的战利品，拿着它们在亲朋好友面前炫耀。但他们统统知道最好的还没出现，最大的奖项还在飞翔。我割断了一只带有白色尾巴的黄风筝，代价是食指又多了一道伤口，血液汩汩流入我的掌心。我让哈桑拿着线，把血吸干，在牛仔裤上擦擦手指。

又过了一个钟头，天空中幸存的风筝，已经从约莫五十只剧减到十来只。我是其中之一，我杀入前十二名。我知道巡回赛到了这个阶段，会持续一段时间，因为那些家伙既然能活下来，技术实在非同小可——他们可不会掉进简单的陷阱里面，比如哈桑最喜欢用的那招，古老的猛升急降。

到下午三点，阴云密布，太阳躲在它们后面，影子开始拉长，屋顶那些看客戴上围巾，穿上厚厚的外套。只剩下六只风筝了，我仍是其中之一。我双腿发痛，脖子僵硬。但看到风筝一只只掉落，心里的希望一点点增大，就像堆在墙上的雪花那样，一次一片地累积。

我的眼光转向一只蓝风筝，在过去那个钟头里面，它大开杀戒。

"它干掉几只？"我问。

"我数过了，十一只。"哈桑说。

"你知道放风筝的人是谁吗？"

哈桑啪嗒一下舌头，仰起下巴。那是哈桑的招牌动作，表示他不知道。蓝风筝割断一只紫色的大家伙，转了两个大圈。隔了十分钟，它又干掉两只，追风筝的人蜂拥而上，追逐它们去了。

又过了半个小时，只剩下四只风筝了。我的风筝仍在飞翔，我的动作无懈可击，仿佛阵阵寒风都照我的意思吹来。我从来没有这般胜券在握，这么幸运，太让人兴奋了！我不敢抬眼望向那屋顶，眼光不敢从天空移开，我得聚精会神，聪明地操控风筝。又过了十五分钟，早上那个看起来十分好笑的梦突然之间触手可及：只剩下我和另外一个家伙了，那只蓝风筝。

局势紧张得如同我流血的手拉着的那条玻璃线。人们纷纷顿足、拍掌、尖叫、欢呼。"干掉它！干掉它！"我在想，爸爸会不会也在欢呼呢？音乐震耳欲聋，蒸馒头和油炸菜饼的香味从屋顶和敞开的门户飘出来。

但我所能听到的——我迫使自己听到的——是脑袋里血液奔流的声音。我所看到的，只是那只蓝风筝。我所闻到的，只是胜利的味道。获救，赎罪。如果爸爸是错的，如果真像他们在学校说的，有那么一位真主，那么他会让我赢得胜利。我不知道其他家伙斗风筝为了什么，也许是为了在人前吹嘘吧。但于我而言，这是唯一的机会，让我可以成为一个被注目而非仅仅被看到、被聆听而非仅仅被听到的人。倘若真主存在，他会引导风向，让它助我成功，我一拉线，就能割断我的痛苦，割断我的渴求，我也已忍耐得太久，也已走得太远。刹那之间，就这样，我信心十足。我会赢。只是迟早的问题。

结果比我预想得要快。一阵风拉升了我的风筝，我占据了有利的位置。我卷开线，让它飞高。我的风筝转了一个圈，飞到那只蓝色家伙的上面，我稳住位置。蓝风筝知道自己麻烦来了，它绝望地使出各种花招，试图摆脱险境，但我不会放过它，我稳住位置。人群知道胜负即将揭晓。"干掉它！干掉它！"的齐声欢呼越来越响，仿佛罗马人对着斗士高喊"杀啊！杀啊！"。

"你快赢了，阿米尔少爷，快赢了！"哈桑兴奋得直喘气。

那一刻来临了。我合上双眼，松开拉着线的手。寒风将风筝拉高，线又在我手指割开一个创口。接着……不用听人群欢呼我也知道，我也不用看。哈桑抱着我的脖子，不断尖叫。

"太棒了！太棒了！阿米尔少爷！"

我睁开眼睛，望见蓝风筝猛然扎下，好像轮胎从高速行驶的轿车脱落。我眨眨眼，疲惫不堪，想说些什么，却没有说出来。突然间我腾空而起，从空中望着自己。黑色的皮衣，红色的围巾，褪色的牛仔裤。一个瘦弱的男孩，肤色微黄，身材对于十二岁的孩子来说显得有些矮小。他肩膀窄小，黑色的眼圈围着淡褐色的眼珠，微风吹起他淡棕色的头发。他抬头望着我，我们相视微笑。

然后我高声尖叫，一切都是那么色彩斑斓、那么悦耳动听，一切都是那么鲜活、那么美好。我伸出空手抱着哈桑，我们跳上跳下，我们两个都笑着、哭着。"你赢了，阿米尔少爷！你赢了！"

"我们赢了！我们赢了！"我只说出这句话。这是真的吗？在过去的日子里，我眨眨眼，从美梦中醒来，起床，下楼到厨房去吃早餐，除了哈桑没人跟我说话。穿好衣服，等爸爸，放弃。回到我原来的生活。然后我看到爸爸在我们的屋顶上，他站在屋顶边缘，双拳挥舞，高声欢呼，拍掌称快。就在那儿，我体验到有生以来最棒的一刻，看见爸爸站在屋顶上，终于以我为荣。

但他似乎在做别的事情，双手焦急地摇动。于是我明白了，"哈桑，我们……"

"我知道，"他从我们的拥抱中挣脱，"安拉保佑，我们等会再庆祝吧。现在，我要去帮你追那只蓝风筝。"他放下卷轴，撒腿就跑，他穿的那件绿色长袍的后褶边拖在雪地上。

"哈桑！"我大喊，"把它带回来！"

他的橡胶靴子踢起阵阵雪花，已经飞奔到街道的拐角处。他停下来，转身，双手放在嘴边，说："为你，千千万万遍！"然后露出一脸哈桑式的微笑，消失在街角之后。再一次看到他笑得如此灿烂，已是二十六年之后，在一张褪色的宝丽莱照片上。

——节选自《追风筝的人》第63~67页

五、参考文献

[1] 彭曦.试论《追风筝的人》的"文化寻根"意识[J].理论观察，2014（4）：128－129.

[2] 王慧敏.身份流散下的精神守望与追寻——论《追风筝的人》的流散主题与身份构建[J].外语与外语教学学报，2016（2）.

[3] 明炜.身份的缺失——卡勒德·胡塞尼小说研究[D].海口：海南大学，

2016.

[4] 史晓宇. 论《追风筝的人》在中国的传播与接受[D]. 沈阳：沈阳师范大学，2017.

[5] 孙明. 浅析《追风筝的人》中的罪与赎[J]. 时代文学，2015（11）.

《一个人的朝圣》

夏晶晶

一、图书基本信息

（一）图书介绍

书名：《一个人的朝圣》

作者：[英]蕾秋·乔伊斯

译者：黄妙瑜

开本：32 开

字数：200 千字

定价：32.80 元

书号：978-7-5502-1352-4

出版社：北京联合出版公司

出版日期：2013 年 8 月

（二）作者简介

蕾秋·乔伊斯（Rachel Joyce），1962 年出生于英国伦敦，英国畅销书作家、《星期日泰晤士报》专栏作者、BBC 资深剧作家。同时，蕾秋·乔伊斯还在皇家莎士比亚剧团、皇家国家剧院担任重要角色。作为剧作家，蕾秋·乔伊斯于 2007 年获 Tinniswood 最佳广播剧奖。

蕾秋·乔伊斯在 20 年的舞台剧和电视职业生涯中积累了大量经验，这也促使她转向写作。蕾秋·乔伊斯在 2012 年出版首部小说《一个人的

朝圣》,入围当年布克文学奖及英联邦书奖。《一个人的朝圣》名列 2012 年英国最畅销新人小说、2013 年欧洲首席畅销小说、2013 年春季英国最具影响力"理查与茱蒂"读书俱乐部书单第一名。目前已畅销近 40 个国家,全球销量超 400 万册。蕾秋·乔伊斯也凭《一个人的朝圣》获得当年英国图书奖"年度作家",并在 2014 年入围"英国年度作家"的名单。

二、畅销盛况

《一个人的朝圣》于 2012 年 3 月在英国上市,持续一年半保持亚马逊总榜前 15 名。这本书获"英国水石书店年度最佳新人小说""2012 年英国最畅销新人小说"。同时,《一个人的朝圣》是 2013 年欧洲首席畅销小说,上市一年,仅在英、美、德三国累计销量达 100 万册。

《一个人的朝圣》于 2013 年在中国出版上市,上市仅 3 个月就加印了 3 次,简体中文版销量已过 150 万册。《一个人的朝圣》目前在全球销量已超过 400 万册。

三、畅销攻略

(一)文本内容

1. 图书主题:救赎

"那封改变了一切的信,是星期二寄到的。"一切的故事从这里展开,主人公哈罗德收到曾经共事的好友——奎妮的来信,信的内容显示奎妮处于重病之中。哈罗德最初决定回信给奎妮表示安慰,但在寄信的过程中他开始回忆过去,在走过一个又一个邮筒后哈罗德猛然意识到一个问题:"我是谁?"哈罗德决定走路去距离他 627 英里的贝里克郡,开始他的朝圣之旅,这也是书中"救赎"这一主题的开端。

书中的救赎分为两个层面,第一个层面是哈罗德对奎妮的救赎,他希望通过步行到奎妮所在地的方式,让奎妮等着他、活下去,给奎妮鼓舞与力量。第二个层面是哈罗德在行走过程中对自我灵魂的救赎。在路途中,哈罗德与不同的人交流，回忆童年与家庭，不断审视自己并完成自我救赎。

在日常生活中，"救赎"这个词语好像过于沉重，但事实上，现代人真的需要一场自我救赎。韩炳哲在《在群中》一书中提到"数字群"，数字群由单独的个人组成，在这个由个人汇集成的新群体里，个人却失去了自己的特征。在科技时代里，空间距离不再成为问题，人们对事物的娱乐化习以为常，快乐和愤怒在巨大的信息流中可以轻易消解，而遗忘成为日常。沉迷于虚拟网络的人们，放下手机是为了下一次拿起手机，个人不再叩问灵魂。蕾秋·乔伊斯通过哈罗德的朝圣之旅，向我们展示了一个人如何剖析自己，认识自我，完成对自我的救赎。"我是谁？"不仅是哈罗德对自己的发问，也是作者借哈罗德之口对读者的提问。每个人都需要一场内心的朝圣之旅，才不至于让灵魂消融于虚拟中。

2. 扣人心弦的内容

（1）痛苦的传递与爱。作者在这本书里揭露了一个问题——原生家庭带给人的负面影响是难以消除的，所带来的痛苦会向下一代传递。主人公哈罗德在童年时期经历母亲离家出走，他的父亲因为妻子的离开而备受打击，开始酗酒并和不同的女人发生关系。父爱和母爱的双重缺失让哈罗德的童年并不快乐，也让他缺乏表达爱的能力，而当他与妻子莫琳有了孩子后，问题出现了。在他的意识中莫琳是一个天生的母亲，而他却充满了对初为人父所要承担责任的畏惧。甚至当孩子溺水后，哈罗德选择系鞋带而没有立即施救，这也成为他与妻子隔阂的开始。原生家庭很大程度上塑造了我们的性格、世界观、价值观等，这是我们很难摆脱的。因此，当我们选择忽视负面的影响时，问题也一定会在某一刻爆发。

不过在这本书里我们可以看到，尽管痛苦已经产生，但爱可以给人解决问题的机会。在故事的结尾，哈罗德想起与莫琳一见钟情的情景，那时年轻的哈罗德感觉他的童年时光都被剪掉了。而想起这一切的哈罗德感觉内心深处又暖了过来。作者在这里描述了两种爱，一种是年轻时充满激情的爱，这份爱轻易就将哈罗德的童年摘去，好像让他成为一个新的人。另一种则是经过了时间的打磨，一种更为深沉的爱，这份爱让哈罗德再一次拥有生命力。这也是蕾秋·乔伊斯想要给读者传递的东西，人会在亲密关系中犯错，但因为有爱所以人也可以在亲密关系中被解救。

（2）再成长的可能性。作家费兰特说："神不能时时在场，所以创造了妈妈。"莫琳好像就是一个这样的天生的母亲，始终与戴维站在一起。而哈罗德却无法与儿子亲近，这也是他痛苦的一部分。小说中的哈罗德与莫琳一见钟情，却在有了儿子戴维后产生隔阂，戴维自杀去世后两人更像是生活在一起的陌生人。蕾秋·乔伊斯刻画了两个留在原地的人，莫琳的时间是在戴维死后停滞的，哈罗德可能是在更早之前。而就是这样两个老人，作者在故事中给了他们再成长的可能性。属于哈罗德的时间在他踏上路程的那一刻又缓慢转动了，他开始倾听更多人说话，开始欣赏从前没有注意的景色，去面对和咀嚼过往的痛苦回忆。在这个过程中哈罗德完成了对自我的救赎。莫琳自戴维死后就处于自我封闭的状态，却也在哈罗德离开后开始改变。莫琳意识到哈罗德并不是什么都没做，他尝试过走近戴维，而她对于悲剧的发生也不是没有任何责任。书中虽然主要描写了哈罗德一个人的朝圣之旅，但其实有两个人都得到了成长。我们也可以认识到，每个人在任何时候都可以成长，不要成为留在原地的人，要往前走一走。

3. 巧妙的叙事策略

（1）叙事视角。华莱士·马丁在《当代叙事学》中表明："叙事视点不是作为一种传送情节给读者的附属物加上去的，相反，在绝大多数现代叙事作品中，正是叙事视点创造了兴趣、冲突、悬念，乃至情节本身。"由此可见，作者在确定小说的故事、人物、情节后，试图构建一个足以使读者沉浸的世界时，叙事视角起到了至关重要的作用。读者在阅读过程中，不可避免地会受到叙事视角的影响，不同的叙事视角会使读者对故事情节产生不同的反应。福斯特在《小说面面观》中提到，叙述视角分为内部视角和外部视角两类。蕾秋·乔伊斯在《一个人的朝圣》中以第三人称叙事视角和内部的全知全能的叙述视角为主。作者以第三人称视角展开叙事，似乎拉开了与笔下主人公——哈罗德的距离，成为如同读者一般的旁观者,弱化了作者在书中自我意识的显现。但是蕾秋·乔伊斯以全知全能的叙述视角,实际在人物内部代替人物进行叙述,书中人物所面临的事物都来自作者的安排,而书中人物的表达也就是作者想要表达的思想。这种叙事视角,一方面使得读者能更快进入作者构建的小说世界,与书中人物站在一起,另一方面蕾秋·乔伊斯作为全知全能的叙述人站在人物内部传递其价值倾向,恰到好处地维持了叙述人和故事之间关系的平衡,以干净利落的方式将整个故事呈现给读者。

(2)双线叙事结构。福斯特提出:"小说的基础就是个故事,而故事就是依时序安排的一系列事件的叙述。"因此,没有作者在创作一部小说时可以忽略时间,不论故事是否按照时间顺序进行。蕾秋·乔伊斯在《一个人的朝圣》中采用了双线叙事结构,整个故事的开展并非单线性的,两条线彼此交错,为读者呈现了主人公哈罗德的全貌。在书中,一条线是顺时间开展的,描述了哈罗德完整的路程。在这条线里我们可以看到哈罗德从盲目地开始上路到坚定内心的转变、从单纯克服身体的不适转变为照顾自己的身体,在身体状况与路程之间达到平衡。同时,哈罗德在路程中与各种各样的人相遇,这些人中有支持帮助他的,也有质疑他的。而与这些人的交流,促使哈罗德再一次审视自己。故事中的另一条线则以倒叙的方式呈现在读者面前,这一条线主要描述了哈罗德的过往,以回忆的形式展现了哈罗德的童年、成年后的家庭及奎妮的故事。随着哈罗德回忆的不断深入,慢慢向读者揭开了他精神痛苦的根源,而哈罗德在面对痛苦回忆时得再一次成长。这两线相辅相成,让我们看到哈罗德的过去与现在,组成了哈罗德这个人物的全貌,见证了哈罗德对自我的救赎。

(3)碎片化的线索叙述。顺时间线展开的故事为我们呈现了哈罗德整个路程的经历,而蕾秋·乔伊斯用碎片化的叙述方式将故事的线索展现给我们。例如,哈罗德在收到奎妮的来信时只是打算回信给她以表安慰,在哈罗德准备将信寄出时,有四处关于邮筒的描写。第一次,哈罗德走到离家最近的邮筒旁,他特意绕了路却还是比预想得早到。第二次,哈罗德决定去远一点的邮筒寄信,却仍比想象中早到,隐约有些事情开始了。第三次,哈罗德走向邮局,在这个过程中他意识到关于自我的问题——"我是谁?"然后哈罗德没有停留就走过了邮局。第四处,哈罗德在和加油站女孩聊完关于信仰的话题后,原本已经对未来生活认命的他突然感觉自己或许还可以做点什么。加油站对面也有邮筒,他却选择走向邮筒旁的电话亭,打电话给疗养院让奎妮等他,之后将写着"等我"的信寄给奎妮。作者在这里将空间固定的邮筒作为线索,几次出现都标志着哈罗德一点一点变化。通过这种方式,作者将原本一个比较模糊的过程具象化,清晰地展现出哈罗德每一次细微改变。同时,利用碎片化的线索叙述来推动情节发展,更能将读者带入故事中。

(二)图书装帧设计

1. 外部装帧设计

书籍的封面属于视觉传达的范畴,读者在对一本书没有任何了解前,最先看到的便是图书的封面,图书封面的质量决定了读者对一本书的第一印象和对这本书的关注度。因此,图书的封面设计在整体的装帧设计中至关重要。

《一个人的朝圣》的封面设计简洁、色彩素雅,给人以宁静的感觉。图书封面采用了插画的设计,画中有一个老人行走的背影,道路两旁是大片的草地,切合图书的主要内容。读者第一次看书时就能将封面与书名快速联系在一起。而图书的腰封除了宣传文字外,还画有一双帆船鞋,在书中哈罗德就是依靠着一双帆船鞋走完了全程,这里的设计与故事内容相呼应。

2. 插图设计

插图是出版物装帧的重要组成部分,插图在出版物中的运用以功能性为主,承担了帮助读者进一步理解图书内容和感情的功能。所以,在出版物中的插图既要有艺术性也要兼具实用性。《一个人的朝圣》在每章结尾都会配有插图,插图的内容与这一章所讲的内容密切相关。例如,第一章结尾的插图是一个邮筒,而邮筒正是这一章的重要线索。这样的一种设计一方面可以给读者除文字之外的感官享受，另一方面也帮助读者回顾故事内容，为故事增加了余韵。除每章的插图外，图书最后还附有一张哈罗德行走路程的手绘地图。读者通过这张插图可以直观地看到哈罗德行走的轨迹，读者可以一边阅读文字一边对照地图，也会更有代入感。《一个人的朝圣》中的插图与文字形成了巧妙的配合，插图紧紧围绕文字，起到了帮助读者理解文字、投入故事的作用。

（三）社会大众心理需求

韩炳哲在《倦怠社会》中提出："21世纪的社会不再是一个规训社会，而是功绩社会。"并提醒道："过度的积极性还可以呈现为过度的刺激、信息和咨询，它从根本上改变了注意力的结构和运作方式，感官因此变得分散、碎片化。"一方面，随着社会竞争压力的增大，属于现代人自己的时间越来越少，生存问题总是不可避免的。另一方面，在社交媒体平台和新媒体的信息冲击下，我们其实在慢慢失去原本的思考方式。我们每天能接收到的信息太多，以至于我们无法长时间集中注意一个信息，哪怕它很重要。而各种软件会给你贴标签，收集你的喜好再为你推送相似信息，人与数据的边界开始变得模糊。软件平台的使用者也很难不受其影响，这种机制下的人在网络中不可避免地会进入令自己舒适的小圈子内。人会与自己持相同看法的人站在一起，更加坚定自己的想法，同时更加排斥异见，从社交平台中的争吵就可见一斑。在这种环境中，人越来越狭隘，个人的想法被弱化并逐渐失去自我。因此，我们需要这样一本书，关于自我发现、关于爱。《一个人的朝圣》就是在告诉读者，即使你处于迷失自我的状态下或者其他的艰难处境之中，你也还是有机会去成长和改变的。就像主人公哈罗德一样可以找回自我，完成对自我的救赎。

四、精彩阅读

那封改变了一切的信，是星期二寄到的。四月中旬一个再平凡不过的早晨，空气中飘着洗衣粉的香气和新鲜的草腥味。哈罗德·弗莱刚刮完胡子，穿着整洁干净的衬衫，系着领带，坐在饭桌前。他手里拿着一片吐司,却没有吃的意思,只是透过厨房的窗户,凝视着修整过的草坪。草坪正中间杵着莫琳的可升降晾衣架,一小片绿被邻居的木栅栏紧紧围起来。

——节选自《哈罗德与信》第7页

到下午,脚上的水泡更疼了,他发现了一个把脚趾大力往前挤,避免鞋后跟狠狠蹭到脚踝的方法。脑子里既没想奎妮,也没想莫琳,他甚至没有去看身边的树篱、经过的车子和远处的地平线。他已经变成一句话:"你不会死的。"这句话就是他迈出的每一步,只是有时句子语序会错掉。他突然意识到是自己的脑子在兀自唱着"死、你、不会"或"不会、你、死",甚至只是"不会、不会、不会"。头顶上和奎妮分享着同一片天空,他越来越相信奎妮已经知道他正在赶过去的路上,她一定在等他。他知道自己一定能到达贝里克,他所要做的只是不停地把一只脚迈到另一只脚前面。这种简单令人高兴。只要一直往前,当然一定能抵达的。

周围一片寂静,只有来往车辆擦过树叶的沙沙声不时响起,几乎叫他以为又回到了海边。哈罗德突然发现自己已经深深陷入了变戏法一般纷纷浮现出来的回忆。

戴维六岁的时候,他们一起到班特姆玩,戴维越游越远。莫琳拼命叫着:"戴维!回来!你给我马上回来!"但是她越喊,小家伙的身影就越小。哈罗德跟着莫琳来到水边,停下来解开鞋带,正要把鞋脱下来,突然冲出一个海上巡逻员,边跑边脱掉身上的T恤衫往后一丢,他这才想起来自己衣服还没脱。小伙子猛地一冲,一下就到了齐腰深的水里,一头进去,穿过起伏的海浪,直到一把抓住戴维,将他环在臂弯里游回岸边。戴维的肋骨都鼓了出来,一排排像手指一样,嘴唇都紫了。"他算幸运了,"巡逻员对莫琳而非哈罗德说道,哈罗德往后退了一两步,"刚才外面的水流很急。"他脚上的白色帆布鞋湿淋淋的,在阳光下闪着光。

莫琳从来不说,但哈罗德知道她在想什么,他自己也在想同个问题:为什么当唯一的儿子溺水的时候,他还停下来解鞋带?

多年以后,戴维问他:"在海滩那天为什么不停下来?你没听到我们在叫你吗?"

戴维那时候肯定还只有十几岁,他淡定地看着父亲,用他那美丽的、一半孩子气一半大人的棕色眼睛，耸耸肩说道："我也不知道。反正已经出大麻烦了，就这么待着好像比回来还容易一点。"接着哈罗德叫他最好不要骂脏话，特别是妈妈在的时候，戴维好像回了一句"走开"。

哈罗德奇怪自己怎么会想起这些事情。他唯一的儿子，冲到海里寻求解脱，然后在多年以后叫他走开。记忆中的画面全部都回来了，拼凑在一起：海面上闪烁的光点，戴维盯着他的那种强烈眼神。他当时是害怕了，这是事实。解鞋带，是因为他害怕用光所有借口以后，他最终还是没法成功把孩子救回来。更重要的是，他们全都知道这一点：哈罗德，莫琳，那个巡逻员，甚至戴维自己。哈罗德逼着自己继续往前迈步。

他害怕还会有更多回忆出现——那些在许多个晚上充满了他的头脑，让他无法入睡的画面。许多年后莫琳还在怪他，好几次说他几乎由着他们的孩子在海里死。他努力将注意力拉回到现实中来。

——节选自《哈罗德、酒保与没有孩子的女人》第52~53页

多年以来，她不止一次问过戴维自己还可以做些什么，戴维每次都说已经够了。毕竟是她在报纸的求职专栏画出一个个合适的职位，是她帮他预约医生，开车送他过去。莫琳记得他是怎样将药方一把丢到她的腿上，好像这跟他一点关系都没有。

"这么多药，"她说，"医生说什么了？他说是什么问题？"

他只是耸耸肩，又点起一支香烟。

但至少还是有一点进步的。晚上她细细倾听，戴维好像已经入睡了。他不再在凌晨四点爬起来吃早餐，不再穿着睡袍到外面游荡，或是弄得整间屋子充满卷烟那令人作呕的甜味。他坚信自己会找到一份工作。

她又看到戴维决定应征入伍的那天，他自己把头发剃光。厕所遍地是他打着卷儿的长发，头皮上有手颤划出的伤痕。看到她深爱的儿子受到的伤害，她难过得想大声号叫。

莫琳弯身窝在床上，把脸埋入双手。他们还能做些什么？

"噢，哈罗德。"她抚摸着他那件英国绅士外套粗糙的纹理。

突然有一股冲动，要她做一件完全不一样的事情。仿佛有一道力量穿过她的身体，逼她再次站起来。她找出毕业礼上穿的虾色缎裙，挂在衣柜

正中，然后把哈罗德的外套挂在裙子旁边，它们看起来又孤单又遥远。她拿起他的衣袖，放到粉色肩垫上。

然后她将每件自己的衣服都和哈罗德的衣服配对挂起来。她把自己衬衫的袖子塞进他蓝色套装的口袋，裙子的褶边在男装裤腿绕一圈，另一条裙子塞到他蓝色羊毛衫的怀里。仿佛有许多隐形的莫琳和哈罗德在她的衣柜里闲逛，只等着踏出来的机会。她笑了，然后又哭了，但是她没有将衣服的位置换回来。

雷克斯车子的引擎声将她拉回现实，她很快就听到了自己前门花园的响声。莫琳撩起窗帘，看见雷克斯用绳子将草坪分成一块块长方形，然后开始用铁锹铲地。

他抬头向她招手："幸运的话，我们或许还来得及种上红花菜豆。"

穿着哈罗德旧衬衫的莫琳种下了二十株小小的豆苗，细心地将它们绑到竹架上，小心翼翼，不去破坏它们柔软的绿色根茎。她轻轻地把地上的泥土压实，浇上水。刚开始她总是满心担忧地看着它们，害怕它们被海鸥啄去，被霜气冻死。但寸步不离观察了一天后，她的担忧消失了。日子一天天过去，小苗的根茎强壮起来，长出了新叶。她种了几行莴苣，几行甜菜根，几行胡萝卜，又把装饰池里的碎石清掉了。真好。

指甲缝里塞着泥土的感觉真好。重新养育一些东西的感觉，真好。

——节选自《莫琳与花园》第 189~191 页

这段对话一直跟随着莫琳。她的情绪又低落下来，连续好几个小时盯着窗外，回忆过去，几乎什么也不做。她细细回想过去的自己，那个认为自己可以给哈罗德一切的女人，再打量现在的自己，连一个妻子都算不上。她又把哈罗德床头柜的两张照片拿出来，一张是婚后不久拍的她的笑脸，一张是戴维穿上第一双鞋子的照片。

突然第二张照片的一个细节吓了她一跳，她多看了一眼。那只手，那只扶着戴维摇摇晃晃单脚站起来的手。一阵冷意顺着她的脊背传下去，那只手不是她的，是哈罗德的。

照片是她拍的。当然是她拍的，现在她记起来了。哈罗德正拉着戴维的手，她转身去拿相机。怎么会把这一幕从脑海中丢掉呢？她怪了哈罗德那么多年，说他从来没有抱过他们的孩子，从来没给过他一个孩子需要的父爱。

莫琳走进那间最好的房间，拿出已经没有人看的相册。书背铺满了厚厚的尘埃，她直接用裙子擦掉，忍着泪仔细翻看每一页。大部分是她和戴维的照片，但还有其他。婴儿时的戴维躺在哈罗德腿上，哈罗德低头看着他，双手举在空中，好像强忍着抱他的冲动。还有一张，戴维骑在哈罗德的肩膀上，哈罗德使劲伸着脖子保持平衡。少年时期的戴维和哈罗德并肩而坐，年轻人一身黑衣，留着长发，父亲则穿着夹克打着领带，两人都盯着金鱼池。她笑了。他们都曾经试过走近对方，虽然并不明显，并不频繁。但哈罗德是尝试过的，连戴维也偶尔努力过。她把推开的相册放在大腿上，怔怔地望着半空，看到的不是窗帘，而是过去。

她又看到了班特姆，戴维卷入海浪那天，看到哈罗德解开鞋带。她花了好多年责怪他这件事。然后她又从一个新的角度看到这幅画面，仿佛照相机转了一百八十度，镜头对着她。她的胃在跳动。海边有一个女人，挥着双手尖叫，但是她也没有跑进海里。一个半恐惧半疯狂的母亲，却什么都没做。如果戴维真的在班特姆淹死了，她也要承担同样的责任。

——节选自《莫琳与公关代表》第210~211页

突然忆起多年前的一幕，哈罗德在跳舞，突然发现隔着一整个舞池的莫琳在看着他。他还记得那一刻疯狂地挥舞四肢的感觉，仿佛要在这个美丽女孩的见证下甩掉过去的一切。他鼓起勇气，越跳越起劲，双腿踢向空中，双手像滑溜溜的海鳗扭动。他停下来仔细观察，她还在看着他，这次她碰到他的目光，忽然笑了。她笑得那样乐不可支，抖着肩膀，秀发拂过脸庞。他生平第一次不由自主地穿过舞池，去触碰一个完全的陌生人。天鹅绒一样的秀发下，是苍白而柔软的肌肤。她没有回避。

"嗨，你。"他说。他的整段童年时光都被剪掉了，只剩下他和她。他知道无论发生什么，他们的路都已经连在一起了。他知道自己会为了她做任何事。想起这一幕，哈罗德浑身都轻松了，好像心底某个很深的地方，又暖过来了。

——节选自《哈罗德、莫琳与奎妮》第314~315页

五、参考文献

[1] 安颖.《一个人的朝圣》叙事策略探析[J].兰州教育学院学报,2018,34(7):63-64.

[2] 王研.一个人的朝圣:自由与灵魂救赎[J].戏剧之家,2019(12):228.

[3] 陈少华.《一个人的朝圣》:再成长的困境与可能[J].文艺争鸣,2015(10):165-170.

[4] 李丹.精神信念的朝圣之旅——评蕾秋·乔伊斯《一个人的朝圣》[J].出版广角,2017(14):86-88.

[5] 李巍.《一个人的朝圣》:独自行走背后的深层逻辑[J].河北工业大学学报(社会科学版),20.

[6] 盛春艳.拉康镜像阶段理论视域下《一个人的朝圣》中哈罗德·弗莱的自我身份追寻[D].黑龙江:东北农业大学,2017.